Vom Leben zur Bibel –
von der Bibel zum Leben
Band 2

Carlos Mesters

Vom Leben zur Bibel – von der Bibel zum Leben

Ein Bibelkurs aus Brasilien für uns
Band 2

Grünewald · Kaiser

Die Originalausgabe erschien unter dem Titel »Círculos Bíblicos« bei Editora Vozes Ltda., Petrópolis, Brasilien

Aus dem Portugiesischen übertragen
von Victoria M. Drasen-Segbers

Band 1 enthält die Treffen 1–16
Band 2 enthält die Treffen 17–40

CIP-Kurztitelaufnahme der Deutschen Bibliothek

Mesters, Carlos:
Vom Leben zur Bibel – von der Bibel zum Leben: e. Bibelkurs aus Brasilien für uns/Carlos Mesters [Aus d. Portug. übertr. von Victoria M. Drasen-Segbers]. – Mainz: Grünewald; München: Kaiser
Einheitssacht.: Círculos bíblicos ‹dt.›
ISBN 3-7867-1088-0 (Grünewald)
ISBN 3-459-01531-4 (Kaiser)

Bd.2 (1983).
ISBN 3-7867-1057-0 (Grünewald)
ISBN 3-459-01530-6 (Kaiser)

Umschlag: Gielnik Atelier, München
Satz: Georg Aug. Walter's Druckerei GmbH, 6228 Eltville am Rhein
Druck und Bindung: Franz Spiegel Buch GmbH, Ulm

Inhalt

Hinweise zur Arbeit mit diesem Buch

Band 1 dieses Werkes enthält auf den Seiten 9 bis 26 eine ausführliche Einleitung über »Aufbau und Arbeitsweise des Bibelkurses«. Daraus sind die folgenden Abschnitte entnommen, die wir hier abdrucken, weil sie wichtige Hinweise zur praktischen Durchführung enthalten.

Der Verlauf der Bibelkreise

Wir gehen alles der Reihe nach durch.

Die Lektüre des Textes aus dem Leben

Warum fangen wir denn nicht mit der Lektüre des Textes aus der Bibel an? Natürlich könnten wir das tun! Keiner verbietet es, und es gibt in dieser Hinsicht keine Vorschrift. Aber dann müßt ihr einen anderen Leitfaden zu Rate ziehen. Es gibt dafür auch gute Anleitungen. Aber diese hier beginnen eben mit der *Lektüre des Textes aus dem Leben* . Und wir erklären gleich, warum.

Das Volk der Bibel stellte viele Fragen über das Leben, bevor es anfing, die Bibel zu schreiben. Mit Gottes Hilfe suchte und fand es die Antworten. Es schrieb die Fragen und die Antworten auf. Und das ist die Bibel, die wir kennen. *Wenn das Volk nicht diese Fragen gestellt hätte, dann wäre die Bibel nie geschrieben worden*. Dasselbe gilt für uns heute: Wenn wir keine Fragen über das Leben stellen, wenn wir nicht gemeinsam versuchen, die Probleme des Lebens zu lösen, werden wir die Bibel nicht *ganz* verstehen können. Wir werden sie nur halb verstehen. Warum?

Weil die Bibel eine Antwort ist. Sie ist die Antwort Gottes auf die Probleme, die das Leben mit sich bringt. Es gelingt euch nicht, eine Antwort *ganz* zu verstehen, wenn ihr zuvor nicht die Frage gehört habt. Zum Beispiel: Wie oft kommt es vor, daß ihr in eine Runde kommt, in der einer über irgend etwas spricht. Ihr versteht alle Worte, aber ihr bekommt nicht heraus, worauf sich seine Worte beziehen. Deshalb fragt ihr jemanden in eurer Nähe: »Worauf bezieht sich das, was er da sagt?« Der andere nimmt euch beiseite und sagt: »José hat eine Frage über dies und das gestellt, und darauf antwortet Felipe ihm nun. Erst jetzt werden euch die Dinge klar. Ihr habt die Antwort von Felipe erst *ganz* verstanden, als ihr die Frage von José hörtet, die den Anlaß zu der Antwort gab.

So ist es auch mit der Bibel: Wenn ihr nicht zuvor die Frage hört, die das *Leben* in euch aufgeworfen hat, werdet ihr die Antwort, die Gott darauf gibt, nicht *ganz* verstehen können.

Nun, in den Bibelkreisen versuchen wir an erster Stelle, die Frage zu hören, die das Leben aufwirft. Wir tun dies mit der *Lektüre des Textes aus dem Leben.* So bereiten wir uns vor, um die Antwort, die die Bibel für uns hat, *ganz* verstehen zu können.
Wie kommen wir zur Lektüre des Textes aus dem Leben? Das ist einfach. Im Leitfaden findet ihr zu Beginn jedes Treffens die Schilderung einer *Begebenheit aus dem Leben von heute* und die Schilderung einer anderen *Begebenheit aus dem Leben zur Zeit der Bibel.* Wenn ihr diese beiden Begebenheiten lest oder hört, werdet ihr merken, daß es zwei mehr oder weniger gleiche Begebenheiten sind. Es sind zwei Begebenheiten, die die Aufmerksamkeit auf ein *wirkliches* Problem lenken wollen, das in unserem Leben besteht. Anschließend soll eine Reihe von Fragen der Gruppe helfen zu beurteilen, ob dieses Problem auch uns – zum Beispiel in Deutschland – angeht, die wir den Bibelkreis machen. Das Ziel dieser Fragen ist es nicht, gleich die richtige Antwort auf das Problem zu finden, sondern zu erreichen, daß die Gruppe das Problem sieht und überlegt, ob es auch in unserem Leben existiert.
Diese Fragen haben auch noch ein anderes Ziel: Sie wollen in den Teilnehmern den Wunsch wecken, im Wort Gottes eine Orientierung zu finden, die uns bei der Suche nach einer Antwort auf das Problem helfen kann.
Bei diesen Fragen ist es sehr wichtig, daß alle etwas sagen. Hier sind die zweite und die dritte Bedingung notwendig, von denen wir vorhin sprachen.
Wenn das Treffen insgesamt anderthalb Stunden dauert, dann darf die Diskussion des *Textes aus dem Leben* ungefähr zwanzig bis dreißig Minuten in Anspruch nehmen. Es muß für alle ganz klar sein, daß es sich hier um ein *echtes* und nicht um ein *künstliches* Problem handelt, das nur wegen des Bibelkreises aufgekommen ist. Wenn das so wäre, hätte der Bibelkreis keinen Sinn.
Der Bauer weiß: Damit die Saat gut vom Boden aufgenommen werden und Frucht bringen kann, ist es sehr günstig, vorher die Erde umzuhacken. Und wir machen es ebenso. Damit die Saat des Wortes Gottes gut von uns aufgenommen werden kann, bereiten wir den Boden dafür mit der *Lektüre des Textes aus dem Leben.*

Die Lektüre des Textes aus der Bibel

Nachdem die Frage, die aus dem Leben stammt, in allen Köpfen ganz gegenwärtig ist und alle den Wunsch haben, irgendeine Orientierung von Gott zu dieser Angelegenheit zu erhalten, geht man zum zweiten Teil der Zusammenkunft über. Man beginnt die *Lektüre des Textes aus der Bibel.*
An dieser Stelle halten alle Stille und erbitten die Hilfe des Heiligen Geistes. Dies kann auf verschiedene Weise geschehen: mit einem Lied, einem spontanen Gebet oder einem Vaterunser.
Das Gebet oder Lied darf nie ausgelassen werden. Ohne die Hilfe des Heiligen Geistes finden wir nicht heraus, was Gott uns heute zu sagen hat. Wir entdecken vielleicht andere Dinge, aber nicht das, was Gott uns zu sagen hat.
Nach dem Gebet oder Lied führt der Leiter in den Bibeltext ein. Er selbst oder ein anderer, der eine gute Stimme hat, liest dann den *Text aus der Bibel* vor. Dies muß langsam, klar und verständlich geschehen, damit alle hören, was gesagt wird, und damit alle merken, daß dies Wort nicht irgendein Wort ist, sondern ein wichtiges Wort, das wichtiger ist als unsere Worte. Es ist das Wort Gottes für uns!

Ist die Lektüre beendet, überzeugt sich der Leiter davon, ob alle den Wortlaut des Textes verstanden haben. Falls jemand ihn nicht ganz verstanden hat und die andern es wünschen, wiederholt man die Lektüre auf die gleiche Weise. Es dürfen keine Unklarheiten über das bestehen, was vorgelesen worden ist.
Danach soll einen Augenblick Stille gehalten werden. Alle schweigen, um die Worte der Bibel in sich aufzunehmen. Diese kurze Stille ist ein Teil der Bibelarbeit: Sie soll ermöglichen, daß das Wort Gottes zu einem jeden spricht in der Stille, die er in seinem Innern hält.

Wir entdecken die Botschaft des Wortes Gottes für uns heute.
Alle haben die Frage im Kopf, die der Text des Lebens aufgeworfen hat. Außerdem haben alle die Botschaft Gottes im Sinn, die sie gerade gehört haben. In der Stille konnte jeder schon ein bißchen nachdenken. Jetzt beginnt der zentrale Teil des Bibelkreises: Wir wollen das Wort Gottes mit unserem eigenen Leben in Verbindung bringen.
Die Art und Weise, wie diese Verbindung hergestellt wird, ist einfach, wenn auch nicht unbedingt leicht. Im Wegweiser finden sich eine Reihe von Fragen, die zum Nachdenken über den Text der Bibel anregen wollen, und zwar so, daß die Bibel uns helfen kann, eine Antwort auf die Frage zu finden, die das Leben in uns aufgeworfen hat.
Der Leiter liest die erste Frage, und dann erteilt er der Gruppe das Wort, um über die Antwort gemeinsam zu diskutieren. Und so geht es Frage für Frage bis zum Schluß weiter. Die letzte Frage versucht immer, all das zusammenzufassen, was besprochen worden ist, und will die Teilnehmer dazu bringen, das Wort, das gehört und überdacht worden ist, in die Tat umzusetzen. Auch wenn nicht alle Fragen behandelt werden konnten, sollte die letzte nie ausgelassen werden.
In diesem ganzen Teil ist es wichtig, folgende Punkte zu beachten:
1. Alle sollen zu Wort kommen und sagen, was sie denken.
2. Alle sollen die andern respektieren und anhören, was jeder einzelne zu sagen hat.
3. Alle sollen die geäußerten Meinungen und Antworten miteinander diskutieren.

Auf diese Weise wird die Gruppe allmählich zu einer gemeinsamen Meinung kommen, die ohne Zweifel Einfluß auf das Leben haben wird.
Falls schwierige Fragen in bezug auf den Sinn, den die Bibel in der Vergangenheit hatte, auftreten sollten, ist einer in der Gruppe damit zu beauftragen, später jemanden aufzusuchen, der die gewünschte Auskunft geben kann. Das kann ein Exeget sein oder der Pfarrer oder aber ein Buch. Beim nächsten Treffen teilt er der Gruppe die Antwort mit und klärt so die Fragen, die ungelöst geblieben waren.
Ganz zum Schluß folgt zum Dank ein Lied oder Gebet.

Der Leiter: Ratschläge für einen guten Verlauf der Treffen

Dasselbe gilt natürlich für die Leiterin.

Die Person des Leiters

Der Leiter oder Moderator des Bibelkreises spielt eine sehr wichtige Rolle. Es ist gut, wenn er das weiß und wenn er weiß, wie er sich verhalten muß, damit der Bibelkreis sein Ziel erreichen kann.

Der Leiter sollte immer daran denken, daß er nicht der Chef des Bibelkreises ist. Er ist nur der Reiseleiter: Er soll die Versammlung leiten, damit sie den gewünschten Zielort erreicht, ohne sich zu verirren oder in Sackgassen zu geraten.
Der Leiter *muß* deshalb *die Einführung in Aufbau und Arbeitsweise (Band I, S. 9–26) gründlich lesen,* damit er genau weiß, was mit dem Bibelkurs erreicht werden soll, damit er weiß, wohin diese Reise gehen soll.

Die Vorbereitung des Treffens

Der Leiter muß das Treffen gut vorbereiten, denn davon hängt viel ab. Bei seiner Vorbereitung sollte er die folgenden Punkte beachten:

1. Er soll vor allem dieses erste Kapitel genau lesen. Wenn ihr wißt, wozu eine Sache da ist, seid ihr in der Lage, bestimmte Fehler abzustellen, die nicht zum Ziel führen. Ihr nehmt auch kein Rasiermesser, um einen Baum zu fällen, weil ihr wißt, das es dazu nicht geeignet ist.
2. Er soll den Leitfaden für das Treffen lesen und sich mit den Fragen, die dort stehen, vertraut machen. Es kann sein, daß einige Fragen für die Gruppe sehr schwer sind. Der Leiter, der die Gruppe kennt, kann dann diejenigen Fragen auswählen, die er für seine Gruppe für geeigneter hält.
3. In der vorliegenden Sammlung gibt es für je acht Treffen eine Einführung, die der Leiter lesen soll. Dort findet er allgemeine Erläuterungen, die ihm helfen, Antworten auf bestimmte Fragen zu finden, die bei den Treffen aufkommen können. Sie sind auch eine Hilfe, um zu verhindern, daß der Bibelkreis die Orientierung verliert und genauso wird wie jene Zusammenkunft über das Gespräch zwischen Toni und Luis.
4. Er sorgt dafür, daß einer aus der Gruppe jeweils ein Gebet oder Lied aussucht, für den Anfang bzw. das Ende der »Lektüre des Textes aus der Bibel«.

Während der Zusammenkunft

Der Leiter ist derjenige, der bei der Zusammenkunft den Vorsitz führt und ihren Verlauf bestimmt. Um diese Aufgabe gut erfüllen zu können, muß er sich folgendes merken:

1. Er entscheidet, wann begonnen wird, und eröffnet das Treffen.
2. Er entscheidet, wann von einem Teil zum nächsten weitergegangen wird.
3. Er liest die Fragen vor oder bittet einen anderen darum und bringt die Gruppe dazu, ihre Antworten zu geben, indem er dafür sorgt, daß alle Gelegenheit erhalten, zu sprechen und sich zu äußern.
4. Er wird darauf achten, daß nicht einer die Zusammenkunft beherrscht und die ganze Zeit redet und so verhindert, daß die anderen zu Wort kommen.
5. Er muß immer daran denken, daß er kein Diktator ist. Er ist nicht der Chef des Kreises.
6. Er soll versuchen, seine Aufgabe liebenswürdig zu erfüllen, und dafür sorgen, daß die Leute sich wohlfühlen und nicht gehemmt sind. Denn wer gehemmt ist, redet nicht. Er hört bloß zu. Und das ist nicht gut. Es schadet der Zusammenkunft und führt nicht zu dem Erfolg, den sie haben könnte.

Noch ein paar Ratschläge

Manchmal bringt der Leitfaden viele Fragen. Vielleicht reicht die Zeit nicht, um sie alle zu beantworten. Das macht nichts. Entscheidend ist, *daß alle sich beteiligen und über das Leben im Licht des Wortes Gottes und über das Wort Gottes im Licht des Lebens diskutieren.*

Es kann passieren, daß die Gruppe gleich zu Beginn der Zusammenkunft lebhaft wird und eine allgemeine Diskussion entbrennt. Dann braucht man nicht die Diskussion abzubrechen und zu sagen: »Leute, kommen wir zum nächsten Punkt!« Wenn im Licht des Wortes Gottes über das Leben diskutiert wird und im Licht des Lebens über das Wort Gottes, dann geschieht bereits das, was der Bibelkreis erreichen will. Selbst wenn man bei einer einzigen Frage stehenbliebe, wäre das Ziel schon erreicht.

Die Gruppe braucht sich nicht sklavisch an den Leitfaden zu halten, in der Meinung, ein »guter Bibelkreis« sei von der Behandlung aller Fragen abhängig. Es ist besser, eine einzige Frage gründlich zu diskutieren, als alle nur zur Hälfte zu beantworten.

Empfehlungen aus der Praxis

Manche Gruppen treffen sich zweimal, um ein einziges Thema zu diskutieren. Beim ersten Treffen diskutieren sie über den *Text aus dem Leben.* Beim zweiten sprechen sie über den *Text aus der Bibel.*

Manche Gruppen lassen sich Zeit. Sie kommen dreimal oder öfter zusammen, so oft es eben nötig ist, um jedes Thema gründlich zu besprechen.

Es gibt Gruppen, die die Leitfäden nicht der Reihe nach behandeln, sondern sich nach dem Interesse der Leute richten, die zum Bibelkreis zusammenkommen. Das hat Vorteile, denn so kann ein Thema ausgewählt werden, das mit dem eigenen Leben mehr zu tun hat. Allerdings sollte man lesen, was dazu im folgenden Kapitel geschrieben steht.

Manche Gruppen machen *Plakate zum Text aus dem Leben,* auf denen sie zwei Zeichnungen anbringen, die die Begebenheit aus dem heutigen Leben und die Begebenheit aus der Zeit der Bibel darstellen. Dies erleichtert die Diskussion sehr, vor allem wenn die Leute, die sich treffen, nicht viel Vorbildung haben.

Manche Gruppen schreiben die wichtigsten Fragen auf, damit die Teilnehmer sie nach Hause nehmen und weiter über das Thema nachdenken können. Das bereichert die Diskussion beim nächsten Treffen.

Es gibt Gruppen, die sich aufgelöst haben, weil die Teilnehmer meinten, es gäbe bereits eine Antwort auf alle Fragen. Sie wurden mißtrauisch, weil sie glaubten, der Leiter hätte die Antworten in der Tasche und wollte sie nicht gleich verraten. Für sie war die Zusammenkunft wohl eine Art Lotterie oder Glücksspiel: »Mal sehen, wer es am besten trifft!« Hierzu kann ich nur sagen: Wir müssen uns davon überzeugen, daß Gott einem jeden die Verantwortung für sein eigenes Leben überlassen hat. Es gibt keine fertige Antwort für das Leben. Jeder von uns lebt sein Leben zum ersten und letzten Mal! Mit der Erfahrung derer, die vor uns lebten, und unserer eigenen Erfahrung versuchen wir, den Weg zu finden. Vor allem mit Hilfe der Erfahrung des Volkes der Bibel und der Erfahrung Jesu selbst versuchen wir, uns zu orientieren, um unseren Weg durch das Dickicht des Lebens zu bahnen. Es stimmt nicht, daß alles schon fertig ist. Wenn es eine fertige Antwort gäbe, sähe die Welt anders aus. Es gäbe nicht so viele Meinungsverschiedenheiten. Jesus Christus hat gesagt: »*Ich* bin der Weg, die Wahrheit und das Leben« (Joh 14,5).

Das heißt aber nicht, daß er uns die Mühe, nachzudenken und etwas hervorzubringen, abnimmt. Es bedeutet, daß derjenige, der versucht, sich mit Jesus Christus zu identifizieren, auf dem Weg ist, der zum Vater führt. Aber er wird sich anstrengen müssen, er selber. Sonst wird er stehenbleiben und nicht dort ankommen, wohin er soll.

Manche Gruppen sind daran gescheitert, daß der Leiter meinte, er müsse alles machen. Wie wir bereits sagten, ist der Leiter nicht der Chef der Bibelkreise. Der Bibelkreis ist dafür da, daß jeder zu Wort kommt und alle gemeinsam die Wege Gottes im Leben entdecken. Vielleicht ist es den Teilnehmern lieber, dem Leiter zuzuhören. Das ist immer leichter. Aber selbst dann darf der Leiter nicht der Versuchung erliegen, die ganze Zeit allein zu reden und die Zusammenkunft zu einer frommen Plauderei zu machen. Er muß dafür sorgen, daß nach und nach alle reden und ihre Meinung sagen.

III. Einheit: Die Bergpredigt

Einführung

1. Der Plan für ein neues Haus, in dem der Mensch glücklich sein soll
2. Eine Hausbesichtigung. Ein kurzer Blick auf den Zukunftsentwurf
3. Was ist das besondere an diesem Projekt? Es ist so gewöhnlich, daß es schon wieder außergewöhnlich ist
4. Ein technisches Problem. Wie ist der genaue Wortlaut der Rede?
5. Noch ein technisches Problem: Die Übersetzung der Worte Jesu
6. Warum ein neuer Entwurf? Die Wurzel, aus der die Bergpredigt hervorgegangen ist
7. Eine neuerliche Hausbesichtigung. Wir lesen den Entwurf Gottes für das Leben noch einmal
8. Schlußbemerkung: Eine alte Rede, die nicht veraltet

Vom Evangelium lernen (Treffen 17–20)

(17) Ein neues, merkwürdiges Glück
(18) Eine neue, merkwürdige Gerechtigkeit
(19) Eine neue, merkwürdige Ehrlichkeit
(20) Ein neues, merkwürdiges Ideal

Bei Christus in die Lehre gehen (Treffen 21–24)

(21) Eine neue, merkwürdige Art zu beten
(22) Eine neue, merkwürdige Sicherheit
(23) Ein neuer, merkwürdiger Maßstab für den Umgang mit anderen Menschen
(24) Ein neuer, merkwürdiger Bau

Einführung

1. Der Plan für ein neues Haus, in dem der Mensch glücklich sein soll

Das große Anliegen aller
Heute sind alle darum bemüht, eine glückliche Welt zu bauen. Aber anscheinend gelingt es keinem, den Grundriß zu finden, nach dem man den Bau ausrichten kann. Es ist eben sehr schwierig. Ihr braucht euch nur ein wenig in eurer Umgebung umzuschauen, Zeitungen zu lesen, fernzusehen und euch zu erkundigen, was in eurem Wohnviertel und in der Welt gesagt und getan wird, und ihr werdet feststellen, daß es uns Menschen nicht leichtfällt, unsere Schritte aufeinander abzustimmen. Die einen denken dies, die anderen jenes. Alle scheinen dasselbe zu wollen, denn alle reden von Frieden, Gerechtigkeit und Glück. Aber die Wege, die sie einschlagen wollen, um dorthin zu gelangen, sind völlig unterschiedlich. Sie gehen sogar in entgegengesetzte Richtungen und widersprechen sich.

Der Beitrag Jesu Christi
Jesus Christus steht mitten in dieser Diskussion und leistet seinen Beitrag. Er hat einen Grundriß hinterlassen. Wenn man sich nach diesem Grundriß richtet und sich beim Bau der Welt und des Lebens von dem leiten läßt, was dort geschrieben steht, so sagt er, kann man ein ganz solides Haus zustande bringen, in dem es sich ruhig und glücklich leben läßt (vgl. Mt 7,24–25). Er versichert, daß die Welt glücklicher und das Leben mehr Leben sein wird (vgl. Joh 10,10).
In den Treffen 17–24 werden wir über diesen Weltentwurf, den die Bergpredigt darstellt, nachdenken und prüfen, in welcher Weise er unser Handeln bestimmen kann. In dieser Einführung werden einige Anleitungen gegeben, um die Worte der Bergpredigt besser lesen und verstehen und so den Diskussionen, die in den Bibelkreisen aufkommen, leichter die Richtung weisen zu können.

2. Eine Hausbesichtigung. Ein kurzer Blick auf den Zukunftsentwurf

Die Bergpredigt ist eine Art Resümee der Botschaft Jesu. Sie ist in den Kapiteln 5 bis 7 des Matthäusevangeliums zu finden. Sie ist eine der längsten und wichtigsten Reden Jesu. Als Einstieg wollen wir einen kurzen Blick auf diese drei Kapitel werfen. Breiten wir diesen Bauplan auf unserem Tisch aus, stellen wir uns einmal vor, es handle sich um ein bereits fertiggestelltes Haus, und machen wir eine kurze Besichtigung mit einem Gang durch seine Zimmer und Flure!
Um einen möglichst großen Gewinn von dieser Besichtigung zu haben, solltet ihr eure Bibel zur Hand nehmen, darin die Bergpredigt suchen (Mt 5,1) und die Rede Jesu zu lesen beginnen. Haltet euch dabei an die Hinweise, die wir im folgenden geben:

1. Es steht oben auf dem Hügel
Der Beginn der Bergpredigt legt den Gedanken nahe, daß das Haus des Lebens, das wir bauen sollen, auf einer Anhöhe stehen soll. Die andern sollen sehen und sich ein Urteil

bilden können, wie man baut, um dem Menschen ein glückliches Leben zu ermöglichen: Lest Mt 5,1–2!

2. Das Eingangstor

Wenn man den Hügel hinaufgeht, sieht man zuerst ein sehr großes Tor, das schön und einladend aussieht, obgleich es ganz einfach und sogar ärmlich ist. Das ist der Eingang: Lest Mt 5, 3–12!

3. Der Vorplatz des Eingangs

Das Tor besitzt einen eindrucksvollen ausgedehnten, befestigten Vorplatz. Ins Haus gelangt man nur durch dieses Tor und über diesen Vorplatz, die beide die Schönheit des Hauses, das sich im Hintergrund verbirgt, bereits erahnen lassen: Lest Mt 5, 13–16!

4. Der Weg zwischen Eingangstor und Haus

Hinter dem Tor beginnt ein sehr schmaler, langer und beschwerlicher Weg voller Biegungen, der zu der Schönheit und Schlichtheit des Tores und des Vorplatzes nicht ganz zu passen scheint. Geht weiter auf diesem Weg über die vielen Biegungen und überwindet die unzähligen Stufen und Steine, die es dort gibt. Es ist ein hübscher Ort. Die Natur scheint hier so, wie Gott sie wollte, als er sie schuf. Laßt euch von den Schwierigkeiten nicht entmutigen, denn am Ende werdet ihr eine große Überraschung erleben, die alle Mühe wettmacht: Lest Mt 5, 17–42!

5. Ein erster Eindruck vom Haus

Dieser schmale Weg wird allmählich breiter, bis er vor dem Haupteingang des Hauses endet, das mit einem Mal dort oben auf dem Hügel, ganz majestätisch, zum Vorschein kommt: Lest Mt 5, 43–48!

6. Der Raum, in dem die Familie zusammenkommt

Wenn ihr das Haus durch diese Tür betretet, ist der erste Raum, der euch empfängt, ein sehr gemütliches, einladendes und frisch gestrichenes Zimmer, daß den Gesprächen der Familienmitglieder mit dem Vater und der Erholung vorbehalten ist: Lest Mt 6, 1–18!

7. Das Arbeitszimmer

Neben dem ersten Raum liegt ein anderer, der zum Arbeiten bestimmt ist. Die Abtrennungen zwischen den einzelnen Räumen sind jedoch nur angedeutet, denn es gibt keine Türen, die die Zimmer voneinander trennen. Und so wirken sie nicht wie verschiedene Räume. Innen ist alles offen. In jedem Winkel des Hauses atmet man die gleiche, ganz reine, angenehme und unverdorbene Luft: Lest Mt 6, 19–24!

8. Das Wohnzimmer

An diese beiden Zimmer schließt sich ein größerer Raum an. Das ist der Raum, in dem die Familie sich zu den Mahlzeiten trifft, Freunde und Besucher empfängt und die Tagesangelegenheiten bespricht. Es ist ein Raum, der Behaglichkeit ausstrahlt: Lest Mt 6, 24–34!

9. Küche und Bad.
Auf der Rückseite des Hauses liegen Küche und Bad. Dieser Bereich ist sehr wichtig. Ohne ihn würden die Dinge, die in den ersten drei Räumen geschehen sollen, nicht in der gewünschten Ordnung vonstatten gehen: Lest Mt 7,1–11!

10. Die kleine Veranda auf der Rückseite des Hauses
Der hübscheste Ort im Haus ist schließlich eine ganz kleine, auf der Rückseite des Hauses gelegene Veranda, von der aus man ins Tal sieht. Man hat von dort einen sehr weiten Blick von seltener Schönheit. Stundenlang kann man sich dort aufhalten, ohne sich zu langweilen. Auf dieser kleinen Veranda verbringt die Familie möglichst viel Freizeit: Lest Mt 7, 12!

11. Anweisungen für die Bauunternehmer und Maurer
Außer dieser allgemeinen Skizze hinterließ Jesus auch einige Anweisungen für den Bauunternehmer und die Maurer, die das Vorhaben ausführen und das Haus bauen: Lest Mt 7, 13–23!

12. Anweisungen über das Fundament des Hauses
Ganz am Ende seiner Rede gibt er noch ein paar Informationen über die Beschaffenheit des Fundaments und die Art und Weise, wie es gelegt werden soll: Lest Mt 7, 24–27!

Schlußbemerkung
Dies ist der Grundriß des Hauses, den der Architekt Jesus uns hinterlassen hat. Wie das Volk, das Jesus damals reden hörte, so sind auch wir heute noch voll Bewunderung. Er bringt wirklich etwas Neues und »lehrt wie einer, der Vollmacht hat«. Er gehört nicht zu denen, die nur wiederholen, was alle Welt bis zum Überdruß kennt und was niemanden mehr überzeugt: Lest Mt 7, 28!
Wir haben einen kurzen Blick auf das Haus des Lebens geworfen, das Jesus uns zu bauen befiehlt. In ihm werden die Menschen sich wohlfühlen und glücklich sein können. Wir haben gerade einen Rundgang durch alle seine Teile gemacht. Jetzt sind wir im Bilde über den Inhalt der Bergpredigt. Wir wollen uns nun gründlicher mit ihr befassen.

3. Was ist das besondere an diesem Projekt? Es ist so gewöhnlich, daß es schon wieder außergewöhnlich ist.

Wenn ihr bei euren Zusammenkünften mit Hilfe dieses Kurses die Einzelheiten der Bergpredigt näher betrachtet, werdet ihr zwei Dinge feststellen:

Erstens: Es gibt kein fertiges Modell
Ihr werdet feststellen, daß es nirgendwo auf der Welt ein Modell gibt, das schon fix und fertig ist und das man besichtigen kann, um herauszufinden, wie man die Bergpredigt befolgt und so lebt, wie sie es empfiehlt. Auch heute noch ist die Bergpredigt

ein in der Zukunft angesiedeltes, hinter dem Horizont liegendes Ideal, das die Menschen auffordert, sich auf den Weg zu machen und das Ideal zu verwirklichen.
Das einzige abgeschlossene, vollendete Modell ist Jesus: er selbst und das, was er in seinem Leben unter uns hier auf Erden verwirklicht hat.
Es gibt andere Modelle, die sich auf irgendeine Weise diesem Ideal annähern: Das sind diejenigen, die Jesus aus der Nähe nachfolgten und es verstanden, in ihrem Leben das Evangelium zu leben.
Deshalb ist es eben durchaus keine leichte Sache, sein Leben mit der Bergpredigt in Übereinstimmung zu bringen. So wie jeder Mensch ein anderes Gesicht besitzt und keiner die bloße Kopie eines anderen ist, so kann man in seinem Leben auch nicht kopieren, was ein anderer tut. Ihr müßt selbst euer Gesicht finden, das heißt: eure Art und Weise, in eurem Leben die Bergpredigt zu verwirklichen, indem ihr immer das große Modell vor Augen habt, das Jesus Christus ist (vgl. Hebr 12,1–2).

Zweitens: Es ist ein ganz selbstverständliches Vorhaben
Wenn ihr euch die Einzelheiten der Bergpredigt näher anseht, werdet ihr auch folgendes feststellen. Ihr werdet euch sagen: Obgleich die Bergpredigt etwas Neues, anderes vorhat, entspricht sie genau dem, was wir Menschen wünschen und ersehnen. Jesus hat hier offenbar ins Schwarze getroffen.
Aus diesem Grund stellt die Bergpredigt auch das selbstverständlichste Vorhaben dar, das man sich vorstellen kann. Es ist so allgemein einleuchtend und so einfach, daß es für alle Menschen ohne Ausnahme gelten kann. Es ist in solchem Maße selbstverständlich, daß es schon wieder keine Selbstverständlichkeit mehr ist. Es ist so ganz und gar einfach, daß es schon wieder schwierig wird, es zu verwirklichen. Wir Menschen haben eine allzu große Vorliebe dafür, die Dinge kompliziert zu machen. Nur den Einfachen und Kleinen gelingt es, zu verstehen und zu verwirklichen, was Jesus will (vgl. Mt 11,25). Wir müssen einfach werden wie Kinder (Mt 18,3).

4. Ein technisches Problem. Wie ist der genaue Wortlaut der Rede?

Es gibt ein Problem, das zu lösen nicht die Aufgabe der Teilnehmer am Bibelkurs sein kann. Es ist ein Problem, das nur die Fachleute lösen können. Es geht darum, herauszufinden, wie die Worte, die Jesus sprach, genau lauteten. Denn die Rede kommt an zwei verschiedenen Stellen vor: in Mt 5,1–7,29 und in Lk 6,17–6,49.

Worin besteht das Problem?
Lukas bringt an der angegebenen Stelle dieselbe Rede, die im Matthäusevangelium den Namen Bergpredigt erhält. Aber Lukas bringt sie in einer so anderen Form, daß es sich schon nicht mehr um ein und dieselbe Rede zu handeln scheint.
Viele fragen nun: Wer hat nun letzten Endes Recht: Matthäus oder Lukas? Welche Rede hat Jesus gehalten: die ziemlich lange, von Matthäus wiedergegebene oder die ziemlich

kurze, von Lukas wiedergegebene Rede? Hat Matthäus die Rede erweitert, oder hat Lukas sie gekürzt?
Diese Fragen lassen sich nicht so leicht beantworten. Es handelt sich, wie gesagt, um ein fachliches Problem. Die Fachleute in Sachen Bibel, die sogenannten *Exegeten*, sind schon auf der Suche nach der Antwort.
Alles deutet darauf hin, daß beide Möglichkeiten ein Stück weit richtig sind: Matthäus erweiterte und Lukas kürzte, und damit haben wir das Ergebnis, das wir heute vorfinden. Matthäus erweiterte die Rede um andere Aussprüche Jesu, die bei anderer Gelegenheit gemacht worden waren, und Lukas ließ einige Sätze der Rede weg, die für seine Leser von weniger großem Interesse waren.

Was ist für uns wichtig?
Bei unseren Zusammenkünften, in deren Mittelpunkt das Wort Gottes steht, sollten wir keine Zeit damit verlieren, unlösbare Probleme lösen zu wollen. Ein defekter Motor gehört in die Werkstatt. Zu Hause fehlen einem die notwendigen Werkzeuge für die Reparatur. Die Werkstatt der Bibel ist die *Exegese*, und jene Fachleute, die Exegeten, beschäftigen sich damit, solche Probleme für uns zu lösen. Im allgemeinen fragt man den Mechaniker nicht: »Wie haben Sie den Motor repariert?« Sondern: »Wie sieht es aus? Funktioniert der Motor jetzt?«
Das gleiche gilt für die Techniker und Mechaniker der Bibel. Für uns ist es nicht interessant zu wissen, wie sie das Problem gelöst haben. Interessant sind nur das Ergebnis und die Tatsache, daß dieses Ergebnis gut ist und man damit arbeiten kann. Bei ihren Untersuchungen haben die Techniker in Sachen Bibel also folgendes herausgefunden:
Wenn Matthäus die Rede erweiterte, dann tat er dies, um den Lesern, um uns zu helfen. Er wollte uns eine Art Sammlung oder ein Handbuch geben, das auf wenigen Seiten all das enthalten sollte, was Jesus bei verschiedenen Gelegenheiten darüber gesagt hatte, wie die Menschen leben sollen, wenn sie wirklich an das Evangelium glauben.
Außerdem gilt es noch auf folgendes hinzuweisen. Auch wenn Matthäus die Rede ein bißchen erweitert hat, indem er andere Sätze in sie aufnahm, die Jesus bei anderer Gelegenheit gesagt hatte, so sind diese Sätze trotzdem immer noch von Jesus, und sie sind deswegen nicht weniger *von Gott inspirierte Sätze.*
Alles, was in der Bergpredigt steht, hat die gleiche göttliche Autorität und verdient unsererseits die gleiche Aufmerksamkeit.

5. Noch ein technisches Problem: die Übersetzung der Worte Jesu

Die Bibel gibt die Bergpredigt auf *griechisch* wieder. Wir sprechen Deutsch! Damit wir hier im deutschen Sprachraum die Worte Jesu verstehen können, müssen sie aus dem Griechischen ins Deutsche übersetzt werden. Diese Übersetzung der Worte Jesu in unsere Sprache ist nun aber wiederum ein Problem, das die Bibel-Fachleute für uns lösen können.

Übersetzen ist nicht einfach: ein Beispiel von heute
Etwas von einer Sprache in eine andere Sprache zu übersetzen ist nicht leicht. Die meisten werden schon gemerkt haben, daß nicht alle Bibeln die Worte Jesu in gleicher Weise wiedergeben. Manchmal heißt es in der Einheitsübersetzung so und in der »Guten Nachricht« anders, und eine Lutherbibel bringt wieder eine andere Möglichkeit. Und in diesen Anleitungen zur Bibelarbeit werdet ihr jetzt eine vierte Möglichkeit finden. Da herrscht anscheinend große Verwirrung. Welche Form ist nun aber die richtige? Welche der vier Übersetzungen stimmt? Hier muß etwas gesagt werden, um die Leute aufzuklären und diese Fragen zu beantworten.
Zuerst einmal wollen wir ein Beispiel von heute anführen, das zum Verständnis dieses Problems beitragen kann. Wir haben in Brasilien den typisch brasilianischen Ausdruck: »Vá tomar banho!« Wenn ihr das ins Deutsche übersetzen wollt, genügt es nicht, die Worte zu übertragen und zu sagen »Geh baden!« Der Deutsche, der euch hört, wird nichts verstehen, er wird euch für verrückt halten und sagen: »Geh du doch! Ich habe nämlich gerade erst gebadet!« Es genügt nicht, ein portugiesisch-deutsches Wörterbuch zur Hand zu nehmen und nach der Bedeutung von *banho* im Deutschen zu suchen. Ihr werdet so viel Deutsch lernen müssen, bis ihr einen Ausdruck findet, der den Sinn hat von: *»Verschwinde augenblicklich von hier!«*, denn das verstehen wir hier in Brasilien, wenn wir jemanden anschreien: *»Vá tomar banho!«*

Die Bibel zu übersetzen ist noch schwieriger:
Zwei Beispiele. Das Beispiel von heute hat die Schwierigkeit gezeigt. Dieselbe Schwierigkeit taucht auf, wenn es darum geht, die Worte der Bergpredigt ins Deutsche zu übersetzen. Wir wollen das mit zwei Beispielen illustrieren:

1. Beispiel: »Glücklich die Armen!«
Der erste Satz der Bergpredigt wird im allgemeinen so übersetzt: *»Glücklich die Armen« oder »Selig die Armen«*. In den Anleitungen findet ihr die Übersetzung: *»Das Glück, das alle von Gott erwarten, wird den Armen gehören«*. Warum machen wir das? Keine Bibel übersetzt so! Es sieht fast so aus, als verfälschten wir die Worte Jesu sogar.
Dazu muß man folgendes wissen: Die Bibel gebraucht das griechische Wort *makárioi*. Nach Auskunft des Wörterbuchs bedeutet dieses Wort *glücklich* oder *selig*. Aber das Wörterbuch sagt nicht alles. Es genügt nicht, wenn man einfach *glücklich* sagt, denn unser Wort *glücklich* sagt uns heute nicht dasselbe, was das Wort *makárioi* dem Volk damals sagte. Das Wort *makárioi* war viel bedeutungsvoller als unser Wort *glücklich* oder *Glück*. Aufgrund der Untersuchungen, die man darüber angestellt hat, weiß man heute, daß die Bibel das Wort *makárioi* nicht zur Bezeichnung jeder Art von Glück verwandte, sondern nur zur Bezeichnung genau jenes Glücks, auf das das Volk schon seit Jahrhunderten wartete und das mit dem Kommen des verheißenen Erlösers auf der Erde anbrechen sollte. Wenn er das Wort *makárioi* hörte, wußte jeder sogleich, um welche Art von Glück es sich handelte, nämlich *jenes, das alle von Gott erwarteten*. Und wir? Wenn wir das Wort *glücklich* hören, wissen wir dann, um welche Art von Glück es geht? Offenbar nicht. Um den Worten der Bibel besser zu entsprechen und sie für uns verständlicher zu

machen, übersetzen wir deshalb: *»Das Glück, das alle von Gott erwarten, wird den Armen gehören«.*

2. Beispiel: »Sie werden getröstet werden«.
In Matthäus 5,4 lautet der Text der Bibel gewöhnlich: *»Glücklich die Weinenden, denn sie werden getröstet werden.«* In der Übersetzung dieser Anleitungen heißt es: *»Das Glück gehört den Weinenden, denn Gott wird ihr Trost sein«.* Warum übersetzen wir so?
Wenn wir in unserer Sprache sagen: »sie werden getröstet werden«, bleibt die Frage offen: »getröstet *von wem?«* In der Sprache der Bibel bleibt diese Frage jedoch nicht offen. Dem Volk von damals brauchte man nur zu sagen *»sie werden getröstet werden«*, und jeder wußte sogleich *»getröstet von Gott natürlich«.* Deshalb genügt es eben nicht, einfach zu übersetzen »sie werden getröstet werden«. Auch wenn diese Übersetzung dem Buchstaben der Bibel entspricht, entspricht sie nicht dem Sinn, den der Buchstabe hatte, denn sie läßt ein sehr wichtiges, vielleicht sogar das wichtigste Element des ganzen Satzes beiseite, nämlich daß der Trost von Gott selbst kommen wird. Deshalb übersetzen wir: *»denn Gott selbst wird ihr Trost sein«.* Damit wird nicht nur der Buchstabe, sondern auch der Sinn des Buchstabens übersetzt.
Diesmal übersetzen wir nicht »das Glück, das alle von Gott erwarten«, sondern bloß: »das Glück«. Es genügt, die Bedeutung des Glücks im *ersten* Satz zu erklären, damit der Leser weiß, von welcher Art von Glück Jesus in den anderen Sätzen spricht.

Ist eine sehr volksnahe Übersetzung erlaubt?
Diese beiden Beispiele genügen, damit ihr euch nicht über die Übersetzung wundert, die ihr in diesem Kurs findet. Sie weicht ein bißchen von anderen Übersetzungen ab. Dies hat einzig und allein das Ziel, den Worten Gottes genauer zu entsprechen und auch zu erreichen, daß der Sinn des Wortes Gottes auch von einfacheren Menschen verstanden werden kann, die nicht in der Lage sind, so komplizierte Studien zu betreiben wie die Bibelfachleute. Mit anderen Worten, wir haben eine sehr volksnahe Übersetzung gemacht.
Manchmal hört man folgendes: »Das ist ja unerhört! Die Worte des Evangeliums so zu übersetzen – das heißt, die erhabenen Worte Jesu auf die Ebene des Vulgären herabzuziehen!« In diesem Fall trifft nicht uns die Schuld, sondern Jesus selbst und die Bibel. Wir wissen, daß das von der Bibel gebrauchte Griechisch nicht die gehobene Sprache der vornehmen Gesellschaft und der Literatur war, sondern die einfache Sprache des Volkes, die von den Hausangestellten in der Küche und von den Bauern auf dem Feld gesprochen wurde. Wer in eine gehobene Sprache übersetzt, tut Jesus Christus damit keine Ehre an. Im übrigen kann ein einfacher Mensch aus dem Volk, mit einem einfachen Wortschatz, weit über einem Menschen der vornehmen Gesellschaft stehen, der es lediglich versteht, sich kompliziert auszudrücken. Jesus selbst dankte dem Vater, daß die »Einfachen« verstanden, was er lehrte (vgl. Mt 11,25). Was würde er dazu sagen, wenn die einfachen Leute wegen einer schwierigen Übersetzung die verwendeten Worte nicht verstehen könnten? Halte ich mich etwa denn getreu an die Worte Jesu, wenn ich sie in eine Sprache übersetze, die die einfachen Leute nicht verstehen? Ist die Bibel denn nun für das Volk da, oder das Volk für die Bibel?

6. Warum ein neuer Entwurf? Die Wurzel, aus der die Bergpredigt hervorgegangen ist

Wenn man weiß, wie und warum eine Sache sich entwickelt hat und gemacht worden ist, kann man diese Sache besser verstehen und hat den Schlüssel in der Hand, um die Zweige, Blätter und Blüten zu verstehen, die aus der Wurzel erwachsen. Deshalb stellen wir jetzt eine sehr wichtige Frage: *Warum hat Jesus Christus diesen neuen Entwurf vorgelegt, der in der Bergpredigt beschrieben ist?* Die Antwort auf diese Frage wird uns zu der Wurzel führen, aus der diese Rede hervorgegangen ist.
Kurz gesagt können wir darauf folgendes antworten: Jesus kam mit diesem neuen Entwurf, weil das Haus des Lebens, in dem das Volk lebte, ein Haus, das nach den Plänen der Pharisäer gebaut worden war, nicht mehr mit den Plänen Gottes, des leitenden Architekten, übereinstimmte. Die Pharisäer waren mit den Vorgaben zu eigenmächtig umgegangen. Sie hatten alles verändert. Sie meinten, das Haus nach dem Entwurf Gottes zu bauen. In Wirklichkeit machten sie genau das Gegenteil. Sie stellten alles auf den Kopf! Sehen wir uns das einmal näher an!

I. Die von den Pharisäern aufrechterhaltene schlimme Lage des Volkes

Lange vor der Ankunft Jesu hatte Gott bereits einen Entwurf für den Aufbau der Welt vorgelegt. Das waren und sind noch die Zehn Gebote. Die Absicht, die Gott mit diesen Geboten verband, war, die Errichtung einer Welt zu ermöglichen, in der der Mensch in Frieden wohnen und glücklich leben kann (vgl. Dtn 6,18).

Wer es mit der Sauberkeit zu weit treibt, kann den Kochtopf auch kaputtscheuern.
Die Pharisäer aber nahmen die Anweisungen Gottes und begannen, sie zu studieren und so streng und gewissenhaft zu befolgen, daß sie die Mauern schließlich für wichtiger hielten als die Menschen, die in den Mauern Schutz suchten. Das Gesetz erschien ihnen wichtiger als das Volk, das durch das Gesetz erzogen und befreit werden sollte. Der Sabbat schien ihnen wichtiger als der Mensch (vgl. Mk 2,27). Sie legten das Gesetz Gottes so aus, daß die Bewohner des Hauses nichts anderes mehr tun konnten als sich um das Haus, die Möbel, die Reinigung des Bodens, der Möbelstücke, der Fenster und Kochtöpfe (vgl. Mt 7,4) zu kümmern. Mit anderen Worten, das Leben wurde unerträglich mit der Unzahl von kleinen Gesetzen und Vorschriften, die dem Volk von allen Seiten zusetzten. Und die Pharisäer hatten die Stirn zu behaupten, daß dies der Wille Gottes sei. Gott wolle es so haben!

Ein Haus besitzen und es nicht besitzen! Jemand sein und doch niemand sein!
Könnt ihr euch das vorstellen? Immer nur Fenster putzen und niemals hinaussehen dürfen, sich niemals an der Schönheit des Lebenspanoramas erfreuen können, das da zu sehen ist! Immer nur Stühle saubermachen und niemals die Zeit haben, um sich auf einem Stuhl niederzusetzen und sich ein bißchen zu unterhalten oder auszuruhen. Ständig in der Küche arbeiten und niemals an einer guten, genußvollen Mahlzeit mit Reden und Lachen teilnehmen können! Immer nur die Schuhe abputzen, um eintreten zu

dürfen, aber niemals wirklich eintreten! Immer nur den Diener spielen im eigenen Haus und sich niemals zu Hause fühlen wie ein Sohn, der Gott zu einem Vater macht! Immer nur wie ein Lohnarbeiter leben, der nur an seine eigene Anstrengung und den Lohn glaubt, den er erhält, und niemals zu der Erkenntnis gelangen, daß Gott nicht ein Chef ist, sondern ein Vater; niemals den Platz eines Sohnes einnehmen, der keinen Lohn mehr erhält und diesen auch nicht mehr nötig hat, weil er zusammen mit dem Vater Herr und Eigentümer des Hauses ist!
Dieses Bild zeigt, wie die Pharisäer alles verdreht hatten. Sollte so etwa das Leben aussehen? Ganz im Gegenteil. Gott hatte die Zehn Gebote gegeben, damit die Menschen sich mit ihrer Hilfe eine schöne, behagliche Wohnung schaffen sollten, in der sie in Frieden leben konnten. Aber die Pharisäer stellten alles auf den Kopf, für das Volk wurde das Leben zur Hölle. So wollte Gott es nicht haben!

Menschen, die niemals Zweifel hegen, enden einmal auf falschen Wegen.
Die Pharisäer nahmen die Anordnungen Gottes so ernst, daß sogar Gott über sie erbost war (vgl. Mt 23,23–24). Das heißt nun nicht, daß man die Dinge Gottes nicht ernst nehmen soll. Im Gegenteil! In Wirklichkeit nahmen die Pharisäer nur ihre *eigenen Vorstellungen* im Hinblick auf Gott und Gottes Gesetz ernst. Es drängte sie nie, herauszufinden, ob sie mit ihrer Art, das Gesetz Gottes zu betrachten und zu befolgen, auf dem richtigen Weg waren. Sie wollten nie wissen, ob es wirklich das war, was Gott wollte. Statt ihre Ansicht der Sichtweise Gottes anzupassen, paßten sie Gott ihrer eigenen Art und Weise an, die Dinge zu sehen. Sie hätten wenigstens ein bißchen zweifeln können! Sollte ein Gott, der Frieden und Glück verheißt, das Leben so verworren machen? Es ist wirklich so: Menschen, die niemals Zweifel hegen, enden oft auf falschen Wegen!

Und heute?
Wie sieht die Lebenssituation der Menschen heute aus? Können sie sich wie Söhne und Töchter zu Hause fühlen, oder empfinden sie sich bloß als Hausangestellte? Wer oder was hindert das Volk heute daran, ein glückliches Leben zu führen? Stimmt das Haus des Lebens, in dem das Volk wohnt, mit dem Gottes überein? Stimmt es mit dem überein, was Gott sich für uns vorstellt? Brauchen auch wir einen neuen Entwurf? Haben auch wir es nötig, die Bergpredigt zu hören, damit diese uns hilft, den Irrtum zu erkennen?
Das sind sehr entscheidende Fragen. Eine Antwort darauf zu geben ist sehr schwer. Sind die Pharisäer tot? Oder sind sie heute mit anderem Gesicht und unter anderem Namen wieder zum Leben erwacht? Wer sind heute die Pharisäer?

II. Das an den Rand gedrängte Volk unterstützt die Pharisäer und ist mit ihnen einverstanden.

Das Ergebnis von alldem war, daß viele abseits standen. Sie nahmen nicht mehr am Leben teil. Sie betraten nicht einmal mehr das Haus, das Gott entworfen hatte, damit der Mensch darin glücklich und in Frieden leben sollte. Frieden und Glück kannten sie nicht. Andere nahmen ihr Leben in die Hand und unterwarfen jeden ihrem Einfluß. Das Volk lebte nicht, es wurde gelebt!

Die Pharisäer hielten sich für etwas Besseres und verachteten das Volk.
Vor allem das einfache Volk, das sich mit den unendlich vielen Vorschriften der Pharisäer nicht auskannte und sie deshalb nicht einzuhalten vermochte, blieb draußen; drinnen hatte es nichts zu suchen und nichts zu sagen. Die Pharisäer meinten, nur sie selbst seien in der Lage, das Haus zu betreten und dem Gesetz Gottes gemäß darin zu leben. Das Volk – »die Leute vom Lande«, sagten sie – ist verflucht, weil es das Gesetz Gottes nicht kennt (vgl. Joh 7,49).
Aber wenn die Pharisäer vom »Gesetz Gottes« sprachen, meinten sie nicht mehr die Zehn Gebote. Sie dachten vielmehr an die unzähligen Vorschriften, die sie selbst erfunden hatten (vgl. Mt 7,8) und die mit Gott nichts zu tun hatten. Sie zwangen diese Dinge dem Volk im Namen Gottes auf! Sie waren falsche Führer!
Und das Volk? Das Volk bekam einen Minderwertigkeitskomplex und glaubte, die Pharisäer seien im Recht. Das Volk war doch nicht in der Lage, die Dinge richtig zu beurteilen. Die Pharisäer waren die Großen im Lande. »Was für heilige Leute, diese Pharisäer!« Sie verstanden es, die Dinge Gottes so zu machen, wie Gott sie haben wollte! So dachte das Volk. Es bewunderte die Pharisäer, aber nur von fern, so wie man eine bedeutende Persönlichkeit aus der Ferne bewundert und weiß, daß man keine Chance hat, in ihre Nähe vorzudringen.

Das Volk unterstützt die Pharisäer, löscht das Licht aus und schläft.
Indem es so dachte und lebte, unterstützte das Volk, ohne sich dessen bewußt zu sein, die Pharisäer darin, die Situation aufrechtzuerhalten, die zu Ungunsten des Volkes geschaffen worden war. Dieses Volk war nicht in der Lage, aus seinem Elend auszubrechen und die Luft der Freiheit der Kinder Gottes zu atmen. Das Volk lag in tiefem Schlaf und war außerstande, von selbst wach zu werden und die Augen aufzumachen, und einen Wecker besaß es auch nicht.
Die Pharisäer – die Unterdrücker – und das Volk – die Unterdrückten –, beide waren sich einig, hatten dieselben Vorstellungen und meinten, die Dinge müßten so sein, wie sie waren. Jesus bemerkte das alles und sagte: »Es sind blinde Blindenführer. Und wenn ein Blinder einen Blinden führt, werden beide in eine Grube fallen« (Mt 15,14).
Unter solchen Umständen fand einer, der das Gegenteil behauptete, weder bei den Pharisäern noch beim Volk Gehör. Er wurde nicht einmal verstanden. Man kann zu einem Schlafenden sprechen: er hört nicht zu. Es ist so, als spräche man eine fremde Sprache, so, als spräche man Englisch zu einem, der nur Deutsch kann. Wie ist ein solches Problem zu lösen? Gab es eine Lösung.?
Nur indem man tatsächlich mitten unter dem Volk die Freiheit sichtbar machte, konnte sich in dem dunklen Zimmer des Lebens ein Fenster auftun, so daß das Volk eine Vorstellung von der Sonne der Freiheit bekam, die Gott über dem Leben erstrahlen lassen will. Genau dies tat Gott, indem er Jesus Christus, seinen eigenen Sohn, zu uns schickte. Jesus lebte das Ideal Gottes, und zeigte so, was falsch war.

Die Pharisäer machten den Plan Gottes zunichte.
Als Gott Moses die Zehn Gebote anvertraute, wollte er keinesfalls, daß ihre Einhaltung jene entsetzliche Situation herbeiführte.

Statt Söhne und Töchter zu sein, die sich wohlfühlen konnten, lebten alle wie die Sklaven, ohne Freiheit, in ständiger Angst, gegen eine der vielen hundert Vorschriften zu verstoßen, die sie selbst erfunden hatten. Das war es nicht, was Gott wollte. Gott wollte ein sanftes und leichtes Joch, das dem Gewissen der Menschen Ruhe und Frieden schenkte (vgl. Mt 11,28–29) und die Menschen dazu brachte, in Brüderlichkeit und Liebe im einen Haus der Welt zusammenzuleben (vgl. Joh 13,34–35).
Aber die Pharisäer waren außerstande, die Absichten Gottes zu verstehen, und sie waren diejenigen, die beim Volk das Sagen hatten. Sie übten einen bestimmenden Einfluß auf das Volk aus. Deshalb gingen sie nicht in das Reich Gottes ein und ließen auch das Volk nicht hinein (vgl. Mt 23,13). Damit ihr eine Vorstellung davon bekommt, wie die Pharisäer lebten und handelten, lest Mt 23,1–36!

III. Die Initiative Gottes

Ein neuer Entwurf war nötig, ein Entwurf, der die wahren Absichten, die Gott mit den Menschen hatte, erkennen ließ; ein Entwurf, der nicht bei der Erklärung und Erörterung der Gebote stehenblieb, sondern den wahren Sinn der Gebote Gottes für das Leben der Menschen mitteilte; ein Entwurf, der es nicht bei der Diskussion über die Krankheit der Zweige bewenden ließ, sondern die Ursache der Krankheit in der Wurzel des Lebensbaumes anging; ein Entwurf, der nicht nur an der einen oder anderen Stelle des Hauses, das die Pharisäer errichtet hatten, Verbesserungen durchführte, sondern der die falsche Grundeinstellung, mit der sie den früheren Entwurf der Zehn Gebote interpretierten, radikal erneuerte.

Wozu kam Jesus?

Um diesen neuen Lebensentwurf einzuführen, schickte Gott seinen eigenen Sohn. Gott selbst wollte als Mensch geboren werden, als Mensch leben und als Mensch sterben, in allem uns gleich außer der Sünde (vgl. Hebr 4,15). Indem er das Leben lebte, machte er den Sinn dieses Lebens sichtbar. Dies war die Gute Nachricht für die Menschen, die in jener schrecklichen Bedrängnis lebten, die ihnen von den Pharisäern im Namen Gottes auferlegt worden war. Eine Gute Nachricht war es vor allem für die Armen, die Opfer der falschen Vorstellungen der Führer (vgl. Lk 4,16–19).
Jesus kam, um den Menschen dabei zu helfen, den Sinn des Lebens besser zu verstehen: »Ich bin gekommen, damit sie das Leben haben und es in Fülle haben« (Joh 10,10). Er kam, um zu erklären, was Gott wollte, als er die Zehn Gebote gab: Sie sollten das Volk erziehen und wachsen lassen, damit aus Sklaven und Unterdrückten Söhne und Töchter würden (vgl. Gal 3,23–29).

Jesus und die Zehn Gebote

Die Zehn Gebote sind wie zehn Pfade, die in den Urwald des menschlichen Lebens geschlagen worden sind, damit dieses Leben nach und nach besser organisiert werden kann und damit sie die Menschen dazu bringen, die befreiende Liebe zu leben und zu verstehen.

Die Zehn Gebote sind keine Zäune, die rings um das menschliche Leben gezogen werden, um die Freiheit zu beschränken und zu beschneiden, sondern sie sind Hinweise, die den Weg zur Liebe und zur wahren Freiheit angeben.
Mit dieser Grundeinstellung befolgte und erklärte Jesus die Zehn Gebote. Er kümmerte sich nicht um die unsinnigen Ideen der Pharisäer, ja, er übte sogar scharfe Kritik an ihnen. Deshalb dachten viele: »Er hebt das Gesetz auf!« (vgl. Mt 5,17). Sie sagten: »Er kommt nicht von Gott, denn er hält das Sabbatgebot nicht!« (vgl. Joh 9,16).
In der Bergpredigt antwortet Jesus auf diese Anschuldigungen: »Denkt nicht, ich sei gekommen, um die Gesetze des Mose und der Propheten aufzuheben! Ich bin nicht gekommen, um irgend etwas aufzuheben!! Ich bin gekommen, um zu erreichen, daß sie ganz erfüllt werden!« (Mt 5,17). Und er sagte auch noch: »Ich warne euch: Wenn eure Gerechtigkeit, das heißt: eure Art und Weise, das Gesetz Gottes zu befolgen, nicht besser ist als die der Pharisäer und der Spezialisten für das Gesetz, dann werdet ihr nicht in das Himmelreich kommen« (Mt 5,20).

Die Zehn Gebote und die Bergpredigt

Um zu erreichen, daß das Gesetz Gottes ganz befolgt wurde, mußte Jesus den Baum beschneiden und viele wilde Triebe entfernen, die die Pharisäer wachsen ließen und reichlich mit Wasser versorgten. Er kämpfte, verkündigte, kritisierte und lehrte. Vor allem aber lebte Jesus als erster in seinem eigenen Leben, was er über die wirklichen Absichten Gottes im Hinblick auf das menschliche Leben lehrte. Er baute gewissermaßen das Haus, führte den Plan aus, verwirklichte das Vorhaben, stellte das Modell her.
Mit anderen Worten: Im Leben Jesu leuchtete das Ziel auf, zu dem Gott das menschliche Leben mit Hilfe der Zehn Gebote hinführen wollte. Im Leben Jesu zeigte sich die Liebe, eine Liebe, die so groß war, daß sie ihr Leben für andere hingab (vgl. Joh 10,15; 15,13). Durch alles, was er tat und sprach, erstrahlte im Leben Jesu die Sonne der Freiheit (vgl. Joh 10,18). Deshalb ist *er* die Gute Nachricht, das heißt: das Evangelium Gottes für die Menschen, dessen Inhalt die Bergpredigt zusammenfaßt. Und deshalb erwachte das Volk auch aus seinem Schlaf, als es die Bergpredigt hörte, und erkannte das Neue der Botschaft Jesu: »Als Jesus seine Rede beendet hatte, war das Volk beeindruckt von seiner Lehre. Denn Jesus lehrte wie einer, der Vollmacht hat, und nicht wie die Spezialisten für das Gesetz Gottes« (Mt 7,28–29). Die Bergpredigt will das schlafende Volk aufwecken.

IV. Das Ziel der Bergpredigt

Die Bergpredigt ist aus dieser Situation des Volkes heraus entstanden, der Jesus mit Mut und Freiheit begegnete. Sie ist wie eine Lampe, die so hell ist, daß man sich die Augen reibt. Sie ist wie ein ungeheurer Knall im Bewußtsein der Menschen, der sie aus dem Schlaf reißt. Sie macht den Sinn des Lebens sichtbar und zeigt, wohin Gott uns führen will, wenn wir den Mut haben, an Jesus Christus und an das Evangelium zu glauben.
In der Bergpredigt kritisierte Jesus die Einstellung derjenigen, die das Gesetz über den Menschen stellen. Er kritisierte die Geisteshaltung der Pharisäer, die das Gesetz Gottes benutzt haben, um sich vor Gott zu verteidigen und zu schützen, eine Geisteshaltung, die denkt: Ich habe alles getan, was Gott von mir verlangt. Jetzt ist er verpflichtet, mich dafür

zu belohnen! Es ist die Mentalität dessen, der weder an die Liebe glaubt noch sich auf sie beruft, ja nicht einmal weiß, was das ist. Er glaubt nur an seine eigene Anstrengung und kümmert sich nur um seine eigene Sicherheit (vgl. Mt 23,23–24; 9,13). Jesus erklärt, daß die wahre Sicherheit, die Frieden bringt, nicht aus der bloßen Einhaltung einiger Gesetze erwachsen kann, sondern aus einer Beziehung der Liebe, des Vertrauens und der Freundschaft.

Wer die Bergpredigt liest und sich gründlich mit ihr befaßt, vor allem aber, wer sich nach ihr zu richten versucht, wird erfahren, wie sehr diese Rede einen im Innersten aufrührt. Er wird mit der Zeit merken, daß *in jedem von uns ein verkappter Pharisäer lebt, der unterdrückt, und ein armes Volk schläft, das sich unterdrücken läßt.* Beide müssen aus unserem Innern vertrieben werden. Beide müssen der Freiheit und dem wahren Frieden Platz machen. Der unterdrückerische Pharisäer wie das unterdrückte Volk, beide brauchen das Glück, das Gott hier anbietet und verheißt.

V. Die Bergpredigt heute

Und heute? Die alten Pharisäer sind schon lange tot. Sie sind weit weg von uns, auf den Friedhöfen Palästinas begraben. Die unzähligen Vorschriften, die sie aufstellten, machen uns heute nicht mehr so zu schaffen. Wozu dann also die Bergpredigt? Nur um zu erfahren, was Jesus damals tat? Nichts weiter als ein hübscher Ausstellungsgegenstand für unsere Museen? Sollte es tatsächlich so sein?

Die Pharisäer von gestern und heute

Es stimmt, daß die Pharisäer tot sind. Die von gestern! Aber in dir, in mir, in uns allen und in der heutigen Gesellschaft lebt ein verkappter Pharisäer, der enttarnt werden muß, und schläft »ein Volk«, das geweckt werden muß! Es stimmt, daß die Gesetze, die die Pharisäer erfanden, uns nicht mehr zu schaffen machen. Aber es gibt Gesetze und Vorschriften, die wir, die Pharisäer von heute, erfinden und uns und den Menschen aufbürden, indem wir »das Volk« in Schlaf versetzen. Einige dieser Gesetze werden sogar im Namen Gottes auferlegt!

Eine Liste von Fragen, die kein Ende nehmen will

Zum Beispiel: Welches Gesetz beherrscht euer Leben, indem es euch unglücklich macht? Durch welches Gesetz beherrscht ihr die anderen, indem ihr sie daran hindert, wirklich Mensch zu sein?

Ist es das Gesetz des Geldes? des Gewinns? Ist es das Gesetz der Männerherrschaft? Ist es das Gesetz der Konkurrenz, die über Leichen geht? Ist es die Mode? Das Sozialprestige? Ist es das Auto, das das neueste Modell sein muß, besser als das des XY? Ist es die Bequemlichkeit? Ist es das Gesetz des Abzahlungsgeschäfts, das den andern versklavt, ohne daß er es merkt? Ist es die Furcht, die Wahrheit zu sagen? Ist es der Sex? Ist es die Sicherheit?

Es gibt noch viele andere Gesetze und Normen dieser Art, die niemals schriftlich niedergelegt worden sind, aber von denen die Luft voll ist und die man einatmet, ohne es

zu merken. Sie verschmutzen die Luft und machen das Leben für viele unerträglich. Sie machen einem großen Teil der Menschen das Leben zur Hölle.
Wenn ihr meint: »Die Bergpredigt war einmal...!«, dann überzeugt euch davon, ob ihr in eurem Leben wirklich glücklich seid! Seht erst einmal, ob ihr imstande seid, die andern zu lieben, auch eure Feinde, und sogar euer Leben für sie hinzugeben! Prüft, ob ihr innerlich und äußerlich wirklich frei seid und nicht von so vielen Normen und Konventionen unterdrückt werdet, die wir Menschen erfinden und immer wieder neu erfinden...

Die Dinge und Normen, die wir Menschen erfinden

Das Leben ist voll von diesen Dingen. Wir sagen, sie seien zum Wohl und zum Fortschritt der Menschen erfunden und geschaffen worden. Das sagten die Pharisäer auch. Aber in Wirklichkeit sind diese Dinge die Ursache dafür, daß viele Menschen nicht einmal mehr frei atmen können. Es gelingt ihnen nicht, frei zu sein und ein glückliches Leben zu führen.
Seid ihr zum Beispiel frei gegenüber der Propaganda, oder akzeptiert ihr alles, was da gesagt wird, und denkt am Ende genauso wie die Zeitung und das Fernsehen?
Begreift ihr, wie es kommt, daß in den von den Menschen für die Menschen erbauten Großstädten einer überflüssig ist: der arme Mensch?
Begreift ihr, wieso in einer Stadt, wo so viele Leute eng beieinander leben, viele nicht einmal einen Menschen haben, mit dem sie reden können, und vor Kummer und Einsamkeit sterben?
Habt ihr euch schon einmal gefragt, warum es heute noch so viel Elend gibt und warum die Zahl der Armen auf der Welt ständig zunimmt?
Habt ihr euch schon einmal gefragt, warum so viele Not leiden, oder gebt ihr nur euer Almosen, ohne euch solche unbequemen, unlösbaren Fragen zu stellen?
Habt ihr euch schon einmal gefragt, wieso eine Fabrik ruhig fortwährend die Luft verschmutzen kann und damit bei Menschen, die in der Umgebung leben, Krankheiten hervorruft, oder nehmt ihr das alles als unvermeidliches Ergebnis des menschlichen Fortschritts in Kauf?
Habt ihr euch schon einmal gefragt, weshalb so viele den Glauben verlieren und keinen Sinn mehr in ihrem Leben sehen, so daß die Zahl der Selbstmorde zunimmt, oder glaubt ihr einfach, daß jeder das Schicksal hat, das er verdient?
Habt ihr euch schon einmal gefragt, warum so viele an den Wochenenden verunglücken, oder meint ihr, das liege nur an mangelnder polizeilicher Überwachung?

Was ist die Ursache von alledem?

Ist dies alles wohl nur Zufall? oder muß man es auf Normen, Gesetze und Konventionen zurückführen, die wir Menschen aufstellen und die nicht mit dem Vorhaben Gottes übereinstimmen?
Wenn ihr eine befriedigende Antwort auf diese und andere Fragen, die das Leben aufwirft, gesucht und gefunden habt, und wenn ihr überdies in der Lage seid, mit einem ruhigen und glücklichen Gewissen euch selbst, den andern und Gott gegenüber zu leben, dann braucht ihr die Bergpredigt nicht mehr zu lesen und euch mit ihr zu befassen.
Ihr habt sie nicht mehr nötig, entweder, weil ihr schon zu der ersehnten Vollkommenheit

gelangt seid, die Jesus zeigt, oder weil ihr eine so dicke Kruste um euer Gewissen habt wachsen lassen, daß selbst die Bergpredigt sie nicht aufzubrechen vermag!

Schlußfolgerungen
Aus all diesen Gründen dürfen wir also nicht müde werden, die Bergpredigt zu lesen, denn diese Rede hat uns noch viel über uns, über unser Leben und über die Strukturen unseres gesellschaftlichen Zusammenlebens zu sagen.
Die Bergpredigt liefert kein fertiges Rezept, sondern öffnet die Augen dafür, was richtig und was falsch ist am Haus des Lebens, in dem die Menschen wohnen Sie rüttelt uns auf, damit wir gemeinsam eine befriedigende Antwort finden, die von unserem Glauben an Jesus Christus und an das Evangelium inspiriert ist.

7. Eine neuerliche Hausbesichtigung. Wir lesen den Entwurf Gottes für das Leben noch einmal.

Wir haben die Wurzel gesehen, aus der die Bergpredigt hervorgegangen ist, jetzt sind wir in der Lage, diese Kapitel mit anderen Augen zu betrachten, gewissermaßen von innen. Mit dieser neuen Sichtweise wollen wir die Rede Jesu noch einmal lesen.
Wir gehen genauso vor wie beim ersten Mal: Sucht den Text der Bergpredigt in eurer Bibel (Mt 5,1) und lest ihn, indem ihr euch nach den folgenden Hinweisen richtet!

1. Das vom Berg herab verkündete neue Gesetz Gottes erklärt das alte Gesetz.
Vom Berg herab gab Gott dem Volk den ersten Entwurf die Zehn Gebote. Dies war der Ausgangspunkt seiner Wanderung. Jetzt, wiederum vom Berg herab, gibt Jesus dem Volk den neuen Entwurf, der das Ziel der Wanderung verkündet und so den Sinn des ersten Entwurfs erklärt: *Lest Mt 5,1–2!*

2. Das letzte Ziel des Gesetzes und das Glück der Menschen
Das Ziel, das alle zu erreichen suchen, sind Glück und Wohlbefinden. Wem wird das Glück gehören? Die Antwort Jesu auf diese Frage macht viele Leute unglücklich und bereitet vielen anderen, die heute unglücklich sind, eine angenehme Überraschung. Sie zeigt, daß Jesus das Leben mit anderen Augen betrachtet als wir: *Lest Mt 5,3–12!*

3. Salz der Erde! Licht der Welt!
Jesus sieht das Leben mit anderen Augen. Der Christ muß sich diese Sichtweise zu eigen machen und mit ihr dem Leben gegenübertreten. Sein Wirken soll sein wie das Salz in der Speise: Es verändert den Geschmack. Es soll sein wie das Licht in der Dunkelheit: Es macht die Dinge sichtbar: *Lest Mt 5,13–16!*

4. Der lange Weg des erziehenden Gesetzes
Wie soll man sich Jesu Sichtweise des Lebens zu eigen machen? Das ist ein langer, schwieriger Weg. Die richtig verstandene Einhaltung des Gesetzes führt dahin. Wir müssen uns von dem Pharisäer distanzieren, der in uns lebt und nur die Verpflichtung

der Zehn Gebote sieht, nicht aber ihr *Ziel* und ihren *Zweck.* Wir müssen uns das Ideal vor Augen halten, das dort vorn zu sehen ist und uns zeigt, daß wir noch nicht am Ziel sind. Solange wir nicht dort angekommen sind, kann keiner sagen, er habe das Gebot Gottes ganz befolgt. Jesus läßt uns erkennen, daß ein gutes Gewissen nicht auf der Tatsache beruht, daß man das Gebot gehalten hat, sondern auf der Tatsache, daß man unterwegs zu dem Ideal ist, auf das das Gebot hindeutet und das Jesus hier erläutert: *Lest Mt 5,17–42!*

5. Vollkommen sein, so wie der himmlische Vater vollkommen ist
Macht euch keine Illusionen! Das Ideal ist sehr hoch. So hoch, das ihr ein ganzes Leben brauchen werdet, um es zu erreichen. Die Menschheit wird ihre ganze lange Geschichte brauchen, um es zu verwirklichen. *Lest Mt 5,43–48!*

6. Die wahre Sicherheit: Leben wie Sohn und Tochter
Wer ein Pharisäer ist, beschränkt sich auf die Einhaltung des Gebots, ohne dessen Ziel zu sehen. Er macht Gott zu einem Chef, der Lohn zahlt, und nicht zu einem Vater, der alles, was er besitzt, seinem Kind überläßt. Sohn oder Tochter leben nicht vom Lohn, sondern sitzen mit ihrem Vater am selben Tisch. *Lest Mt 6,1–18!*

7. Man muß den Mut haben, zu glauben, daß Gott Vater ist
Wer ein Pharisäer ist, glaubt nur an seine eigene Leistung und will den Himmel und das Glück zu geringen Preisen kaufen. Aber das Glück, das Gott anbietet, ist ebensowenig zu kaufen, wie ein Haus für 100,–DM zu haben ist. So geht es nicht. Wenn der Pharisäer dies merkt, beginnt er, sich sein Glück selber aufzubauen, und versucht, Gott und dem Teufel zugleich zu dienen. Das ist unmöglich. Er muß sich entscheiden. *Lest Mt 6,19–24!*

8. Das wahre Glück kommt aus dem Innern des Menschen
Das Glück, das alle suchen, stammt aus dem Innern: aus der Liebe, die euch entgegengebracht wird, aus der Freundschaft und Güte, die ihr von Gott und von den anderen erfahrt. Jesus will, daß man das Glück in dieser Richtung sucht. Denn allein von der Tatsache, daß man schöne Kleider und gutes Essen hat, wird man nicht glücklich. Wer das Glück nur in dieser Richtung sucht, wird es nicht finden können. *Lest Mt 6,25–34!*

9. Neue Verhaltensweisen gegenüber den andern und Gott
Wer weiß, welches *sein* Platz vor Gott ist, wird andern gegenüber bescheidener und verständnisvoller sein. Er weiß, daß Gott allein gut ist, und wird über seine Brüder milde urteilen. Er wird mehr Vertrauen und Mut haben, sich im Gebet an Gott zu wenden. *Lest Mt 7,1–11!*

10. Die goldene Regel
Eine ganz praktische Zusammenfassung des Ideals der Zehn Gebote wird hier von Jesus in einem sehr kurzen, aber inhaltsreichen Satz gegeben. Sie ist der Mittelpunkt, auf den alles übrige ausgerichtet ist. *Lest Mt 7,12!*

11. Nicht bloß hören, sondern auch tun
Es genügt nicht, Bescheid zu wissen. Es genügt nicht, daß man zusammenkommt und sich gemeinsam mit der Bergpredigt befaßt. Es ist nötig, daß man sich für diesen Weg entscheidet und ihn einschlägt. *Lest Mt 7,13–23!*

12. Das Haus, das auf Fels gebaut ist
Zu diesem letzten Teil der Rede spricht Jesus mit wirklicher Autorität und läßt keinen Zweifel an der Wichtigkeit seiner Worte. *Lest Mt 7,24–29!*

8. Schlußbemerkung: eine alte Rede, die nicht veraltet

Diese Hinweise helfen euch vielleicht, die Bergpredigt zu lesen und ein bißchen besser zu verstehen und die Fragen zu lösen, die bei den Zusammenkünften auftauchen.

Es sei daran erinnert...
Es sei daran erinnert, daß wir nicht die ersten sind, die die Bergpredigt lesen. Vor uns haben in den vergangenen Jahrhunderten Tausende und Millionen von Christen diese Worte Jesu gelesen und überdacht. Kirchenlehrer und Theologen haben lange Kommentare verfaßt, die bisweilen schwieriger sind als die Bergpredigt selbst.
Trotzdem hat sich die Bergpredigt bis heute nicht abgenützt. Sie ist wie neu, so als wären wir die ersten, die diese Seiten läsen. So neu und aktuell ist sie! Wie ist das zu erklären?

Zur Erklärung ein Vergleich
Ein hübsches Kleidungsstück wird noch hübscher, wenn der Mensch, der es trägt, hübsch und liebenswert ist. Ein schöner Gedanke wird noch schöner, wenn er von jemandem ausgesprochen wird, den man gern hat. Die Person, die Dinge sagt und tut, sie ist es, die diese Dinge schöner, neuer und aktueller macht.
Die Person Jesu Christi, die die Bergpredigt hält, sie ist es, die die Bergpredigt so schön, neu und aktuell macht!
Bevor wir beginnen, die Bergpredigt zu lesen, gibt es in uns den Glauben an Jesus Christus als jemanden, der unter uns lebendig ist, gibt es den Glauben, daß das Evangelium eine wichtige Botschaft für uns enthält. Aufgrund dieses Glaubens haben die Worte der Bergpredigt für uns eine ganz besondere Bedeutung. Aufgrund dieses Glaubens entschließen wir uns dazu, diese Worte zu lesen und sich mit ihnen zu befassen.

Durch den Glauben an Jesus Christus
Unser Glaube an Jesus Christus läßt uns den Sinn entdecken, den diese Worte für unser Leben heute haben. Wo dieser Glaube an die Gegenwart Christi nachläßt oder erlischt, da werden die Worte der Bergpredigt farblos und verlieren ihren Glanz.

Vom Evangelium lernen
(Treffen 17–20)

17. Ein neues, merkwürdiges Glück

»Das Glück gehört denen,
die nicht glücklich sind.«

1. Lektüre des Textes aus dem Leben

1.1 Eine Begebenheit aus dem heutigen Leben

»Ich wette, daß kein Mensch in der Welt mir jemanden zeigen kann, der glücklicher ist als ich!« Das sagt Alfredo, ein Christ, der ohne alles, in größter Armut, in einem Elendsviertel einer Kleinstadt des Nordostens inmitten der Dürre des Landesinnern lebt und alles in den Dienst der anderen stellt, ohne je an sich selbst zu denken.
»Gott hat für uns entschieden. Nicht ich habe das Gefängnis gewählt, und ich habe es auch nicht verdient. Aber jetzt, wo ich hier bin, fühle ich mich glücklich. Selbst für den größten Reichtum der Welt würde ich nicht tauschen wollen«, schreibt Carlos Alberto, ein Christ, der allein dafür, daß er anderen half, verurteilt wurde.
»Nein, mein Sohn, es ist gar nichts. Es geht mir gut so. Ich bin glücklich, denn ich habe für euer Glück sorgen können!« So sprach sie, alt, erschöpft und krank von so viel Hartherzigkeit, die sie von ihren Kindern erfuhr.

1.2 Eine Begebenheit aus dem Leben in biblischer Zeit

»Ich ströme über von Freude in allen diesen Schwierigkeiten«, schreibt Paulus an die Korinther, die ihm so viel Ärger bereiteten (vgl. 2 Kor 7,4).
Die Apostel wurden gefangengenommen und mißhandelt. Trotzdem gingen sie »weg vom Hohen Rat und freuten sich, daß sie gewürdigt worden waren, für seinen Namen Schmach zu erleiden« (Apg 5,41).
Am Abend vor seinem Tod, wohl wissend, daß seine Verurteilung bereits in die Wege geleitet wurde, sprach Jesus zu seinen Freunden: »Dies habe ich euch gesagt, damit meine Freude in euch ist und damit eure Freude vollkommen wird« (Joh 15,11).

1.3 Wir vertiefen uns in das Ereignis aus dem Leben, um zu sehen, ob so etwas auch in unserem Leben vorkommt.

Wir haben verschiedene Zeugnisse von Menschen kennengelernt, die von sich behaupten, inmitten ihres Leids glücklich zu sein. Ein sonderbares Glück, das eine sehr wichtige Frage aufwirft: Wo findet man das wahre Glück?
Wir wollen dies einmal näher betrachten:

1. Kennt ihr einen leidenden Menschen, dessen Gesicht Glück ausstrahlt? Erzählt davon!
2. Und ihr? Wann habt ihr euch wirklich am glücklichsten gefühlt? Erzählt uns davon und überlegt, ob dies der Fall war, als ihr helfen und nützlich sein konntet oder als ihr etwas bekommen und gewinnen konntet?
3. Oft hört man sagen: »Herr Soundso muß sehr glücklich sein! Er hat in der Lotterie gewonnen! Er ist reich!« Selten hört man jemanden sagen: »Herr Soundso muß sehr glücklich sein, weil er andern einen Dienst erweisen kann!« Es sind zwei verschiedene Arten von Glück. Welche von beiden wird von den Leuten mehr geschätzt?
4. Welche von beiden erfüllt uns innerlich mehr mit Glück?
5. Was müßte man nach den Aussagen von Fernsehen und Reklame haben, um glücklich zu sein? Zählt auf, was ihr euch erinnert, gesehen oder gehört zu haben!
6. Stimmt ihr dem Fernsehen und der Werbung zu? Wenn ja, warum? Wenn nein, warum nicht?
7. Worin mag das Geheimnis des Glücks von Alfredo, von Carlos Alberto, des Glücks jener alten Mutter, der Apostel und vielleicht auch des eurigen liegen?

2. Lektüre des Textes aus der Bibel

2.1 Wir hören, was Jesus den Menschen seiner Zeit zu diesem Problem sagte[1].

Jesus beginnt die Bergpredigt mit einer feierlichen Erklärung über das Glück. Seine Worte passen ganz und gar nicht zu dem, was man üblicherweise über das Glück denkt und sagt. Hören wir, was er sagt!

Matthäusevangelium 5,1–12:
1. Als Jesus diese Menschenmenge sah, stieg er auf einen Berg und setzte sich. Seine Jünger ließen sich in seiner Nähe nieder.
2. Dann ergriff Jesus das Wort und hielt folgende Rede:
3. Das Glück, das alle von Gott erwarten, es wird den Armen gehören – die auch in ihrem Innern arm sind –, denn das Himmelreich ist für sie bestimmt!
4. Das Glück gehört den Weinenden, denn Gott selbst wird ihr Trost sein!
5. Das Glück gehört den kleinen Leuten, denn das verheißene Land werden sie besitzen!
6. Das Glück gehört denen, die nach Gerechtigkeit hungern und dürsten, denn sie werden von Gott bekommen, wonach sie sich sehnen!
7. Das Glück gehört denen, die ihre Nächsten lieben, denn sie werden von Gott selbst geliebt werden!

[1] Hier wie bei allen weiteren Treffen soll die Lektüre des Bibeltextes durch ein Lied oder Gebet eingeleitet werden, in dem wir um die Hilfe des Heiligen Geistes bitten. Im Anschluß an den Text halten alle einige Minuten Stille, um die Worte der Bibel tiefer in sich eindringen zu lassen. Bevor wir mit den Fragen zu 2.2 fortfahren, überzeugt sich der Leiter, ob alle beim Vorlesen den Text verstanden haben. Nach den Fragen schließen wir mit einem Lied oder Gebet zum Dank. Vgl. auch die weiteren Hinweise zur Gestaltung der Treffen, oben S. 7ff und Band 1, S. 20–21.

8. Das Glück gehört denen, die alles mit reinen Augen betrachten, denn sie werden Gott sehen![2]
9. Das Glück gehört denen, die um Frieden kämpfen, denn sie werden Söhne und Töchter Gottes genannt werden!
10. Das Glück gehört denen, die um der Gerechtigkeit willen verfolgt werden, denn das Reich Gottes ist für sie bestimmt!
11. Wenn ihr verleumdet und verfolgt werdet, und man euch alles Schlechte nachsagt, nur weil ihr meine Freunde seid, dann seid froh!
12. Seid von ganzen Herzen froh und glücklich! Denn reicher Lohn erwartet euch im Himmel! Und denkt immer daran: Die Propheten wurden früher auch schon verfolgt!

2.2 Wir entdecken die Botschaft, die die Worte Jesu für uns heute enthalten.

1. Ihr habt bereits herausgefunden, was Fernsehen und Werbung über das Glück denken. Gerade habt ihr gehört, was Jesus über das Glück denkt. Lest jetzt Satz für Satz die Aussagen Jesu und vergleicht sie mit der Meinung des Fernsehens und der Werbung! Versucht, die Unterschiede zu erkennen, die zwischen beiden bestehen!
2. Die neun Sätze Jesu über das Glück sind wie neun Zweige, die aus ein und derselben Wurzel hervorgehen. Was ist die Wurzel des Glücks, das Jesus uns anbietet?
3. Was ist die Wurzel des Glücks, das im Denken von Fernsehen und Werbung zum Ausdruck kommt?
4. Die Worte Jesu sind wie neun verschiedene Bilder von ein und demselben Glück. Welches davon gefällt euch am besten? Und warum?
5. Habt ihr schon einmal das Glück verspürt, und erlebt, von dem Jesus spricht? Erzählt davon und sagt auch, welcher der neun Sätze damals für euch galt!
6. Bringen die Worte Jesu eine Erklärung für das merkwürdige Glück von Alfredo, von Carlos Alberto, das jener alten Mutter, das der Apostel und vielleicht auch euer Glück? Wenn ja, warum? Wenn nein, warum nicht?
7. Jesus stellt alles auf den Kopf. Nicht nur hier, in der Bergpredigt, sondern an vielen anderen Stellen auch: »Glücklich, wer leidet!« – »Glücklich, wer geschlagen wird!« – »Der Größte ist der Kleinste!« (Lk 9,48) – »Die ersten sind die letzten!« (Mk 10,31) – »Wer verliert, der gewinnt!« (Mt 16,25) Jesus spricht im Ernst. Es ist keine Spielerei mit Worten! Was aber steht dann wohl auf dem Kopf: die Welt, so wie wir sie machen, oder die Welt, so wie Jesus sie haben will? Wer hat Recht? Warum?
8. Manche halten diese Worte Jesu für einen Unsinn. Was haltet ihr davon? Wärt ihr in der Lage, zu erklären, warum Jesus die Dinge umkehrt? Versucht, eure Antwort mit konkreten Tatsachen zu belegen!

[2] Wörtlich heißt es: »Glücklich, die reinen Herzens sind.« Wir übersetzen: »Das Glück gehört denen, die alles mit reinen Augen betrachten«. Warum? 1. Der Ausdruck »die reinen Herzens sind« wurde oft verstanden im Sinne von »die ein keusches Leben führen«. Aber das bedeutet es nicht. 2. »Reinheit des Herzens« bezeichnet in der Bibel die Klarheit und Reinheit der Absichten, die das Leben und Handeln eines Menschen bestimmen. 3. »Reines Herz« und »reine Augen« sind zwei Bilder, die dasselbe meinen.

9. Wenn das Glück, das Gott uns schenkt, mit dem Glück übereinstimmt, von dem Jesus spricht, dann stellen sich einige sehr wichtige Fragen: Seid ihr mit der Art und Weise, wie ihr in euren Leben das Glück sucht, auf dem richtigen Weg? Schlagen die Menschen heute mit der Art und Weise, wie sie versuchen, eine glückliche Welt aufzubauen, den richtigen Weg ein? Wenn ja, warum? Wenn nein, warum nicht? Was müßte anders gemacht werden, damit wir mit Gott und mit Jesus Schritt halten können?
10. Wie kann ein Mensch gleichzeitig leiden und glücklich sein? Woher kommt das Lächeln des wahren Glücks, das Jesus verheißt?
11. Und schließlich: Was wollen wir jetzt konkret tun, um das Wort, das wir gerade gehört und überdacht haben, in die Tat umzusetzen?

18. Eine neue, merkwürdige Gerechtigkeit

»Der Gerechte fällt siebenmal« *(Spr 24,16)*

»Wenn wir sagen, daß wir keine Sünde haben,
führen wir uns selbst in die Irre« *(1 Joh 1,8)*

1. Lektüre des Textes aus dem Leben

1.1 Eine Begebenheit aus dem heutigen Leben

Der Amtsrichter Edgar berichtet folgendes: »Miguel hat Francisco getötet. Er hat das Verbrechen gestanden. Ich mußte ihn verurteilen. Aber mir blutete das Herz, denn ich kannte Miguels Geschichte. Im Alter von fünf Jahren sah er mit an, wie sein Vater von Francisco ermordet wurde. In der Umgebung, in der er aufwuchs, sprach man nur von Rache. Nie hörte er auch nur ein Wort von Verzeihung und Liebe. Noch als Kind kam er zu dem Schluß, daß er den Tod seines Vaters rächen müsse. Er wartete viele Jahre damit, denn er wollte den beiden Töchtern von Francisco das Schicksal, das er gehabt hatte, ersparen. Erst als beide geheiratet hatten, vollzog er die Rache und

1.2 Eine Begebenheit aus dem Leben in biblischer Zeit

Die Frau beging Ehebruch und wurde in flagranti ertappt. Das Gesetz lautete: »Solche Frauen sind zu steinigen!« Vor der Vollstreckung des Urteils wollten die Pharisäer Jesu Meinung hören: »Was meinst du dazu, Jesus?« Jesus gab keine Antwort. Er kritzelte in den Sand. Sie drängten ihn, und da sprach er: »Wer ohne Sünde ist, der kann den ersten Stein werfen!« Keiner warf einen Stein! Einer nach dem anderen gingen sie weg, die Ältesten zuerst. Zurück blieb nur Jesus mit dieser Frau. Er fragte: »Frau, hat keiner dich verurteilt?« – »Nein, Herr, niemand!« – »Auch ich verurteile dich nicht! Du kannst gehen, und begeh diese Sünde nicht mehr!« (Joh 8,3–11)

tötete ihn. Sein Verbrechen war das Ergebnis der Umgebung, in der er lebte. Das Gesetz verlangte: Er muß verurteilt werden! Und er wurde verurteilt! Aber so, wie das Gesetz formuliert war und ist, kam es nicht an die Ursachen des Verbrechens heran; es konnte die Umwelt, die mit der Zeit aus Miguel einen Mörder gemacht hatte, nicht belangen und vor Gericht bringen. Recht ist gesprochen worden, aber es war kein wirkliches, umfassendes Recht! Die Ursachen, die das Verbrechen hervorgerufen haben, bestehen weiter und werden neue Verbrechen hervorrufen. Und womöglich trage ich selbst sogar dazu bei, daß die Ursache, die das Verbrechen erzeugt, bestehen bleibt.«

1.3 Wir vertiefen uns in die Begebenheit aus dem Leben, um zu sehen, ob so etwas auch in unserem Leben vorkommt.

Zwei erwiesene Fälle von Verbrechen, in denen das Gesetz die Verurteilung forderte. Im ersten Fall wurde das Gesetz angewandt, im zweiten nicht. Betrachten wir dies Problem von Recht und Gesetz einmal näher:

1. Miguel mußte verurteilt werden. Wenn es jedoch möglich wäre, ein wirkliches, umfassendes Recht entscheiden zu lassen, wer müßte dann außer Miguel für das Verbrechen zur Verantwortung gezogen werden? Warum?
2. Ein Wissenschaftler sagte einmal folgendes: »Die Verbrecher in den Gefängnissen sind nicht so verbrecherisch, wie man über sie geurteilt hat, genauso wie wir nicht so ehrenwert sind, wie wir es gern wären.« Könnt ihr dem zustimmen? Wenn ja, warum? Wenn nein, warum nicht?
3. Wenn ihr in der Zeitung die Seite mit den Kriminalfällen lest, fragt ihr euch dann nie wie Edgar: »Bin ich vielleicht verantwortlich und mitschuldig an den Verbrechen und dem Unrecht, die täglich verübt werden?« Worin könnte unsere Schuld bestehen?
4. Miguels Verbrechen wurde ihm ins Herz gepflanzt, denn er hörte immer nur von Haß und Rache. Legt ihr oder eure Umgebung vielleicht gerade im Herzen eines Menschen den Keim für ein Verbrechen? Wieso?
5. Und ihr? Laßt ihr diesen Keim in euer Herz ein? Warum?
6. Warum konnte Edgar nicht nach dem umfassenden Recht sein Urteil fällen?
7. Kennt ihr noch andere derartige Fälle? Erzählt!

2. Lektüre des Textes aus der Bibel

2.1 Wir hören, was Jesus dem Volk seiner Zeit zu diesem Problem sagte.

Wer kann klar sehen, wenn seine Augen getrübt sind? Wer kann gerecht und ohne Schuld sein, wenn schon der Gerechte siebenmal fällt? Wer kann die ganze Gerechtigkeit walten lassen, wenn er selbst nicht gerecht ist? Wie wollen wir Menschen Gerechtigkeit in die Welt bringen und die Ursache von Unrecht und Verbrechen aus der Welt schaffen? Hören wir dazu, was Jesus sagt:

Matthäusevangelium 5,17–24:
17. Ihr dürft nicht meinen, ich sei gekommen, um die Gesetze des Mose und der Propheten aufzuheben! Ich bin nicht gekommen, um diese Gesetze aufzuheben, sondern um zu erreichen, daß sie voll eingehalten werden!
18. Ich sage euch allen Ernstes: Eher stürzt der Himmel ein und geht die ganze Erde zugrunde, als daß auch nur ein Buchstabe des Gesetzes Gottes wegfällt, bevor er sein Ziel ganz erreicht hat!
19. Wenn daher jemand eines dieser Gesetze für ungültig erklärt, und sei es auch noch so unbedeutend, und es wagt, andere entsprechend zu lehren, so wird er der Allergeringste im Himmelreich sein. Derjenige aber, der dem Gesetz in seinem Leben Geltung verschafft, und andere entsprechend lehrt, wird im Himmelreich groß sein!
20. Ich warne euch: Wenn eure Gerechtigkeit, das heißt, die Art und Weise, wie ihr das Gesetz Gottes befolgt[1], nicht besser ist als die der Pharisäer und der Spezialisten für das Gesetz Gottes, dann werdet ihr nicht ins Himmelreich kommen!
21. Ein Beispiel:[2] Ihr wißt, daß früher gelehrt wurde, »Du sollst nicht töten!« Und wenn einer tötete, hatte er sich vor dem Richter zu verantworten.

[1] Wörtlich heißt es: *»Wenn eure Gerechtigkeit nicht größer ist...«* In unserer Übersetzung sagten wir: *»Wenn eure Gerechtigkeit, das heißt, die Art und Weise, wie ihr das Gesetz Gottes befolgt, nicht besser ist...«* Warum? 1. Das Wort *Gerechtigkeit* bedeutet »die Anstrengung, die man macht, um dort zu sein, wo Gott einen haben will« oder »das zu sein, was man vor Gott sein soll«. Der Mensch kann nur dann gerecht sein, wenn er das tut, was Gott von ihm will, das heißt: wenn er das Gesetz befolgt, das Gott gegeben hat. 2. Diese Denkweise ist uns fremd. Wenn wir heute »Gerechtigkeit« sagen, meinen wir etwas anderes. Wenn ich also einfach übersetze: *»Wenn eure Gerechtigkeit nicht...«*, bin ich zwar dem Buchstaben getreu, aber ich gebe ihm nicht den Sinn, den er damals besaß. Um auch dem Sinn des Buchstabens getreu zu sein, fügen wir deshalb hinzu: »das heißt: wenn die Art und Weise, wie ihr das Gesetz Gottes befolgt«.

[2] In Vers 21 beginnt einer der schwierigsten Abschnitte der Bergpredigt. Hier einige Hinweise zur Erklärung: 1. Die Pharisäer befolgten das Gesetz Gottes wie der Schüler, der nicht lernt, um etwas zu wissen, sondern um das Diplom zu bekommen. Es interessierte nicht, zu wissen, was Gott mit diesem oder jenem Gebot erreichen wollte. Für die Pharisäer bestand die »Gerechtigkeit« darin, sich mit Gott gut zu stellen und von ihm das ewige Leben zu erhalten wie eine Art Diplom, das zu erteilen Gott *verpflichtet* ist. 2. Für Jesus genügt es nicht, wenn ihr fragt: »Wie lautet der Buchstabe des Gesetzes?« Das ist nicht so schwierig. Für Jesus müßt ihr fragen: »Wohin will Gott mich führen, dadurch daß ich dieses oder jenes Gesetz befolge, das er uns gegeben hat?« In der Bergpredigt erklärt Jesus, wohin Gott uns führen will. 3. Ab Vers 22 gibt er ein konkretes Beispiel: Er zeigt, wohin Gott uns führen will, wenn wir das fünfte Gebot halten, das lautet: »Du sollst nicht töten!« Das fünfte Gebot erfüllt nur der ganz, der so weit gekommen ist, daß er einen anderen nicht mehr beschimpft und keinen Groll gegen ihn hat.

22. Ich aber sage euch jetzt folgendes: Es genügt, daß du auf deinen Bruder zornig bist, um dich vor dem Richter verantworten zu müssen; und wenn du einen andern einen Idioten nennst, wirst du dich vor dem Obersten Gericht verantworten müssen; und wenn du einen Fluch gegen deinen Bruder aussprichst, wirst du dich nur in der Hölle verantworten können!
23. Und noch ein Beispiel: Wenn du deine Opfergabe zum Altar bringen willst und dir dort einfällt, daß dein Bruder etwas gegen dich hat,
24. dann laß deine Gabe dort vor dem Altar liegen und geh zuerst zu deinem Bruder, um dich mit ihm zu versöhnen. Erst dann komme zurück, um dein Opfer darzubringen!

2.2 Wir entdecken die Botschaft, die die Worte Jesu für uns heute haben.

Manche Worte Jesu sind leicht, andere sind schwerer zu verstehen. Die Worte, die wir gerade gehört haben, sind sehr schwierig. Deshalb wollen wir sehr sorgfältig nachdenken, um herauszufinden, was er uns heute zu sagen hat.

1. In dem ersten Beispiel, das Jesus anführt, Vers 21–22, versucht er zu erklären, was Gott wollte, als er das Gesetz »Du sollst nicht töten!« gab. Lest diese beiden Verse noch einmal und versucht zu sagen, worin das Ideal und das Ziel des Gesetzes besteht, das verbietet, einen anderen zu töten!
2. Ihr habt vermutlich noch nie getötet. Ihr habt gegen das Gesetz »Du sollst nicht töten!« nie verstoßen. Aber habt ihr das Gesetz so eingehalten, wie Jesus es in diesen beiden Versen erklärt hat? Habt ihr das Ideal und das Ziel des Gesetzes erreicht?
3. Kennt ihr einen Fall, in dem ungezügelter Haß sich so steigerte, daß er schließlich zu einem Mord führte? Erzählt!
4. Jesus sagte: »Ich bin nicht gekommen, um das Gesetz aufzuheben, sondern um zu erreichen, daß es voll eingehalten wird!« Für Jesus ist das Gesetz Gottes nicht nur und nicht in erster Linie ein Zaun, der einschränkt, sondern auch und vor allem ein Wegweiser, der auf ein Ideal und ein Ziel hindeutet, die durch die Einhaltung des Gesetzes erreicht werden sollen. Habt ihr das verstehen können? Erklärt, wie ihr es verstanden habt!
5. Damals bestand die Verpflichtung, auf dem Altar Opfer darzubringen. Heute besteht die Verpflichtung, sonntags zur Messe zu gehen. Viele Leute sehen nur die Verpflichtung. Nicht so Jesus. Er sieht das Ideal und das Ziel, das diese Gesetze erreichen will. Lest jetzt das zweite Beispiel, das Jesus anführt, die Verse 23 und 24, und versucht zu sagen, welches Ziel Jesus dem Gesetz gibt, das zum Besuch der Sonntagsmesse verpflichtet!
6. Hat die Messe einen Sinn, wenn unter den Teilnehmern einige sind, die sich hassen? Wenn ja, warum? Wenn nein, warum nicht?
7. Wie müßte die Messe aussehen, damit sie mit dem Ideal und dem Ziel, das Jesus aufzeigt, in Einklang steht?
8. Edgar hat ein sehr schwerwiegendes Problem aufgeworfen: »Damit wirklich Gerechtigkeit geschieht, genügt es nicht, Miguel zu bestrafen, Miguels Verbrechen hat viel tiefere Wurzeln. Wie gelangt man zur Wurzel des Verbrechens?« In den Versen 21 und

22 kommt Jesus Edgar bei der Lösung dieses Problems zur Hilfe. Worin besteht die Hilfe, die Jesus zur Lösung des von Edgar aufgeworfenen Problems leistet?

9. Im Falle der sündigen Frau sagte Jesus weder Ja noch Nein. Die Pharisäer wollten gerecht sein und das Gesetz zur Anwendung bringen, das diese Frau zu töten befahl. Jesus bestand nicht auf der Anwendung des Gesetzes. Inwiefern ist diese Verhaltensweise Jesu eine »größere Gerechtigkeit als die der Pharisäer« (vgl. Vers 20).
10. Welche Gerechtigkeit will Jesus in die Welt bringen? Und was muß in der Welt verändert werden, damit man diese Gerechtigkeit erreichen kann?
11. Und schließlich: Was wollen wir jetzt konkret tun, um das Wort, das wir gehört und überdacht haben, in die Tat umzusetzen?

19. Eine neue, merkwürdige Ehrlichkeit

»Ja ist ja, nein ist nein!
So soll die Rede des Christen sein!«

1. Lektüre des Textes aus dem Leben

1.1 Begebenheiten aus dem heutigen Leben

»Ich sehe den Mund, der redet, und höre die Worte, die Pedro zu mir spricht, aber die Gedanken, die hinter dem Mund sind, kann ich weder sehen noch hören. Woher soll ich wissen, ob das Wort, das aus seinem Mund kommt, mit seinen Gedanken übereinstimmt? Wer kann mir das garantieren? Ich habe keine andere Möglichkeit, als Pedro zu glauben. Und ich glaube meinem Sohn auch! Das weiß er! Mir sagt er deshalb immer die Wahrheit.« Die Aussage eines Vaters.

»Du bist zu eifersüchtig! Ich brauche nur ein Mädchen anzuschauen, und schon denkst du ans Schlimmste! Warum glaubst du nicht, was ich dir sage? Ich bin dir auch in Gedanken treu!« Die Frau dachte sich: »Gewiß! Ich glaube ihm das, was er sagt, aber der Tod der Liebe beginnt bei den Augen!«

1.2 Eine Begebenheit aus dem Leben in biblischer Zeit

»Ihr Pharisäer seid wie weiß gestrichene Gräber, die von außen schön aussehen, innen aber voll von Knochen und lauter Verwesung sind! Genau so ist es mit euch: Von außen erscheint ihr gerecht, innen aber seid ihr voll Heuchelei und Falschheit« (Mt 23,27–28). Oft nannte Jesus die Pharisäer »Heuchler«, das heißt, Leute, die anders reden, als sie denken.

»Man weiß nicht so recht, was Ivo denkt. Er ist freundlich, macht alles richtig. Aber was geht wohl in seinem Kopf vor? Manchmal traue ich ihm sogar zu, daß er etwas im Schilde führt und nur auf die passende Gelegenheit wartet, um zuzuschlagen und mit dem ganzen Geld zu verschwinden. Haben Sie ein Auge auf ihn!« Das sagte der Chef zum Leiter der Abteilung, in der Ivo arbeitete.

1.3 Wir vertiefen uns in die Begebenheiten aus dem Leben, um zu sehen, ob so etwas auch in unserem Leben vorkommt.

Es ist schwierig, herauszubekommen, was ein anderer denkt. Es ist schwierig, ehrlich zu sein und immer die Wahrheit zu sagen. Wie erreicht man Ehrlichkeit? Betrachten wir dies Problem einmal näher!

1. Erzählt einen Fall aus eurem Leben, in dem euer Vertrauen zu einem anderen Menschen dazu führte, daß er sich euch anvertraute und ehrlich war?
2. Es läßt sich schwer erreichen, daß alle immer die Wahrheit sagen. Was haltet ihr von der Einstellung, die Pedros Vater hat? Was haltet ihr von der Einstellung des Ehemannes und seiner Frau? Was haltet ihr von der Einstellung des Leiters der Abteilung, in der Ivo arbeitete? Welche der drei Einstellungen ist die beste? Warum?
3. Es ist unmöglich, ein Gesetz zu erlassen, das die Menschen zur Ehrlichkeit zwingt, denn Ehrlichkeit ist eine Frage des Gewissens und der persönlichen Verantwortung. Ein Mittel, um zu erreichen, daß ein anderer die Wahrheit sagt, ist zu verlangen, daß er schwört. Ein anderes Mittel ist, ihn zu foltern. Wieder ein anderes Mittel besteht darin, ihm zu zeigen, daß man ihm vertraut. Was haltet ihr von diesen drei Möglichkeiten? Sind sie brauchbar? Wenn ja, warum? Wenn nein, warum nicht?
4. Warum ist die Ehrlichkeit wohl eine Sache, die sich alle so sehr wünschen und die so schwer zu finden ist? Glaubt ihr, daß es möglich ist, die Menschen dazu zu zwingen, ehrlich und wahrhaftig zu sein?

2. Lektüre des Textes aus der Bibel

2.1 Wir hören, was Jesus dem Volk seiner Zeit zu diesem Problem sagte.

Es ist schwer zu erreichen, daß die Beziehungen der Menschen untereinander offen, durchsichtig und ehrlich sind. Man kann nicht jedem vertrauen. Manchmal kann man sich selber nicht trauen! Wie läßt sich das Verhältnis der Menschen zueinander verbessern und wirklich ehrlich und durchsichtig machen? Hören wir, was Jesus dazu sagt!

Matthäusevangelium 5,27–37:
27. Ihr wißt, daß früher gelehrt worden ist: »Du sollst nicht ehebrechen!«
28. Ich aber sage euch jetzt folgendes: Du brauchst eine Frau nur anzusehen und besitzen zu wollen, dann hast du in deinem Herzen bereits Ehebruch mit ihr begangen!
29. Wenn dein Auge dich zur Sünde verleitet, dann reiß es aus und wirf es weg! Es ist besser für dich, du verlierst einen Teil deines Körpers, als daß du heil und ganz in die Hölle geworfen wirst!
30. Und wenn deine rechte Hand dich zur Sünde verleitet, dann hau sie ab und wirf sie weg! Das ist besser für dich, als wenn du ganz in die Hölle kommst!
31. Früher hat man gelehrt: »Wer sich von seiner Frau trennen will, muß ihr ein schriftliches Dokument in die Hand geben.«
32. Ich aber sage euch jetzt folgendes: Wer sich von seiner Frau trennt, sei es mit oder ohne Urkunde[1] – außer im Falle von Untreue –, liefert sie dem Ehebruch aus, und wer eine solche Frau heiratet, begeht immer Ehebruch.
33. Ihr wißt, daß man früher lehrte: »Du sollst keinen Meineid schwören!« und »Gott selbst bist du es schuldig, zu tun, was du zu tun geschworen hast.«
34. Ich aber sage euch jetzt folgendes: »Du sollst überhaupt nicht schwören! Weder beim Himmel, denn der Himmel gehört nicht dir, sondern Gott,
35. noch bei der Erde, denn die Erde gehört nicht dir, sie gehört Gott, noch bei Jerusalem, denn Jerusalem gehört nicht dir, es gehört Gott, dem großen König![2]
36. Du sollst nicht einmal bei deinem eigenen Kopf schwören, denn du bist ja sogar über die Farbe deines Haares nicht Herr!
37. Wenn du »ja« meinst, dann sage »ja«! Wenn du »nein« meinst, dann sage »nein«! Wer sein Wort noch irgendwie bekräftigen will, beweist, daß etwas in ihm falsch ist!«[3]

2.2 Wir entdecken die Botschaft, die die Worte Jesu für uns heute haben.

1. Es gibt ein Lied, das die Worte Jesu aufgreift, und zwar so: »Ja ist Ja! Nein ist Nein! So soll die Rede des Christen sein!« Und wie sieht es mit eurer Rede aus?

[1] »Mit oder ohne Urkunde« will Jesu Denkweise verdeutlichen. Im Alten Testament war es erlaubt, die Frau wegzuschicken. Die Bedingung dafür war, daß man ihr einen »Scheidebrief« gab (übersetzt mit »schriftliches Dokument«, »Urkunde«). Jesus spricht sich gegen dieses Verfahren aus! »*Mit oder ohne Urkunde*«, es war überhaupt nicht mehr erlaubt, die Frau wegzuschicken.

[2] Wörtlich heißt es: »der Himmel ist der Thron Gottes«, »die Erde ist der Schemel seiner Füße«, »Jerusalem ist die Stadt des großen Königs«. Wir übersetzen: »Der Himmel gehört nicht dir, sondern Gott!«, »Jerusalem gehört nicht dir, es gehört Gott, dem großen König!« Warum? 1. Um sich auf einen Zeugen berufen zu können, der Gott von unserer Aufrichtigkeit, von unserem Schwur, überzeugt, braucht man jemanden, der größer ist als Gott. Und diesen jemanden gibt es nicht. Vor Gott habt ihr nur eine Möglichkeit: ehrlich zu sein, denn kein Zeuge wird euch helfen können. 2. Es hat keinen Sinn, bei der Erde, beim Himmel, bei Jerusalem zu schwören, denn sowohl Himmel und Erde als auch die Stadt Jerusalem gehören Gott – und nicht euch! Damals drückte man dies so aus: – Die Erde ist der Schemel, auf dem Gott seine Füße stellt; der Himmel ist der Thron, auf dem Gott sitzt; Jerusalem ist das Haus, in dem Gott wohnt. Der Sinn von alldem ist folgender: Diese Dinge *gehören Gott und nicht euch!* Es hat keinen Zweck, sie anzurufen!

[3] Wörtlich heißt es: »Alles, was darüber hinausgeht, kommt vom Bösen«. Der Sinn ist: »Wer seine Worte irgendwie bekräftigen will, beweist, daß in seinem Innern etwas nicht in Ordnung ist«.

2. *(Diese zweite Frage ist besonders wichtig, um die Botschaft Jesu verstehen zu können:)* Jesus geht den Dingen auf den Grund. Er dringt ins Herz der Menschen ein. Es hat keinen Zweck, sich zu verstecken, es nützt nichts, zu schwören. Ihr könnt eure Gedanken vor den Menschen verbergen, sie vor Gott zu verbergen, das gelingt euch nicht! Jesus konfrontiert euch direkt mit Gott und verlangt im Namen Gottes von euch völlige Aufrichtigkeit in allem, was ihr tut und sagt. Aus diesem Grund erklärt er: »Wer sein Wort noch irgendwie bekräftigen will, beweist, daß in ihm etwas falsch ist.« Was mag in euch oder in uns in einem solchen Fall falsch sein?
3. Heute schwören viele bei der Seele ihrer verstorbenen Mutter, bei den Heiligen oder bei der Muttergottes. Nachdem ihr nun die Worte Jesu gehört habt, wie beurteilt ihr ein solches Schwören? Begründet eure Meinung!
4. Habt ihr die Angewohnheit zu schwören? Glaubt ihr, daß es Zweck hat, falsch zu schwören? Warum schwört ihr?
5. Gott will völlige Aufrichtigkeit in allem. Wie erzieht ihr eure Kinder zur Ehrlichkeit? Geht ihr mit gutem Beispiel voran? Kann man von anderen Menschen Aufrichtigkeit verlangen, wenn man selber unaufrichtig ist? Kennt ihr Beispiele? Erzählt!
6. In den Versen 28 und 31–32 fordert Jesus volle Aufrichtigkeit und absolute Treue in der Ehe. Wenn ihr unsere Gesellschaft anseht, was meint ihr: Gibt es heute diese Aufrichtigkeit und Treue in der Ehe? Falls ihr dies verneint, worin liegt der Grund für diesen Mangel an Aufrichtigkeit und Treue zwischen den Eheleuten?
7. Jene Frau dachte: »Der Tod der Liebe beginnt bei den Augen.« Jesus sagt, man solle die Augen ausreißen, wenn sie Anlaß zur Sünde sind (Vers 28). Andererseits weiß aber jeder, daß man seinen Körper nicht verstümmeln darf. Deshalb kann man diesen Ausspruch Jesu nicht wörtlich nehmen. Welchen Sinn hat dann diese Aussage? Was verlangt sie?
8. Fassen wir zusammen: Was ist die Wurzel der Ehrlichkeit, die Jesus von uns verlangt?
9. Und zum Schluß: Was wollen wir jetzt konkret tun, um das Wort, das wir gehört haben, in die Tat umzusetzen?

20. Ein neues, merkwürdiges Ideal

»Wenn du Gott zum Vater haben willst,
dann mach den anderen zu deinem Bruder!«
(Aufschrift auf der Stoßstange eines Lastwagens)

1. Lektüre des Textes aus dem Leben

1.1 Eine Begebenheit aus dem Leben von heute

Wutentbrannt, mit Pistole und Messer bewaffnet, baute Fernando sich vor Josè auf

1.2 Eine Begebenheit aus dem Leben zur Zeit der Bibel

Bei seinem Verhör vor Gericht erwiderte Jesus: »Ich habe immer offen vor aller Welt

und sagte: »Hör mal her, Josè! Du sollst wissen, daß ich vor niemandem Angst habe, verstanden?!« Josè blieb sitzen und antwortete ganz ruhig: »Fernando, da hast du eine sehr interessante Sache aufs Tapet gebracht, ich habe nämlich auch vor niemandem Angst! Überhaupt keine Angst! Und das werde ich dir jetzt beweisen!« Er stand auf, öffnete seine Jacke, zeigte ihm seinen ganzen Gürtel und sagte: »Ich habe keine Pistole und kein Messer wie du, weil ich vor niemandem Angst habe, und das habe ich auch nicht nötig! Aber du, scheint mir, hast Angst, denn sonst stündest du nicht so bewaffnet vor mir!« Fernando senkte den Kopf und gab Josè Recht. Solange Fernando lebte, waren die beiden Freunde.

gesprochen. Ich habe immer an öffentlichen Orten, in der Synagoge und im Tempel gelehrt, wo alle zusammenkommen. Nichts habe ich im Geheimen gesprochen. Warum befragt ihr mich? Fragt doch die, die mich gehört haben, wenn ihr euch richtig über das informieren wollt, was ich gelehrt habe. Sie wissen, was ich gesagt habe!« Ein Soldat reagierte darauf mit Gewalt und gab ihm eine Ohrfeige. »Redest du so mit dem Hohepriester?« Jesus drehte sich zu ihm um und entgegnete ruhig: »Wenn ich etwas Falsches gesagt habe, dann weise nach, was davon falsch war! Wenn es aber richtig war, warum schlägst du mich dann?« (vgl. Joh 18,15–23).

1.3 Wir vertiefen uns in die Begebenheit aus dem Leben, um zu sehen, ob so etwas in unserem Leben vorkommt.

Zwei Fälle, in denen gewalttätige Aggressivität mit Ruhe, mit der Wahrheit und mit Selbstbeherrschung beantwortet wird. Im ersten Fall wurde die Aggressivität gebändigt; im zweiten flammte sie noch heftiger auf. Hier taucht ein Problem auf, das unsere Aufmerksamkeit verdient:

1. Kennt ihr einen Fall, in dem jemand wutentbrannt auf einen anderen losging, aber durch die waffenlose Sicherheit des anderen besiegt wurde? Erzählt davon!
2. Warum war Josè ohne Waffen stärker als Fernando mit Waffen?
3. Warum war Josè dem anderen überlegen und hatte eine höhere Moral?
4. Waren das aggressive Verhalten von Fernando, der mit Pistole und Messer bewaffnet war, und die Ohrfeige des Soldaten Zeichen von Stärke oder von Schwäche? Warum?
5. Wenn man heutzutage die Zeitungen liest, kommt man zu dem Schluß, daß viele mit Waffengewalt Frieden erreichen und durchsetzen und die Freiheit verteidigen wollen. Was haltet ihr davon? Ist das möglich?

2. Lektüre des Textes aus der Bibel

2.1 Wir hören, was Jesus dem Volk seiner Zeit zu diesem Problem gesagt hat.

Heute meinen viele, nur das gewalttätige Verhalten des Fernando und des Soldaten könne die Probleme der Welt lösen. Keine andere Haltung sei imstande, die Welt zu verändern, die Ungerechtigkeit abzuschaffen, die Ordnung aufrechtzuerhalten und die Anarchie fernzuhalten. Jesus hat dazu einige sonderbare Worte zu sagen, die auf ein Ideal verweisen, das nicht alle verstehen. Hören wir, was er sagt!

Matthäusevangelium 5,38–48:
38. Früher ist gelehrt worden: »Auge um Auge! Zahn um Zahn!«
39. Ich aber sage euch jetzt folgendes: Ihr sollt einem aggressiven Menschen keinen Widerstand leisten. Ein Beispiel: Wenn einer dich auf die eine Gesichtshälfte schlägt, dann halte ihm auch die andere hin;
40. wenn einer dich vor Gericht bringen will, um dir ein Hemd wegzunehmen, dann laß ihm auch noch deine Jacke;
41. und wenn einer dich zwingt, ihm seinen Koffer einen Kilometer weit zu tragen, dann trag ihn zwei![1]
42. Gib dem, der um etwas bittet, und zieh dich nicht von denen zurück, die ständig etwas geliehen haben wollen!
43. Früher wurde gelehrt: »Liebe deinen Freund! Hasse deinen Feind!«
44. Ich aber sage euch jetzt folgendes: Ihr sollt eure Feinde lieben und für die beten, die euch verfolgen.
45. Denn so verhaltet ihr euch wie wahre Kinder eures Vaters im Himmel, der die Sonne auf Gute und Böse scheinen läßt und den Regen zu Gerechten und Ungerechten schickt.
46. Was ist schon dabei, wenn man nur die liebt, die einen auch lieben? Das macht doch jeder, sogar die Taugenichtse![2]
47. Und was ist denn Besonderes daran, wenn ihr nur euren Freunden Guten Tag sagt? Das machen auch die, die nicht an Gott glauben![3]
48. Ihr aber, ihr sollt danach streben, vollkommen zu sein, so wie euer Vater im Himmel vollkommen ist!

2.2 Wir entdecken die Botschaft, die die Worte Jesu für uns heute haben.

1. Welche von all diesen Aussagen Jesu hat euch am meisten überrascht, und welche scheint euch am schwersten zu akzeptieren? Warum? Diskutiert dies miteinander!
2. Bei welcher dieser Aussagen Jesu habt ihr gedacht: »Ja, genau! Das habe ich auch immer so gesehen!« Warum? Diskutiert dies miteinander!
3. Lest die Verse 30–42 noch einmal! Jemand hat gesagt, Jesus predige hier Weichlichkeit. Stimmt das? Was meint ihr?
4. Was macht euch mehr zu einem Menschen: die Tatsache, daß ihr einen anderen, der euch beleidigt oder angreift, ins Gesicht schlagt, oder die Tatsache, daß ihr mit Ruhe und Selbstbeherrschung reagiert? Warum?
5. Was ist für euch schwerer zu ertragen: wenn derjenige, dem ihr ins Gesicht geschlagen habt, euch mit gleicher Münze heimzahlt, oder wenn die Antwort der

[1] Manche Bibeln übersetzen: »Wenn jemand dich zwingen will, mit ihm zu gehen«. Der Sinn des griechischen Worts ist: *»zum Koffertragen zwingen«*.
[2] Wörtlich heißt es: *»Zöllner«*. Im Volksmund war damals das Wort »Zöllner« gleichbedeutend mit »Taugenichts«.
[3] Wörtlich heißt es »Heide«.

Blick eines Menschen ist, der vollkommen ruhig bleibt und durch seine Ruhe zeigt, daß er euch weit überlegen ist? Warum?

6. Jesus hat gesagt, daß wir auch unsere andere Gesichtshälfte hinhalten sollen, wenn einer uns ohrfeigt. Ihm selbst ist ins Gesicht geschlagen worden, aber statt die andere Seite hinzuhalten, hat er ruhig dagegen protestiert. Wie erklärt ihr euch dieses Verhalten Jesu? Er sagt etwas und *scheint* etwas anderes zu tun! Ist das ein Widerspruch, oder verhält es sich damit wie mit zwei Zweigen, die aus ein und derselben Wurzel hervorgehen? Was ist wohl diese Wurzel?
7. Aus dem Handeln Jesu kann ich schließen, daß ich diese Aussage nicht wörtlich nehmen soll, denn Jesus hat sie ja selbst nicht wörtlich genommen. Welchen Sinn und welche Mitteilung enthalten dann die Worte: »Halte auch die andere Seite hin«?
8. Jesus sagt, daß der Christ sich von anderen unterscheiden soll. Der Christ soll der Vollkommenheit des Vaters im Himmel nacheifern. Lest nun die Verse 43–48 noch einmal und versucht zu sagen, worin diese Vollkommenheit des Vaters im Himmel besteht, die wir nachahmen sollen! Diskutiert darüber!
9. Glaubt ihr, daß Josè die Vollkommenheit des himmlischen Vaters nachgeahmt hat? Wenn ja, warum? Wenn nein, warum nicht?
10. Wenn ihr nun das Ideal des Christen kennt und an die Vollkommenheit des Vaters denkt, dem wir es gleichtun sollen, könnt ihr dann die Aussagen besser verstehen, die euch anfangs schwierig vorkamen? Warum?
11. Jesus spricht von »Taugenichtsen« und solchen, die »nicht an Gott glauben«. Er gibt zu, daß diese Leute eine gute Eigenschaft haben: Sie lieben ihre eigenen Freunde. Aber für einen Christen reicht das nicht. Der Christ muß auch seine Feinde lieben. Wie steht es damit in eurem Leben und im Leben eurer Gemeinde?
12. Wie verhält es sich damit in eurer Beziehung zu Menschen, die eine andere Glaubensüberzeugung haben als ihr?
13. Wie steht es damit in geschäftlichen Angelegenheiten? Und in politischen Dingen?
14. Meint ihr, daß wir Christen in der Welt die Vollkommenheit unseres Vaters im Himmel sichtbar machen?
15. Und zum Schluß: Was können wir schon jetzt tun, um eines Tages die Vollkommenheit unseres Vaters im Himmel zu erreichen?

Bei Christus in die Lehre gehen

(Treffen 21–24)

21. Eine neue, merkwürdige Art zu beten

Für den Umgang mit Gott
sind nicht viele Worte nötig,
sondern Glaube und Vertrauen.

1. Lektüre des Textes aus dem Leben

1.1 Eine Begebenheit aus dem heutigen Leben

»Dieses Gebet verfehlt seine Wirkung auf keinen Fall, Josè. Aber du mußt alles tun, was hier auf dem Papier steht. Es ist ein sicheres Gebet. Du mußt es dreimal beten, kniend, genau bei Sonnenaufgang und drei Tage hintereinander; du mußt in der nächsten Kirche eine Kerze anzünden, den Gebetszettel hundertmal vervielfältigen lassen und so weit wie möglich verbreiten.« Josè erwiderte: »Was für eine Mühe, Pedro! Wozu diese genaue Beachtung von Stunden und Tagen? Soll Gott so etwas von mir wollen?« Pedro antwortete: »Wenn du willst, daß deine Frau gesund wird, dann mußt du bereit sein, für diese Gnade ein Opfer zu bringen. Der Umgang mit Gott ist keine lasche Sache!«

1.2 Eine Begebenheit aus dem Leben in biblischer Zeit

Die Galater dachten nur daran, eine Reihe von Übungen zu befolgen, ähnlich wie die, die Pedro dem Josè verordnete. Sie glaubten, das sei für den Umgang mit Gott nötig. Aber Paulus war anderer Meinung und erwidert ihnen kurzerhand: »Ihr Galater! Was seid ihr doch für Dummköpfe!« (Gal 3,1). »Früher kanntet ihr Gott noch nicht. Aber wie ist es möglich, daß ihr jetzt, wo ihr mit ihm Bekanntschaft geschlossen habt, besser gesagt, wo Gott mit euch Bekanntschaft geschlossen hat, zu diesen schwachen, armseligen Dingen zurückkehrt? Wozu diese genaue Beachtung von Tagen, Monaten, Jahreszeiten und Jahren? Ich fürchte, daß ich meine Zeit und meine Mühe mit euch vergeudet habe!« (Gal 4,8–11)[1].

1.3 Wir vertiefen die Begebenheit aus dem Leben, um zu sehen, ob so etwas in unserem Leben vorkommt.

Viele meinen, daß das abgesicherte Gebet notwendig ist, um Gott zu zwingen, das zu geben, worum man bittet. Sie sorgen sich darum und wenden sogar Geld und Mühe dafür

[1] Die *Galater* lebten in einem Land namens *Galatien* in Kleinasien. das heißt in der heutigen Türkei. Paulus kam dort vorbei und gründete eine Gemeinde (vgl. Gal 4,12–19). Aber die Galater begannen, auf andere Leute zu hören und eine Reihe von religiösen Praktiken zu befolgen, die aus dem Alten Testament und der jüdischen Überlieferung stammten (vgl. Gal 4,9–10). Sie meinten, ohne diese Praktiken gebe es keine Rettung für sie (Gal 3,1–6). Der heilige Paulus schrieb seinen Brief an die Galater, um diese einfachen, naiven Leute davon zu überzeugen, daß sie im Irrtum waren.

auf. Schon früher war dies ein Problem, und das ist es auch heute noch. Betrachten wir diese Frage einmal näher!

1. Pedro und die Galater sind der gleichen Meinung. Paulus hatte die gegenteilige Meinung. Josè war unschlüssig. Und ihr? Auf wessen Seite steht ihr? Glaubt ihr an sichere Gebete? Wenn ja, warum? Wenn nein, warum nicht?
2. Pedro sagte: »Der Umgang mit Gott ist keine lasche Sache.« Er meinte, man müsse die Zahl der Gebete vermehren, um mit Gott sprechen zu können. Die Macht des Gebetes liege nicht in demjenigen, der betet, sondern in den Worten, die er sagt, und den Dingen, die er tut. Ob die Art, wie Pedro mit Gott umgehen wollte, der richtige Weg war?
3. Paulus meinte, die Galater müßten sich Gott gegenüber freier und wohler fühlen (vgl. Gal 5,1). Als Pedro Josè jenen Rat gab, mag er sich da wirklich Gott gegenüber frei und wohl gefühlt haben? Und wie ist das bei euch?
4. Josè war im Zweifel. Seine Frau zu Hause war krank, und er hatte kein Geld, um Medikamente zu kaufen. Was würdet ihr in seinem Fall tun?

2. Lektüre des Textes aus der Bibel

2.1 Wir hören, was Jesus den Menschen seiner Zeit zu diesem Problem sagt.

Wenn ihr jemandem glaubt, behandelt ihr ihn anders, als wenn ihr ihm nicht glaubt. In dem folgenden Text teilt uns Jesus mit, wie man Gott behandeln soll, wenn man an ihn glaubt:

Matthäusevangelium 6,5–13:

5. Wenn ihr betet, sollt ihr euch nicht wie die Heuchler benehmen. Wenn diese Leute beten, wollen sie nur von aller Welt gesehen werden: Sie stellen sich zum Beten in den Versammlungsräumen und an den Straßenecken auf.[2] Ich sage euch allen Ernstes: Wenn es das ist, was sie erreichen wollen, dann haben sie ihren Lohn schon bekommen!

6. Wenn du aber beten willst, dann zieh dich an einen Ort zurück, an dem du allein bist, schließ auch noch die Tür zu, damit dich niemand sieht! Dort bete dann zu deinem Vater, und der Vater, der auch ins Verborgene sieht, wird dich dafür belohnen.

7. Wenn ihr beten wollt, dann sollt ihr nicht die Zahl der Worte vermehren, wie die es tun, die nicht glauben. Sie meinen, wenn sie nur viele Worte machten, würden sie erhört werden.

8. Ich bitte euch: Macht es nicht wie sie! Denn euer Vater im Himmel weiß ja, was ihr braucht, schon bevor ihr ihn darum bittet.

[2] Wörtlich heißt es »Synagogen«. Die Synagoge war der Raum, in dem sich die Juden zum Gottesdienst versammelten. Damals gab es bestimmte Gebetszeiten. Wenn das Signal erklang, mußte man seine Tätigkeit unterbrechen und beten, auch wenn man gerade auf der Straße war. Nur um von andern gesehen zu werden, richteten es manche Leute so ein, daß sie zu der Zeit, wo das Signal erklang, auf der Straße oder auf dem Marktplatz waren. So konnten alle sehen: »Ach, wie schön doch der Soundso betet!« Jesus kritisiert diese Verhaltensweise. So etwas ist kein Gebet mehr.

9. So sollt ihr beten:[3] Unser Vater im Himmel! Wir bitten darum, daß die Menschen dich besser kennen und mehr achten;
10. daß die Zeit kommt, wo du die Welt in deine Hand nimmst; daß so wie im Himmel auch hier auf der Erde geschieht, was du willst!
11. Gib uns die Nahrung, die wir heute brauchen!
12. Vergib uns, womit wir dir wehgetan haben, ebenso wie wir dem vergeben, der uns wehgetan hat!
13. Laß nicht zu, daß wir der Versuchung erliegen! Und bewahre uns immer vor dem Bösen!

Matthäusevangelium 7,7–11
7. Bittet ruhig! Ihr werdet bekommen! Sucht nur! Ihr werdet finden! Klopft ruhig an! Die Tür wird euch geöffnet werden!
8. Wer bittet, der bekommt! Wer sucht, der findet! Wer anklopft, dem wird geöffnet!
9. Wäre etwa einer von euch dazu fähig, seinem Kind einen Stein zu geben, wenn es um Brot bittet?
10. oder seinem Kind eine Schlange zu geben, wenn es um Fisch bittet? Nein! So etwas gibt es nicht!
11. Wenn also sogar ihr Eltern, die ihr nicht gerade zu den Besten zählt,[4] schon wißt, wie ihr euren Kindern etwas Gutes tut, wie sollte dann euer Vater im Himmel nicht wissen, wie er denen etwas Gutes tut, die ihn darum bitten? Natürlich weiß er es! Besser noch als ihr!

2.2 Wir entdecken die Botschaft, die die Worte Jesu für uns heute enthalten.

1. Lest noch einmal die Verse 7 und 8 im 6. Kapitel! Vergleicht nun den Ratschlag, den Pedro Josè erteilt hat, mit dem Rat, den Jesus hier dem Volk gibt! Was war am Rat von Pedro falsch? Warum?
2. Im 7. Vers des 6. Kapitels vergleicht Jesus diejenigen, die keinen Glauben haben, mit den Christen, die Glauben haben sollten. Wenn ihr diese Worte Jesu recht bedenkt, meint ihr, daß wir Christen immer so beten wie jemand, der Glauben hat? Ob unser Gebet manchmal dem Gebet derer gleicht, die nicht glauben? Wie und wann?
3. Jesus sagte: »Wer bittet, der bekommt.« Daran läßt er keinen Zweifel. Bekommt ihr immer, worum ihr bittet? Wenn nicht, was ist an eurem Gebet falsch?

[3] In den Versen 9 – 13 folgt eine ungewohnte Übersetzung des Vaterunsers. Diese Übersetzung soll nun keineswegs diejenige ersetzen, die alle kennen und die man in der Messe betet. Sie soll nur unsere Aufmerksamkeit auf das lenken, was wir da beten. Wenn ein und dasselbe einmal anders ausgedrückt wird, fällt einem manchmal etwas auf, und man versteht plötzlich besser, was man zu Gott betet und sagt. Zum Beispiel: 1. »*Geheiligt*« werde dein »*Name*« ist übersetzt mit »daß die Menschen dich besser kennen und mehr achten«. Der *Name* ist Gott selbst. *Geheiligt* bedeutet: gekannt und geachtet werden. 2. »Dein Reich komme« wurde übersetzt: »Daß die Zeit kommt, wo du die Welt in die Hand nimmst!« Das Reich Gottes ist da, wenn Gott zu herrschen beginnt, das heißt, wenn Gott beginnt, alles und alle in seine Hand zu nehmen.

[4] Wörtlich heißt es: »Ihr, die ihr schlecht seid!« Wir übersetzen: »Ihr, die ihr nicht gerade zu den Besten zählt«.

4. Jesus ist ein Realist. Um zu zeigen, wie Gott uns behandelt, empfiehlt er den Eltern, darauf zu achten, wie sie selbst ihre Kinder behandeln (Mt 7,9–11). Was sagt euch die Art und Weise, wie Eltern ihre Kinder behandeln, über Gott?
5. Heute ist es nicht mehr üblich, daß man an den Straßenecken betet (Mt 6,5) wie früher. Aber es gibt Leute, die auf andere Art das gleiche tun, nur um von den andern gesehen zu werden. Wie machen sie das?
6. In Mt 6,9–13 findet ihr eine einfachere Übersetzung des Vaterunsers. Im Vaterunser nennt Jesus sieben Dinge, die man im Gebet Gott gegenüber zur Sprache bringen soll. Lest noch einmal den Text des Vaterunsers und versucht herauszufinden, welches diese sieben Dinge sind!
7. Vergleicht nun die Gebete, die ihr normalerweise betet, mit dem, was Jesus uns im Vaterunser zeigt. Auf welchen der sieben Punkte legt ihr den größten Nachdruck, wenn ihr betet? Warum?
8. An welchen der sieben Punkte denkt ihr fast nie, wenn ihr betet? Warum nicht?
9. Wenn wir das Vaterunser beten, sprechen wir sehr ernste Dinge aus, die uns zu etwas verpflichten. Zum Beispiel andern zu verzeihen, wenn wir von Gott Verzeihung erlangen wollen. Wißt ihr immer, was ihr sagt, wenn ihr das Vaterunser betet?
10. Und schließlich: Was wollen wir jetzt konkret tun, um das Wort, das wir gerade gehört und überdacht haben, in die Tat umzusetzen?

22. Eine neue, merkwürdige Sicherheit

»Der Vorsichtige stirbt als alter Mann«[1],
aber er stirbt traurig und allein!

1. Lektüre des Textes aus dem Leben

1.1 Eine Begebenheit aus dem heutigen Leben

»Sehen Sie, Herr Pfarrer, in der Fabrik, in der ich arbeite, hat man wirklich keine Gelegenheit, sein Christsein zu zeigen. Man kann dort nichts tun! Ich habe eine Frau und fünf Kinder. Ich brauche den Lohn, auch den für die Akkordarbeit. Ich kann es mir nicht leisten, weniger zu verdienen. Und dann habe ich, ehrlich gesagt, in diesem hektischen Leben, das ich führe, nicht einmal mehr Zeit, an Gott und religiöse Dinge zu denken. Ich bin schon zu-

1.2 Eine Begebenheit aus dem Leben in biblischer Zeit

»Arbeiten wie verrückt, wozu das? Hat Jesu denn nicht gesagt, man soll so sorglos leben wie die Vögel? Außerdem kommt er doch bald wieder!« So ungefähr dachten die Thessalonicher. Paulus schrieb ihnen einen sehr deutlichen Brief: »Meidet den Umgang mit diesen Leuten, die faul in den Tag hinein leben!« (2 Thess 3,6). »Wer nicht arbeiten will, hat auch kein Recht zu essen!« (2 Thess 3,10). Paulus selbst gab ein gutes Beispiel: »Ich habe bei niemandem

[1] Portugiesisches Sprichwort.

frieden, wenn ich mit meiner Arbeit zurechtkomme. Ich bin zu nichts mehr fähig. Und ich weiß auch nicht, ob Gott mehr von mir verlangt.« Das waren die Worte von Alberto.

mein Brot umsonst gegessen! Im Gegenteil! Ich habe hart gearbeitet, Tag und Nacht bis zur Erschöpfung, um niemandem von euch zur Last zu fallen« (2 Thess 3,8)[2].

1.3 Wir vertiefen uns in die Begebenheit aus dem Leben, um zu sehen, ob so etwas auch in unserem Leben vorkommt.

Wir haben es mit drei verschiedenen Arten zu tun, sein Leben zu sichern: Die Sicherheit von Alberto hängt völlig von anderen ab. Er ist gezwungen, so hart zu arbeiten, daß er nicht einmal Zeit hat, an etwas anderes zu denken. Die Thessalonicher fühlten sich in Gott so sicher, daß sie nichts mehr taten und ein Faulenzerdasein führten. Der heilige Paulus fühlte sich in Gott auch sicher, aber er arbeitete hart für seinen eigenen Unterhalt. Betrachten wir dies einmal näher!

1. Kennt ihr Menschen, die gezwungen sind, so zu arbeiten wie Alberto? Erzählt!
2. Kennt ihr Menschen, die wie der heilige Paulus leben? Erzählt!
3. Kennt ihr Menschen, die so leben können wie die Thessalonicher? Erzählt!
4. Und zu welcher Gruppe gehört ihr selbst? Ist eure Situation so ähnlich wie die von Alberto? Erzählt!
5. Welche der drei Arten von Sicherheit ist die beste? Warum?
6. Gibt es eine Lösung für die schwierige Lage von Alberto und vielleicht auch für eure? Welche?

2. Lektüre des Textes aus der Bibel

2.1 Wir hören, was Jesus dem Volk seiner Zeit zu diesem Problem sagte.

Auf Kosten anderer ein Faulenzerdasein zu führen, das geht nicht gut und kann es auch gar nicht. Derart unter dem Druck der Arbeit zu leben, daß man nicht einmal mehr imstande ist, an etwas anderes zu denken, das macht einen Menschen fertig. Hören wir, was Jesus dazu sagt!

Matthäusevangelium 6,24–34
24. Zwei Herren zugleich dienen, das bringt niemand fertig. Es gibt nur eine Möglichkeit: Entweder mag er den einen und macht sich nichts aus dem anderen, oder er läßt den ersten im Stich und geht zum zweiten. Genausowenig ist es möglich, Gott und dem Geld zugleich zu dienen.

[2] Die *Thessalonicher* lebten in Griechenland in einer Stadt namens *Thessalonich.* Der heilige Paulus kam dort vorbei und gründete eine Gemeinde (Apg 17,1–4). Er mußte jedoch vorzeitig von dort fliehen (Apg 17,5–10). Deshalb hatten einige der Christen dort die Worte des Paulus nicht richtig verstanden und waren der Meinung, Christus werde sehr bald kommen. Sie glaubten, untätig auf die Ankunft Jesu warten zu können (vgl. 2 Thess 2,1–2). Um sie von diesen falschen Vorstellungen abzubringen, schrieb Paulus den zweiten Brief an die Thessalonicher (vgl. 2 Thess 3,6–12).

25. Deshalb gebe ich euch diesen Rat: Die größte Sorge, die ihr im Leben habt, darf nicht heißen: »Was sollen wir essen und trinken?«, und die Hauptsorge für euren Körper darf nicht heißen: »Was sollen wir anziehen?«
26. Seht doch die Vögel dort am Himmel: Sie säen nicht, sie ernten nicht, sie legen keine Vorräte an. Trotzdem ernährt der Vater im Himmel sie alle! Und ihr seid doch noch viel mehr wert als die Vögel!
27. Im übrigen: Wer von euch kann mit all dieser Sorge die Dauer seines Lebens auch nur um eine Minute verlängern?
28. Und warum macht ihr euch solche Sorgen um eure Kleidung? Nehmt euch ein Beispiel an den Lilien des Feldes: Seht, wie sie wachsen! Sie plagen sich nicht mit Arbeit und machen sich keine Kleider.
29. Hört nur gut zu, was ich euch sage: Selbst Salomo bei all seinem Luxus war nicht so prächtig gekleidet wie eine von ihnen!
30. Wenn Gott nun aber das Unkraut so kleidet, das heute wächst und morgen schon verbrannt wird, wird er sich dann um euch nicht noch viel mehr kümmern? Ihr solltet ein bißchen mehr Vertrauen haben!
31. Macht euch also nicht solche Sorgen: Was sollen wir essen? Was sollen wir trinken? Was sollen wir anziehen?
32. Ein Mensch ohne Glauben lebt in der Sorge um diese Dinge.[3] Euer Vater im Himmel weiß doch, daß ihr all das nötig habt!
33. Eure größte Sorge muß es sein, daß ihr Gott euer Leben in die Hand gebt und da zu sein versucht, wo Gott euch haben will![4] Alles andere wird dann schon von allein kommen!
34. Deshalb macht euch keine Sorgen um den morgigen Tag! Der morgige Tag wird sich schon um sich selbst kümmern müssen! Es genügt, wenn man jeden Tag für sich besteht![5]

2.2 Wir entdecken die Botschaft, die Jesu Worte für uns heute haben.

1. Welches dieser Worte Jesu hat euch am meisten gefallen? Warum?
2. Von welchem glaubt ihr, daß es sich in eurem Leben am schwersten verwirklichen läßt? Warum?
3. Welchen Platz haben Geld und Gewinn in eurem Leben?
4. An welcher Stelle stehen Geld und Gewinn in der Gesellschaft, in der wir heute leben? Belegt eure Antwort mit konkreten Tatsachen!
5. Wenn Alberto und vielleicht auch ihr selbst nicht einmal mehr Zeit habt, an die Vögel und an die Lilien des Feldes zu denken, und zwar nicht aus eigener Schuld, sondern wegen eurer Arbeit, wie sollt ihr dann die Worte Jesu leben können? Was ist hier nicht in Ordnung? Was müßte geändert werden?

[3] Wörtlich heißt es »Heide«.
[4] Wörtlich heißt es: »Sucht zuerst das Reich Gottes und seine Gerechtigkeit«. Wir übersetzen: »Eure größte Sorge muß es sein, daß ihr Gott euer Leben in die Hand gebt und da zu sein versucht, wo Gott euch haben will!« Warum? 1. Sich um das Reich Gottes bemühen ist dasselbe wie sich darum bemühen, daß Gott das Leben in die Hand nehmen kann. 2. Sich um die Gerechtigkeit des Reiches bemühen ist dasselbe wie dafür zu sorgen, daß man da ist, wo Gott einen haben will.
[5] Wörtlich heißt es: »Jeder Tag hat genug eigene Plage.«

6. Wenn ein Unternehmen oder ein Betrieb nur Geld und Gewinn im Sinn hat und deshalb den Arbeitern das Leben schwer macht, was hat das Evangelium dazu zu sagen? Billigt oder mißbilligt es das? Warum?
7. Vor einiger Zeit starb in Rio de Janeiro der Taxifahrer Aloísio. Er war zu schnell gefahren, weil er den Betrag, den er pro Tag an seinen Chef zu zahlen hatte, und außerdem das nötige Geld für das Essen und die Kleidung seiner Frau und seiner acht Kinder verdienen wollte (Jornal do Brasil vom 18.9.1972). Wer ist der Hauptverantwortliche für den Unfall: der Chef oder Aloísio? Warum?
8. In Aloísios Fall war es das Geld, das zu bestimmen hatte und den Tod eines Menschen verursachte, den Gott geschaffen hat. Kennt ihr noch andere solcher Fälle? Berichtet!
9. Haben wohl die bärtigen, barfüßigen Bettler und die Hippies recht, die wie Vögel in den Tag hinein leben und sich um nichts Sorgen machen? Erfüllen sie die Worte Jesu? Würde Paulus zu ihnen wohl das gleiche sagen wie zu den Thessalonichern?
10. Paulus spricht davon, Tag und Nacht zu arbeiten, um niemandem zur Last fallen zu müssen. Jesus spricht davon, wie ein Vogel zu leben. Was meint ihr: Sind dies entgegengesetzte Verhaltensweisen oder zwei Zweige, die dieselbe Wurzel haben? Was wäre dann die Wurzel?
11. Kennt ihr vielleicht jemanden, der es fertigbringt, nach der Botschaft zu leben, die Jesus uns hier im Evangelium mitteilt? Berichtet davon und sagt, wie er das macht!
12. Und nun zum Schluß: Was können wir konkret tun, um das Wort, das wir gehört und miteinander überdacht haben, in die Tat umzusetzen?

23. Ein neuer, merkwürdiger Maßstab für den Umgang mit anderen Menschen

Hat dir das gefallen?
Dann mach du es genauso mit einem anderen!

1. Lektüre des Textes aus dem Leben

1.1 Eine Begebenheit aus dem heutigen Leben

»Tonio Flávio? Ach, hören Sie mir doch mit dem auf! Wissen Sie schon, was er gestern gemacht hat?« – »Nein. Was denn?«... Und damit war das Gerücht in die Welt gesetzt. Einen halben Tag später wußte die ganze Straße Bescheid. Die Zungen der Leute standen nicht still, bis die Sache mit Tonio Flávio jedermann zu Ohren gekommen war. Mit der Folge, daß er das Viertel verlassen mußte. In der Straße, in der er

1.2 Eine Begebenheit aus dem Leben in biblischer Zeit

»Ach, der Paulus! Hör mir doch von dem auf! So ein leichtfertiger Mensch! Er sagt ja und gleichzeitig nein.« So müssen einige Christen in Korinth gedacht haben (vgl. 2 Kor 1,17 und 10,10). Die Zungen der Leute standen nicht still, bis die Sache mit Paulus der ganzen Gemeinde von Korinth zu Ohren gekommen war. Paulus konnte sich dort nicht mehr blicken lassen. Und was sie da von ihm behaupteten, war überhaupt

wohnte, konnte er unmöglich bleiben. Und was die Leute von ihm behaupteten, das stimmte nicht einmal. Keiner bemühte sich darum, die Wahrheit zu erfahren. Sie kümmerten sich bloß darum, das, was sie gehört hatten, weiterzuerzählen.

nicht wahr. Er mußte sich dagegen zur Wehr setzen und schrieb aus diesem Anlaß den zweiten Brief an die Korinther[1]. Mit Jesus geschah das gleiche. Ihm sagte man die schlimmsten Dinge nach: »Er ist vom Teufel besessen!« (vgl. Mk 3,21), »Er hat den Verstand verloren!« (Mk 3,21), »Er hetzt das Volk auf!« (vgl. Joh 7,12), »Er ist ein Sünder!« (Joh 9,24).

1.3 Wir vertiefen uns in die Begebenheit aus dem Leben, um zu sehen, ob so etwas auch in unserem Leben vorkommt.

Die Zungen der Leute können ein Leben zerstören und ein Leben retten. So klein die Zunge auch ist, sie ist sehr wichtig, sagt der heilige Jakobus (vgl. Jak 3,5–11). Sehen wir uns dies einmal genauer an!

1. Haben euch die Zungen der Leute schon einmal fertiggemacht? Erzählt!
2. Habt ihr schon einmal dazu beigetragen, anderen das Leben schwer zu machen, so wie Tonio Flávio, Paulus und Christus das Leben schwer gemacht worden ist? Erzählt!
3. Heute ist die Zunge noch viel länger geworden und erreicht durch Zeitung, Radio und Fernsehen viel mehr Menschen. Kennt ihr einen Fall, in dem diese längere Zunge jemanden unglücklich gemacht hat? Erzählt!
4. Warum reden wir wohl so gern von anderen Leuten und deren Leben und stecken unsere Nase so gern in Dinge, die andere betreffen?

2. Lektüre des Textes aus der Bibel

2.1 Wir hören, was Jesus dem Volk damals zu diesem Problem sagte.

Ein gutes Verhältnis zu den Nachbarn zu haben und mit den anderen in Frieden zu leben, das ist sehr wichtig, aber es gibt so viele Dinge, die dem im Wege stehen. Hören wir, was Jesus dazu sagt!

Matthäusevangelium 7, 1–5 und 7,12

1. Verurteilt andere nicht, dann werdet ihr auch von Gott nicht verurteilt werden![2]

2. So, wie ihr andere beurteilt, werdet ihr selber von Gott beurteilt werden. Den Maßstab, den ihr an andere anlegt, wird Gott auch an euch anlegen!

[1] Die *Korinther* haben ihren Namen nach der Stadt *Korinth* in Griechenland, in der sie lebten. Die Korinther haben Paulus immer viel Kopfschmerzen bereitet. Dies spiegelt sich vor allem in dem zweiten Brief wider, den Paulus dieser Gemeinde schrieb.

[2] Wörtlich heißt es: »Verurteilt nicht, dann werdet auch ihr nicht verurteilt werden.« Damals verstand jeder den Sinn: »dann werdet ihr auch nicht *von Gott* verurteilt werden«. Deshalb machen wir diesen Zusatz. Das gleiche gilt für Vers 2.

3. Warum siehst du wie gebannt auf den Splitter im Auge deines Bruders und bemerkst nicht den Balken in deinem eigenen Auge?
4. Wie kannst du zu deinem Bruder sagen: »Komm her, ich will dir den Splitter aus dem Auge ziehen!«
5. Sei doch nicht so ein Heuchler! Versuche zuerst, den Balken aus deinem Auge zu ziehen, dann wirst du auch besser sehen, wie du den Splitter aus dem Auge deines Bruders ziehst!

12. Alles, was ihr von anderen euch selbst gegenüber erwartet, das tut auch ihr den anderen! Damit ist alles gesagt, was die Bücher des Gesetzes und der Propheten lehren![3]

2.2 Wir entdecken die Botschaft, die die Worte Jesu für uns heute haben.

1. Es gibt viele Eltern, die den Splitter aus dem Auge ihrer Kinder ziehen wollen, ohne den Balken in ihrem eigenen Auge zu bemerken. Was können das für Balken in den Augen der Eltern sein?
2. Weshalb ist es so leicht, den Splitter im Auge des Nachbarn zu sehen, und so schwer, den Balken im eigenen Auge zu bemerken?
3. Wenn die Bewohner der Straße, in der Tonio Flávio wohnte, sich rechtzeitig an Vers 12 erinnert hätten, was wäre dann wohl geschehen? Lest Vers 12 noch einmal!
4. Die Zungen der Leute können die Dinge größer oder kleiner machen. Heutzutage gibt es wichtige Dinge, über die niemand redet. Alle haben Angst zu reden, und so kommt die Wahrheit nicht an den Tag. Es gibt unwichtige Dinge, die in den Zeitungen groß herauskommen. Könnt ihr einige dieser Dinge nennen?
5. Ist es euch schon einmal passiert, daß jemand euch einen Splitter aus dem Auge ziehen wollte, obgleich er selber einen Balken im Auge hatte? Erzählt!
6. Die Pharisäer wollten der Frau, die in flagranti beim Ehebruch ertappt worden war, den Splitter aus dem Auge ziehen (vgl. Joh 8,1–11). Sie selbst aber hatten einen Balken im Auge. Jesus ließ sie den Splitter nicht entfernen, sondern lenkte die Aufmerksamkeit auf den Balken. Kennt ihr noch mehr solcher Fälle?
7. Und zum Schluß: Was wollen wir jetzt konkret tun, um das Wort, das wir gehört und gemeinsam überdacht haben, in die Tat umzusetzen?

[3] Dieser Satz aus Matthäus 7,12 wird die Goldene Regel genannt. Es ist eine – sehr praktische – Zusammenfassung des ganzen Evangeliums.

24. Ein neuer, merkwürdiger Bau

Es bringt nichts, wenn du bloß den Entwurf studierst.
Du mußt mit dem Bau beginnen!

1. Lektüre des Textes aus dem Leben

1.1 Eine Begebenheit aus dem heutigen Leben

Die Bewohner der Elendssiedlung sprachen mit dem Bischof: »Wir wollen einen Pfarrer!« Der Bischof antwortete: »Gewiß! Aber welches Vermögen habt ihr denn, um für den Lebensunterhalt des Pfarrers aufkommen zu können? Und welches Gebäude habt ihr für die Kirche?« – »Das Vermögen sind 40000 Menschen, alle in Elendswohnungen untergebracht. Das Gebäude hat die Größe unserer Slums, das heißt 10 km!« Der Bischof wußte nicht mehr, was er sagen sollte. Am folgenden Tag hatte der Ort seinen Pfarrer.

1.2 Eine Begebenheit aus den Leben in biblischer Zeit

»Ihr seid der Bau Gottes! Nach dem Auftrag, den mir Gott in seiner Gnade gegeben hat, habe ich die Rolle eines guten Bauleiters gespielt: Ich habe das Fundament gelegt. Ein anderer wird die Mauern errichten. Jeder soll aber darauf achten, daß die Einheit des Baus gewahrt bleibt! Auf jeden Fall kann niemand ein anderes Fundament legen als das Fundament, das dasteht: Jesus Christus!« (1 Kor 4,9–10). »Durch Christus wird der ganze Bau zusammengehalten und wächst zu einem heiligen Tempel im Herrn« (Eph 2,21). »Und ihr als lebendige Steine seid das Baumaterial dieses geistlichen Baus« (1 Petr 2,5).

1.3 Wir vertiefen uns in die Begebenheit aus dem Leben, um zu sehen, ob so etwas auch bei uns vorkommt.

Wenn die Bewohner der Slums und die Verfasser des Neuen Testaments an die Kirche dachten, dann dachten sie nicht an ein Gebäude aus Stein, sondern an ein Gebäude aus Menschen.

1. Und heute? Was meinen die Leute im allgemeinen, wenn sie *Kirche* sagen? Und was meint ihr?
2. Habt ihr schon einmal wie die Bewohner der Slums gedacht: »Unsere Kirche hat die Größe unseres Viertels! Das Vermögen der Kirche sind wir hier in unserer Gemeinde«? Weshalb denken viele nur an ein Gebäude aus Stein oder an Pfarrer, Bischöfe und Papst, wenn sie von der Kirche sprechen?
3. Warum denken viele Christen nicht an sich selbst, wenn sie an die Kirche denken?
4. Wenn die Denkweise der Slumbewohner und der Verfasser des Neuen Testaments die richtigere ist, was ist dann wichtiger: eine Mauer aus Ziegelsteinen für die Kapelle zu errichten oder den geistlichen Bau eines besseren Lebens zu errichten, an dem Gott seine Freude hat? Wie führt man wohl diese zweite Aufgabe aus?

5. Paulus sagt: »Ich habe das Fundament gelegt, ein anderer wird die Mauern errichten!« Er arbeitet langfristig. Er weiß, daß er das Ende des Baus nicht erleben wird. Und ihr? Arbeitet ihr auf lange oder auf kurze Frist? Wollt ihr sofort Resultate sehen?

2. Lektüre des Textes aus der Bibel

2.1 Wir hören, was Jesus dem Volk seiner Zeit zu diesem Problem sagte.

Wer an einem Bau mitwirkt, darf nicht die Hände in den Schoß legen. Wer in einem Gebäude ein lebendiger Stein ist, muß die Last der Dinge tragen können. Hören wir, was Jesus uns über unsere Aufgabe sagt!

Matthäusevangelium 7, 21–29
21. Nicht jeder, der zu mir sagt: »Herr! Herr!«, wird in das Himmelreich eintreten dürfen, sondern nur derjenige, der den Willen meines Vaters im Himmel erfüllt.
22. Am Tag des Gerichts werden viele zu mir sagen, »Herr! Herr! In deinem Namen haben wir als Propheten gewirkt! In deinem Namen haben wir Dämonen ausgetrieben! In deinem Namen haben wir viele Wunder vollbracht!«
23. Ich aber werde zu diesen Leuten sagen: »Ich habe nie gewußt, wer ihr seid! Weg mit euch! Auf der Stelle! Nichts als Übeltäter seid ihr!«
24. Ein intelligenter Mensch ist jeder,[1] der diese Worte von mir hört und in die Tat umsetzt: Er ist wie der Mann, der sein Haus auf felsigen Grund gebaut hat.
25. Es fiel Regen, es gab Überschwemmungen, der Wind wehte immer heftiger! Alles stürmte auf das Haus des Mannes ein. Aber es stürzte nicht ein. Es war auf Fels gebaut!
26. Ein Dummkopf ist jeder, der diese Worte von mir hört und sie nicht in die Tat umsetzt: Er ist wie der Mann, der sein Haus auf Sand gebaut hat.
27. Es fiel Regen, es gab Überschwemmungen, der Wind wehte immer heftiger! Alles schlug gegen das Haus des Mannes! Und es stürzte ein. Der Schaden war groß![2]
28. Als Jesus diese Rede beendet hatte, staunte das Volk über seine Lehre. Denn Jesus lehrte wie einer, der Vollmacht hatte, und nicht wie die Spezialisten für das Gesetz Gottes.

2.2 Wir entdecken die Botschaft, die die Worte Jesu für uns heute haben.

1. Ihr seid lebendige Bausteine im neuen Bau Gottes für die Menschen. Ein Baustein ist dazu da, in der Mauer einen Platz zu finden. Es hat keinen Zweck, ein guter Baustein zu sein, wenn man nicht auch zum Bau einer Mauer gebraucht wird. In welcher Mauer erfüllt ihr eine Aufgabe? In welchem Bau?
2. Das Haus muß auf felsigen Grund gebaut werden. Was würde heute bedeuten, sein Haus auf Fels zu bauen? Kennt ihr ein paar Beispiele?

[1] Die Verse 24–27 enthalten den Abschluß der Bergpredigt. Während der Text vorgelesen wird, sollte man auf den Rhythmus der Worte achten. Die Art und Weise, wie Jesus sprach, erleichterte es den Jüngern, die Worte, die er lehrte, im Gedächtnis zu behalten.
[2] Wörtlich heißt es: »Und groß war sein Zusammenbruch.«

3. Was würde heute bedeuten, sein Haus auf Sand zu bauen? Kennt ihr ein paar konkrete Beispiele für Häuser, die auf Sand gebaut sind?
4. Das Haus muß starken Regenfällen, Überschwemmungen und Stürmen standhalten (Mt 7,25). Was ist wohl heute Regen, Überschwemmung und Sturm?
5. So mancher »gute Baustein« bleibt neben dem Bau liegen und ruft: »Herr! Herr!« (vgl. Mt 7,21). Jesus sagt, daß das zuwenig ist. Er muß den Willen des Vaters erfüllen. Er muß in die Mauer hinein! Was bedeutet wohl »Herr! Herr!« rufen? Belegt eure Antwort mit konkreten Tatsachen!
6. In Vers 22 bewertet Jesus gewisse Wunder nicht eben hoch. Gibt es heute auch noch solche Wunder? Meßt ihr ihnen große Bedeutung bei? Wenn ja, warum? Wenn nein, warum nicht?
7. Wir sind am Ende der Bergpredigt angelangt. Wir haben den Entwurf des Hauses gesehen. Welcher Punkt hat euch an der Bergpredigt am meisten interessiert und erscheint euch am wichtigsten? Warum?
8. Jetzt muß der Bau endlich beginnen. Was wollen wir konkret tun, um die Worte, die wir gehört und gemeinsam bedacht haben, in die Tat umzusetzen?

IV. Einheit:

Die Person Jesu Christi

Einführung

1. Eine wichtige Frage. Wie soll man über Jesus Christus sprechen?
2. Jesus stellt sich vor. »Wer nicht für mich ist, der ist gegen mich.«
3. Die Antwort Christi auf unsere Frage
4. Angebot und Antwort. Die Menschen reagieren auf Jesus.
5. Ein schwieriges Kapitel. Die Wurzel des Widerstandes gegen Jesus
6. Das Leben mit Christus. Der Lohn, den Jesus dem bietet, der ihm nachfolgt
7. Ich bin der Anfang und das Ende. Das Geheimnis Jesu erklärt das Geheimnis unseres Lebens.
8. Das Geheimnis Jesu. »Ich und der Vater sind eins!«
9. Jesus und der Vater. Wir vertiefen uns in das Geheimnis und entdecken seinen Sinn für uns.
10. Das Gebet im Leben Jesu. Der unsichtbare Atem, der das Leben erhält
11. Die acht Treffen über Jesus Christus. Was geschieht, wenn Jesus im Leben der Menschen erscheint.

Von Gott lernen (Treffen 25–28)

25) Jesus und die kleinen Leute
26) Jesus und die Kinder
27) Jesus und die „Taugenichtse"
28) Jesus und die Einsamen

Beim Kreuz in die Schule gehen (Treffen 29–32)

29) Jesus und die nichtglaubenden Guten
30) Jesus und der Nächste
31) Jesus und die Menschlichkeit
32) Die Mutter Jesu

Einführung

1. Eine wichtige Frage. Wie soll man über Jesus Christus sprechen?

Es ist nicht leicht, über Personen zu sprechen.
Über Sachen oder Gegenstände zu reden ist nicht so schwer. Die Dinge beschreibt man, und sie beschweren sich nicht und protestieren nicht, selbst wenn man sich in ihnen täuscht.
Über Personen zu reden ist schon schwieriger. Sie können sich beschweren, wenn sie die Beschreibung für unzutreffend halten. Außerdem ist die Person des Menschen mit ihren Erfahrungen, Empfindungen und Gedanken zu groß, um in unsere Worte hineinzupassen. Das Herz des anderen bleibt immer ein Geheimnis, das niemand ganz zu enthüllen vermag. Man kann sogar davon überzeugt sein, den anderen gut zu kennen, und dann erleben, daß der andere, gerade wenn man am wenigsten damit rechnet, völlig überraschende Dinge sagt und tut. Wie oft muß man dann erkennen: »Ich habe mich in diesem Menschen getäuscht!«
Noch schwieriger ist es, über eine Person zu sprechen, über die alle Welt redet, über die die unterschiedlichsten Meinungen bestehen und die ihrerseits Forderungen erhebt und an der Lebensweise der Leute Kritik übt. Wenn man über eine solche Person spricht, bezieht man Position. Da gibt es keine Möglichkeit, neutral zu bleiben und eine unverbindliche Meinung zu äußern, um einer Stellungnahme aus dem Weg zu gehen. Ob man will oder nicht, man ist gezwungen, Partei zu ergreifen, sei es dafür, sei es dagegen. Deshalb ist es schwierig, über eine solche Person zu sprechen. Es besteht immer die Gefahr, daß wir unsere eigenen Gedanken mit der Beschreibung der Person verquicken.

Die Schwierigkeit, die auftritt, wenn man über Jesus Christus sprechen will.
Genau dies geschieht, wenn wir über Jesus Christus reden möchten. Jesus paßt weder in unsere Worte noch in unsere Gedanken hinein. Das ist nur gut so! Er ist immer größer als das, was wir über ihn denken und sagen. Gott sei Dank!
Manchmal bilden wir uns ein, alles zu wissen, wer Christus ist und was er von uns verlangt, und plötzlich, gerade wenn wir am wenigsten damit rechnen, bricht er in unser Leben ein und zeigt sich uns von einer anderen Seite oder konfrontiert uns mit einer anderen Forderung, die wir noch nicht von ihm kannten. Denn Christus ist nicht jemand aus der Vergangenheit, jemand, den es einmal gab. Er lebt. Er ist immer noch da, um die falschen und bequemen Vorstellungen zu korrigieren, die wir uns von ihm machen.
Außerdem kommt Jesus mit so hohen Forderungen, daß man wohl oder übel Position beziehen und ja oder nein sagen muß. Es ist unmöglich, mit den Achseln zu zucken und zu sagen: »Das interessiert mich nicht.«
Unsere größte Versuchung besteht darin, daß wir Christus in den Rahmen unserer Vorstellungen zwängen und ihn zu einer Art »Packesel« für unsere Wünsche machen wollen. Das ist nicht möglich, es sei denn in unseren Hirngespinsten. Christus entgeht

unserem Zugriff. Im übrigen hat er selbt erklärt, es kenne ihn keiner außer dem Vater und demjenigen, dem der Vater ihn zeigen wolle (vgl. Mt 11,27).
Deshalb also ist es so schwierig, über Jesus Christus zu sprechen.

Wie soll man dann aber über ihn sprechen?
Ja, wie nur? Wie über Jesus Christus reden ohne die Gefahr, ihn auf die Dimensionen unseres eigenen Denkens zu reduzieren?
Der beste Weg besteht darin, daß man ihm selbst das Wort erteilt und ihn reden und sich jedem von uns so vorstellen läßt, wie er ist. Weiter besteht er darin, den Personen das Wort zu erteilen, die über jeden Verdacht erhaben sind und deren Worte in der Bibel stehen, um uns zu sagen, wer Christus ist, wie er ihr Leben bestimmte und wie sie selbst ihren Glauben an Jesus Christus gelebt haben.
Das wird uns in Verlegenheit bringen, und wir werden kleinlaut sagen: »Ich bin noch sehr weit davon entfernt, ein hundertprozentiger Christ zu sein!« Dies Eingeständnis ist – wie das des Zöllners (Lk 18,13) – der beste Ausgangspunkt für eine richtige, dauerhafte Einstellung. Die Stützpfeiler eines Hauses müssen, wenn sie tragfähig sein sollen, tief in die Erde, in den Schlamm und Dreck unseres unbedeutenden, kleinen Nichts eindringen. Das Fundament der Wahrheit ruht auf unserer Wahrhaftigkeit uns selbst gegenüber.

2. Jesus stellt sich vor. »Wer nicht für mich ist, der ist gegen mich.«

Christus vorstellen
Beim Schreiben dieser Zeilen über Jesus Christus fühle ich mich wie ein Sprecher, der einen Sänger ankündigt und mitten unter dem Publikum Platz nimmt, um sich den Gesangsvortrag an der Seite der anderen und gemeinsam mit ihnen anzuhören.
Vor Jesus Christus sind wir tatsächlich alle gleich! Alle miteinander! Papst und Bischöfe, Priester und Laien, wer auch immer, ob der Kardinal im Purpurgewand oder der einfache Christ vom Lande. Niemand ist wegen des Amts, das er innehat, oder wegen des Wissens, das er besitzt, ein besserer Christ. Gegenüber Christus gibt es keine Privilegien und keine Privilegierten, es sei denn das Privileg, von dem Jesus selbst seinem Vater gegenüber spricht: »Vater, ich danke dir, daß du diese Dinge den Klugen und Gelehrten verborgen und diesen einfachen Leuten gezeigt hast. Ja, Vater, so willst du es haben!« (Mt 11,25–26).
Das Lied Christi, das wir hören werden, das heißt: seine Botschaft, ist provozierend. Es ist unmöglich, dabei ruhig auf unserem Stuhl sitzenzubleiben. Seine »gütigen und bescheidenen« Worte (Mt 11,29) fordern einen heraus, erscheinen uns fast als Angriff. Sie rütteln unser schlafendes Gewissen auf. Sie sind wie ein ganz helles Licht, das plötzlich angezündet wird und alles zum Vorschein bringt, was sauber und was schmutzig in uns ist, so daß alle dies sehen können (Joh 3, 20–21). Sie sind wie das Urteil des unbestechlichsten Richters, den man finden kann.

Christus stellt sich selber vor!
Ich bin es! »Der Friede sei mit euch!« (Joh 20,19). »Ihr könnt beruhigt sein. Ich bin es! Ihr braucht keine Angst zu haben« (Mt 14,27).

»Ich bin Jesus« (Apg 9,5). »Ich bin der Erste und der Letzte! Ich bin der, der das Leben hat, denn ich war tot, aber bin wieder lebendig für immer. Ich habe den Schlüssel zum Tod und zur Totenwelt« (Offb 1, 17–18). »Ich bin der Anfang und das Ende« (Offb 22,13).
»Ich bin das Licht der Welt! Wer mir folgt, wird nicht mehr im Dunkeln tappen« (Joh 8,12; 12,46). »Geht euren Weg, solange es hell ist, damit die Dunkelheit euch nicht überfällt. Wer im Dunkeln geht, weiß nicht, wohin sein Weg führt« (Joh 12,35).
»Ich bin der Weg« (Joh 14,6). »Geht durch die enge Tür! Denn das Tor, das ins Verderben führt, ist breit und die Straße dorthin bequem« (Mt 7,13).
»Ich bin die Wahrheit« (Joh 14,6). »Wer kann mir eine Sünde vorwerfen? Wenn ich aber die Wahrheit sage, warum glaubt ihr mir dann nicht?« (Joh 8,46). »Wenn ihr euch an mein Wort haltet, werdet ihr die Wahrheit erkennen, und die Wahrheit wird euch frei machen« (Joh 8, 31–32). Denn »wer die Wahrheit sucht, der hört auf meine Stimme« (Joh 18,37). »Ich bin im Namen meines Vaters gekommen, und ihr weist mich ab. Wenn aber irgendein anderer in seinem eigenen Namen sprechen wird, werdet ihr ihn bestimmt aufnehmen« (Joh 5,43).
»Ich bin das Leben« (Joh 14,6). »Jeder, der an mich glaubt, wird leben, auch wenn er gestorben ist, und jeder, der im Glauben an mich lebt, wird niemals sterben« (Joh 11,25–26). »Ich bin gekommen, damit sie das Leben haben und es in Fülle haben« (Joh 10,10). »Ich gebe mein Leben für meine Schafe« (Joh 10,15).
»Ich bin das Brot des Lebens«. Wer zu mir kommt, wird nie mehr hungrig sein!" (Joh 6,35). »Das Brot, das ich geben werde, ist mein Leib, den ich für das Leben der Welt hingebe. Ich bin das lebendige Brot, das vom Himmel herabgekommen ist. Wenn einer von diesem Brot ißt, wird er ewig leben« (Joh 6,51).
»Ich bin die Auferstehung und das Leben!« (Joh 11,25). »Wie der Vater das Leben in sich hat, so hat er auch dem Sohn die Macht gegeben, daß er das Leben in sich hat« (Joh 5,26). »Es ist der Wille meines Vaters, daß ich keinen von denen verliere, die er mir gegeben hat, sondern daß ich sie am letzten Tag auferwecke« (Joh 6,39). »Die Toten werden dann die Stimme des Sohnes Gottes hören, und alle, die sie hören, werden leben« (Joh 5,25).
»Ich bin der gute Hirt! Der gute Hirt gibt sein Leben hin für seine Schafe« (Joh 10,11). »Alle, die vor mir kamen, waren Diebe und Räuber, aber die Schafe haben nicht auf sie gehört« (Joh 10,8). »Ich bin der gute Hirt! Ich kenne die, die zu mir gehören, und sie kennen mich, so wie der Vater mich kennt und ich den Vater kenne. Ich habe mein Leben für meine Schafe hingegeben« (Joh 10, 14–15).
Ich bin die Tür! »Ich bin die Tür, durch die die Schafe gehen« (Joh 10,7). »Wer durch mich hineingeht, wird gerettet; er wird sich wohlfühlen und sehr zufrieden sein!« (Joh 10,9). »Niemand kommt zum Vater außer durch mich« (Joh 14,6). »Wer mich sieht, der sieht den Vater« (Joh 14,9).
Ich bin die Quelle lebendigen Wassers! »Wer Durst hat, soll zu mir kommen. Wer an mich glaubt, mag trinken« (Joh 7,37). »Wer an mich glaubt, wird nie mehr durstig sein« (Joh 6,35). »Das Wasser, das ich ihm gebe, wird in ihm zu einer Quelle lebendigen Wassers werden, die ewiges Leben schenkt« (Joh 4,14).
Ich bin der Weinstock! »Ich bin der wahre Weinstock, und mein Vater ist der Winzer. Jede Rebe an mir, die keine Frucht bringt, schneidet er ab, und jede Rebe, die Frucht bringt, reinigt er, damit sie mehr Frucht bringt« (Joh 15, 1–2). »Ich bin der Weinstock, ihr seid die

Reben. Wer in mir bleibt und in wem ich bleibe, der bringt reiche Frucht; denn getrennt von mir könnt ihr nichts vollbringen« (Joh 5,15).

All dies hat große Bedeutung.
Es ist nicht irgendwer, der sich hier vorstellt, und es sind keine belanglosen Dinge, von denen er spricht. Es geht um Leben und Tod, Licht und Dunkel, Wahrheit und Lüge, Rettung und Untergang. Es geht um den Sinn des menschlichen Lebens. Man kann diese Worte nicht beiseite schieben, so als handelten sie von irgendetwas Bedeutungslosem. Sie sprechen von sehr ernstzunehmenden Dingen. Wer das Leben ernst nehmen will, muß diesen Worten zumindest die Ehre erweisen, daß er sie zur Kenntnis nimmt und ehrlich prüft.
Nachdem diese Worte einmal gesprochen sind, ist jeder Versuch zum Scheitern verurteilt, der über den Sinn des Lebens reden will, ohne all das zu berücksichtigen, was im Buch der Geschichte dazu verzeichnet ist. Es wäre dasselbe, als wollte jemand eine Rede über die Straßenbeleuchtung halten, ohne zu wissen, was Elektrizität ist; oder über die Volksgesundheit, ohne zu wissen, was die Medizin in den letzten Jahren entdeckt und entwickelt hat.

Und was soll ich jetzt tun?
Wenn dieser Christus in das Leben eines Menschen tritt, ist dessen erste Reaktion: »Und was soll ich jetzt tun?« Christus trat in das Leben des Paulus, als dieser unterwegs nach Damaskus war. Vor Furcht stürzte Paulus zu Boden und sagte: »Herr, was soll ich jetzt tun?« (Apg 9,6).
Die gleiche Frage stellen die Menschen immer wieder. Auch wir stellen sie uns heute noch. Wir wollen in den Evangelien nachsehen, welche Antwort Christus denen gibt, die so fragen. Mit ihr wird er seine Vorstellung abschließen.

3. Die Antwort Christi auf unsere Frage

»Wenn jemand mir nachfolgen will ......
muß er sich selbst verleugnen (Mk 8,34)
täglich sein Kreuz auf sich nehmen (Lk 9,23)
und mir nachfolgen« (Mt 16,24).
Er soll
bereit sein, sein Leben aus Liebe zu mir zu verlieren (Mt 16,25),
ohne einen Ort auskommen, an dem er sein Haupt hinlegen kann (Lk 9,57),
die Toten ihre Toten begraben lassen (Lk 9,60),
seine Hand an den Pflug legen, ohne zurückzuschauen (Lk 9,62),
mich mehr lieben als seine Eltern, Kinder und Geschwister (Lk 14,26),
bereit sein, alles aufzugeben, was er besitzt (Lk 14,33),
sich in dieser Welt meiner nicht schämen (Mk 8,38),
wie ein Kind werden können (Mt 18,3),
nie auf einen anderen zornig sein (Mt 5,22),

nie seinen Bruder beschimpfen (Mt 5,22),
sich mit dem anderen versöhnen, bevor er an der Messe teilnimmt (Mt 5,24),
nie eine Frau auch nur ansehen und besitzen wollen (Mt 5,28),
niemals schwören (Mt 5,34),
immer die Wahrheit sagen und nie lügen (Mt 5,37),
die rechte Seite hinhalten, wenn ihm auf die linke geschlagen wird (Mt 5,39),
seinen Feind lieben (Mt 5,44),
immer verzeihen, auch siebzigmal siebenmal (Mt 18,22),
nie etwas bloß tun, um von den Menschen gesehen zu werden (Mt 6,1),
kein Geld anhäufen (Mt 6,19),
sich nicht zu viele Sorgen um Essen und Trinken machen (Mt 6,25–31),
niemanden verurteilen (Mt 7, 1–2),
andere so behandeln, wie er gern von ihnen behandelt werden möchte (Mt 7,12),
mit einem Wort:
vollkommen sein, so wie der himmlische Vater vollkommen ist (Mt 5,48).

Die Antwort macht einem Angst! Kann man ihr überhaupt entsprechen?
Dies ist das Ideal, das Jesus demjenigen vor Augen führt, der den Wunsch äußert, ihm nachzufolgen. Es muß jeden entmutigen. Auch wenn nicht alles buchstäblich zu verstehen ist, sind es enorme Forderungen. Noch nie hat jemand es gewagt, so viel von anderen zu verlangen. Die Antwort Jesu macht einem Angst! Sie macht Angst, weil er offenbar keinen Mittelweg zuläßt. Er sagt ohne Umschweife: »Wer nicht für mich ist, der ist gegen mich!« (Mt 12,30). Eine Last, der wir nicht gewachsen sind, wenn wir keine Helden sind!
Andere Worte Jesu scheinen jedoch das genaue Gegenteil zu besagen: »Mein Joch drückt nicht, und meine Last ist leicht!« (Mt 11,30). »Ich werde keinen abweisen, der zu mir kommt« (Joh 6,37). »Gott hat mich nicht in die Welt gesandt, um die Welt zu verurteilen, sondern damit die Welt gerettet wird« (Joh 3,17; 12,47). Es ist, als ob er sagte: »Versucht es, und ihr werdet sehen, daß es nicht so schwer ist, wie es den Anschein hat«.
In der Tat: Derselbe Jesus, der sagte: »Wer nicht für mich ist, der ist gegen mich!« (Mt 12,30), hat auch gesagt: »Wer nicht gegen uns ist, der ist für uns!« (Mk 9,40). Etwas Anspruchsvolleres und Strengeres als den ersten Satz kann man sich nicht vorstellen. Etwas Großzügigeres und Verständnisvolleres als den zweiten Satz gibt es nicht.
Man muß den Eindruck haben, daß der Weg, den Jesus zeigt, gleichzeitig leicht und beschwerlich, einfach und schwierig, verlockend und abschreckend ist. Eine merkwürdige Tür, die da zum Haus des Vaters führt, wo für alle Platz ist (Joh 14,2). Man versteht nicht recht, was Jesus damit sagen will. Unser Denken vermag diese so gegensätzlich erscheinenden Dinge nicht miteinander zu vereinbaren.

Was wird unser Lohn sein?
»Der Vorsichtige stirbt als alter Mann! Was ich in der Hand habe, das weiß ich. Ich werde es nicht aus der Hand geben, bevor ich nicht weiß, was ich danach haben werde. Besser ein Spatz in der Hand als die Taube auf dem Dach!« So denken wir.

Petrus dachte nicht so. Er glaubte an Jesus und ließ alles los, was er in seinen Händen hielt, ohne genau zu wissen, was er dafür bekommen würde, denn er fragte: »Sieh mal, Jesus, wir haben alles aufgegeben und sind dir gefolgt. Was wird unser Lohn dafür sein?« (Mt 19,27)). Wenn ich es wage, durch dieses enge, sonderbare Tor zu gehen, was werde ich dafür bekommen? Werde ich wirklich bekommen, was er verspricht? Und welche Garantie habe ich dafür?

Die Antwort Christi auf diese Frage ist genauso sonderbar wie die Forderungen, die er erhoben hat. Jesus antwortet dem Petrus: „Du wirst das Hundertfache erhalten und das ewige Leben erben" (Mt 19,29). – Wann werde ich das Hundertfache bekommen? Jesus erwidert: »Noch in diesem Leben!« (Mk 10,30).

Das sind die schönsten Aussichten, die man sich denken kann: »Das Hundertfache in diesem Leben und in der Zukunft das ewige Leben!« Aber zwischen diesem Horizont und der Gegenwart liegt ein Stück Boden, auf das Jesus einige sehr widersprüchliche, aber auch sehr klare Worte schreibt: Verfolgungen (Mk 10,30) und Freude (Joh 16,22), Kreuz (Mk 8,34) und Frieden (Joh 20,19), Leid (Joh 16,2) und Ruhe (Mt 11, 28–30). Wie sollen wir das alles miteinander in Einklang bringen? Das will uns nicht in den Kopf gehen!

Was soll man zu einer solchen Vorstellung sagen?

So hat Jesus sich selbst vorgestellt. Seine Vorstellung ist ein *Angebot* an uns, das heute noch besteht und auf unsere *Antwort* wartet.

Wie würde heute wohl ein Publikum reagieren, dem jemand sich so vorstellte? Würde jedermann zufrieden und ruhig den Saal verlassen, weil er ohne weiteres alles gutheißt, was Jesus sagte? Würde niemand sich lautstark zu Wort melden? Würde nicht sofort eine erbitterte Diskussion entbrennen? Würden nicht plötzlich einige Leute ausrufen: »Beweisen Sie, daß das alles stimmt, was Sie da sagen!« (vgl. Joh 8,13) oder: »Woher nehmen Sie das Recht, diese Behauptungen aufzustellen?« (vgl. Mt 21,23) oder: »Geben Sie uns ein Zeichen, daß es wirklich wahr ist!« (vgl. Mt 16,1)?

Es ist ja auch keine Kleinigkeit! Einen solchen Menschen mit alldem, was er da erklärt und fordert, anzunehmen, würde eine radikale Veränderung unserer Denk-, Lebens- und Handlungsweise bedeuten. Niemand bliebe dabei ruhig, denn niemand könnte dann so weiterleben wie bisher.

Die ruhige, bescheidene Gegenwart Jesu unter den Menschen dauerte nur dreiunddreißig Jahre, die seinetwegen entstandene Unruhe jedoch dauert noch heute, nach fast zweitausend Jahren, an. Bis heute diskutieren die Menschen darüber, weil die Forderungen und Ansprüche Jesu so hoch sind, daß jeder es sich zweimal überlegen muß, ob er sie akzeptieren oder ablehnen soll. Die Sache ist zu ernst, als daß man sie in ein paar Minuten erledigen könnte.

Wenn Jesus ein unausgegorener Mann gewesen wäre, hätte ihn keiner ernst genommen. Aber das Gegenteil traf auf ihn zu: Er war sehr besonnen, gerecht, aufrichtig, gütig, in jeder Hinsicht liebenswert. Mehr noch: Er lebte das, was er predigte, und zeigte damit, daß es sich verwirklichen ließ. Er zeigte, daß das Leben mehr Leben wird, wenn man versucht, es so zu leben, wie er es vorlebte.

Deshalb stellt er uns heute noch in Frage und läßt unser Gewissen nicht einschlafen.

4. Angebot und Antwort. Die Menschen reagieren auf Jesus.

Die Reaktion vieler: Sie wenden sich ab!

Nachdem sie ihn so hatten reden hören, sagten viele der Jünger Jesu: »Was er sagt, ist unerträglich. Wer kann das anhören?« (Joh 6,60). Von da an zog sich ein großer Teil von ihnen von Jesus zurück und wollte ihm nicht mehr folgen (vgl. Joh 6,66). Das war der Augenblick der Krise.

Die einen waren dafür, die anderen dagegen. Aber keiner war sich sicher. Und da begann im Volk die Diskussion über Jesus (vgl. Joh 7,43). Die Meinungen gingen wild durcheinander. Manche sagten: »Er ist ein guter Mensch!« Andere widersprachen: »Von wegen! Er hetzt das Volk auf!« (Joh 7,12).

Die Reaktion Jesu: Er wendet sich nicht ab!

Trotz dieser negativen Reaktion sprach er nach wie vor zu jedem, der ihn hören wollte. Er bat nicht um Redeerlaubnis und rechtfertigte sich auch nicht gegenüber den Behörden, die gegen ihn waren, sondern sagte einfach: »Wenn jemand bereit ist, den Willen meines Vaters zu erfüllen, wird er merken, ob meine Lehre von Gott ist oder ob ich aus eigenem Antrieb rede. Wer aus eigenem Antrieb redet, dem geht es um die eigene Ehre. Wer dagegen die Ehre dessen sucht, der ihn gesandt hat, verdient Vertrauen, und man kann ihm kein Unrecht vorwerfen« (Joh 7,17–18). Oder: »Wer von Gott ist, der hört auf die Worte Gottes. Wenn ihr nicht auf mich hören wollt, so liegt es daran, daß ihr nicht von Gott seid« (Joh 8,47). Oder auch: »Wer die Wahrheit sucht, der hört auf meine Stimme« (Joh 18,37).

Mit anderen Worten: Wenn jemand mit so hohem Anspruch kommt, ist unsere Reaktion, zu verlangen, daß er Beweise liefert: »Beweisen Sie, daß es so ist, wie Sie behaupten!« So machen wir es heute, und so machten es auch die Pharisäer zur Zeit Jesu. Seltsamerweise bleibt Jesus den geforderten Beweis schuldig. Die einzigen Beweismittel, die er vorlegt, sind er selbst, seine Worte und seine Taten (vgl. Joh 14,11; 10, 37–38).

Jesus erklärt, daß es kein einziges Buch gibt, in dem die Kriterien zu finden sind, anhand derer man erkennen kann, ob das, was er sagt, wahr ist oder nicht. So etwas existiert nicht. Jesus gegenüber gibt es nur die eine Alternative: Entweder glaubt ihr an ihn und akzeptiert ihn so, wie er ist, oder ihr lehnt ihn ab. Denn der Glaube an Jesus läßt sich auf nichts stützen – außer auf Jesus selbt. Ihr müßt einen Schritt ins Ungewisse wagen.

Er läßt euch Freiheit. Er will sogar, daß ihr den Schritt vorher gut überlegt, alles reiflich erwägt, um zu erkennen, ob ihr dazu fähig seid, und keine überstürzten Entscheidungen fällt (Lk 14, 25–33).

Wenn ihr viel dagegen einzuwenden habt, erwidert er: »Ihr könnt weggehen, wenn ihr wollt, auch du« (Joh 6,67). Und falls ihr euch zum Fortgehen entschließt, werdet ihr euch die Frage stellen müssen: »Bin ich ehrlich gewesen? Habe ich die Wahrheit gesucht? Oder habe ich mich selber betrogen?« Denn Jesus sagt: »Wer die Wahrheit sucht, der hört auf meine Stimme« (Joh 18,37).

Christus verlangt einen Glaubensakt. Solange man hier auf dieser Seite steht, kann man sich keine Vorstellung von dem machen, was dort drüben auf der Seite Christi ist. Die einzige Möglichkeit besteht darin, ihn so anzunehmen, wie er ist und sich zeigt, und ihm sein volles Vertrauen zu erklären. Dann beginnt er, unser Leben in seine Hand zu nehmen, beginnt er zu herrschen: Dann bricht das Reich Gottes in uns an!

Die Menschen wenden sich ab und rechtfertigen sich.

Gerade aus diesem Grund haben viele Menschen sich von ihm zurückgezogen. Sie waren nicht bereit, einen Schritt ins Ungewisse zu tun. »Der Vorsichtige stirbt als alter Mann!« Um diese Einstellung zu rechtfertigen, behaupteten sie: »Dieser Mann kommt nicht von Gott, denn er hält den Sabbat nicht« (Joh 9,16). »Er ist ein Fresser und Säufer« (Lk 7,34), sagten andere, nur weil Jesus ab und zu einen Becher Wein trank. »Dieser Freund der Zöllner und Sünder!« riefen wieder andere (Mt 11,19). »Er ist vom Teufel besessen!« (Mk 3,22). »Er hat den Verstand verloren!« (Mk 3,21); »er ist ein Sünder!« (Joh 9,25); »ein Sicherheitsrisiko!« (vgl. Joh 11, 47–50); »er zerstört die heiligen Traditionen unseres Volkes!« (vgl. Mt 26,61). Und so weiter ...

Solche Reden waren nichts anderes als Selbstrechtfertigungen, denn an einen Menschen »ohne Verstand«, einen »Fresser und Säufer«, einen »Sünder«... hätte doch niemand geglaubt. Wenn sie so ihre Meinungen äußerten, versuchten sie, Jesus auf die Maße ihres eigenen engstirnigen und kleinkrämerischen Denkens zu reduzieren. Sie klammerten sich an ihre eigenen Vorstellungen, und da paßte Jesus nicht hinein. Deshalb sagten die einen dieses, und die anderen behaupteten jenes. Es herrschte große Verwirrung. Sie wußten nicht, was sie von diesem Mann halten sollten (vgl. Joh 7,12. 25–27. 31. 40–52). Sie wollten nicht einsehen, daß ihr Kopf zu klein war, als daß Jesus in ihm Platz gehabt hätte. Sie wollten nicht einsehen und akzeptieren, daß der Messias größer und anders war, als sie selbst meinten und erwarteten. Sie wollten weder ihre Vorstellungen noch ihr Leben ändern. Gott und Christus sollten sich an ihre Denkweise anpassen. Aber dazu ist Jesus nicht gekommen. Er paßte in keine der Meinungen hinein, die sie über ihn äußerten.

Jesus paßt nicht in die Schemata, die wir selber uns machen. Früher oder später sprengt er sie. Und wenn dies geschieht, dann schlägt uns die Stunde der Gnade und der Entscheidung: Entweder sehen wir ein, daß Gott größer ist als wir, oder wir ziehen uns in unsere eigene enge, kleinkrämerische Welt zurück, wie die Pharisäer es taten.

Jesus wendet sich nicht ab und rechtfertigt sich nicht.

Jesus läßt sich unmöglich in irgendein Gesetz oder einen Wunsch zwängen. Auch wenn viele dies gern täten. Sie würden Christus gern für ihre eigenen Interessen nutzbar machen.

Jesus ist frei: Er spricht, ohne um Erlaubnis zu bitten. Als andere, die sich für die Herren der Welt halten, von ihm fordern, daß er seine Handlungsweise durch ein Zeichen oder einen Beweis rechtfertigt, gibt Jesus keine Antwort darauf, rechtfertigt sich nicht und verweigert dieses Zeichen (Mk 11, 27–33; Lk 11, 29–32). Und als seine Zuhörer sich über ihn empören und sich beschweren, bittet Jesus nicht um Entschuldigung, sondern wiederholt beharrlich, was er zuvor gesagt hat (Lk 11, 45–46). Denn er weiß, woher er kommt und wohin er geht (Joh 8,14). Er weiß, was er will. Er ist Herr über sich!

Die Alternative: entweder er oder wir!

So tritt Christus ins Leben der Menschen. Es ist unmöglich, ihn auf die Linie unseres Denkens zu bringen. Vor ihm fallen all unsere Argumente und unsere so sorgfältig aufgebaute Sicherheit wie ein Kartenhaus zusammen. Vor ihm kann man sich nicht verstecken. Sein Licht strahlt uns voll an und zeigt, was in uns steckt. Es macht die Fehler offenbar. Wenn ihr das Licht und die Wahrheit liebt, nehmt ihr ihn an. Wenn ihr das Licht scheut und die Stimme eures Gewissens ersticken wollt, nehmt ihr ihn nicht an und entfernt euch (vgl. Joh 3, 19–21).

Angesichts eines solchen Menschen sagt man entweder: »So ein Unsinn! Einfach verrückt! Ein Skandal!« (vgl. 1 Kor 1,23) oder aber: »Mein Herr und mein Gott!« (Joh 20,28) und gibt sich geschlagen, von ihm bezwungen und überzeugt. Die Pharisäer wählten die erste Möglichkeit und versuchten, Jesus aus dem Weg zu räumen.

Bis heute versuchen sie, ihn aus dem Weg zu räumen, indem sie die Stimme derer zum Schweigen bringen, die im Namen Christi das Gewissen der anderen wachrütteln. Aber das gelingt ihnen nicht. Christus ist stärker! Er ersteht immer im Gewissen der Menschen auf mit einer Kraft, die den Tod und die Kräfte des Todes, die im Leben Platz greifen, besiegt (vgl. Eph 1,19). Deshalb verliert der Christ nicht den Mut. Trotz allem hat er Hoffnung! Oder er sollte Hoffnung haben...

5. Ein schwieriges Kapitel. Die Wurzel des Widerstands gegen Jesus

Jesu Auftreten deckt unsere Fehler auf.

Jeder stellt fest, daß die Forderungen Christi hart, sehr hart sind. Wer ist imstande, sie zu erfüllen? Haben wir die Kraft dazu? Hier liegt der erste Fehler, den wir in uns entdecken: Unsere Willenskraft reicht nicht aus, um zu tun, was Jesus verlangt. Der Treibstoff unseres Wagens reicht nicht aus, um diese Strecke zurückzulegen.

Die größte Schwierigkeit liegt jedoch nicht nur darin, daß wir nicht genug Kraft haben, um alles zu erfüllen, was er von uns verlangt. Die größte Schwierigkeit liegt auch und vor allem darin, daß wir nicht verstehen können, wie er dazu kommen kann, so viel von uns zu verlangen. Das ist der zweite Fehler, den wir an uns entdecken: Das Licht unseres Verstandes ist zu schwach, um diesen Jesus verstehen und erklären zu können.

Jesus setzt nicht nur unseren Willen, sondern auch unseren Verstand schachmatt. Die Kraft unseres Willens und das Licht unseres Verstandes vermögen die Person nicht zu erklären, die sich hier vorstellt. Die Musik, die Jesus spielt, können wir mit unserem Instrument nicht nachspielen. Alles würde nur falsch und unrein klingen, so sehr wir uns auch anstrengten.

Die Reaktion des Menschen: Er verteidigt sich.

Jesu Lied ist provozierend. Seine Worte sind fast ein Angriff auf uns, eben weil sie einen Fehler offenbar machen, der im Grund unserer Seele steckt und uns unbekannt war. Niemand hat es gern, wenn ein anderer bei ihm einen Fehler hervorkehrt, von dem er selbst nichts weiß. Man reagiert darauf, indem man sich verteidigt.

Es ist sehr schmerzlich für uns Menschen, die Begrenztheit unseres Willens und unseres Verstandes eingestehen zu müssen, denn Wille und Verstand sind zwei der bedeutendsten Kräfte, die wir besitzen.
Deshalb wollen viele diese Grenzen nicht erkennen. Lieber behaupten sie, Jesus sei ein Dummkopf, ein Träumer, einer, an dem nichts Besonderes und Unbegreifliches zu finden sei. Sie meinen, Jesus lasse sich auf die Größe unseres Denkens reduzieren, und sagen, es sei durchaus möglich, alles zu tun, was er verlange. So kommen sie zu den seltsamsten Ergebnissen in bezug auf Jesus und seine Botschaft. Sie machen aus ihm einen Moralisten, einen Verrückten, einen Träumer, einen Subversiven, einen Heiligen, einen Philosophen. Sie machen das aus ihm, was ihre eigenen Gedanken ihnen nahelegen. Aber Jesus paßt genauso wenig da hinein wie in die Gedanken der Pharisäer damals.

Die unsichtbare Wurzel des Widerstands gegen Jesus
Jesu Vorstellung bewirkte, daß wir auf uns selbst aufmerksam wurden und feststellten, daß es in uns einen sehr schweren Mangel gibt, einen Mangel, der viel schwerer ist, als es auf den ersten Blick den Anschein hatte. Dieser Mangel läßt sich nicht mit der Kraft des Willens oder mit dem Licht des Verstandes beheben. Er liegt tiefer, nämlich an der Wurzel des Willens und des Verstandes, und verdirbt beide. Deshalb wiegt er so schwer.
So schlimm die Lage auch sein mag, in der sich der Mensch befindet: Wenn er weiß, daß er über die Mittel verfügt, um die Situation zu meistern, verzweifelt er nicht und verliert nicht den Mut. Hat ein Autofahrer unterwegs eine Panne, so verzweifelt er nicht, wenn er gute Werkzeuge hat, um den Schaden zu beheben. Sind freilich auch die Werkzeuge kaputt, dann wird die Reparatur unmöglich, es sei denn, es käme ihm jemand zu Hilfe.
Der Ernst der Situation, die Jesus in uns aufdeckt, besteht genau hierin: Die Vorstellung Jesu zeigt uns, daß nicht nur der Motor defekt ist, sondern auch die Werkzeuge, das heißt Wille und Verstand, kaputt sind. Wir sind verloren. Mit unseren Mitteln läßt sich der Fehler, den Christus aufgedeckt hat, nicht reparieren. Wir entdecken unsere fundamentale Unfähigkeit. Weder die Kraft des Willens noch das Licht des Verstandes, keines von beiden kann etwas ausrichten, um das menschliche Leben wieder in Ordnung zu bringen, es sei denn, es käme ihnen jemand zu Hilfe und gäbe ihnen ein neue Stütze. Dieser Jemand ist Christus. Er sagt: »Ohne mich könnt ihr nichts tun!« (Joh 15,5).
Die unsichtbare Wurzel der heftigen Reaktion auf Jesu liegt hier, in der Tatsache, daß wir unsere fundamentale Unfähigkeit eingestehen müssen, uns selbst zu erlösen. Dies Eingeständnis ist sehr schmerzlich. Es ist das, was am meisten weh tut. Es bedeutet soviel wie das Eingeständnis des eigenen Scheiterns! Viele können das nicht akzeptieren und reagieren auf Christus mit einem Nein.

Der unsichtbare Boden, aus dem die Erlösung erwächst, die Christus schenkt
Sowohl der Wille als auch der Verstand bedürfen einer neuen Grundlage. Das soll nicht heißen, daß Wille und Verstand zu nichts mehr nütze wären. Daran liegt es nicht. Sie sind gut. Aber das Netz, daß ihnen Kraft und Licht liefert, ist zu schwach. Sie müssen an ein anderes Netz angeschlossen werden. Sie bedürfen einer neuen Grundlage, und diese wird jedem umsonst angeboten, der die eigenen Grenzen eingesteht, die Christus offenkundig gemacht hat.

Hier in diesem Eingeständnis der eigenen Grenzen und Fehler liegt der unsichtbare Boden, aus dem die Erlösung erwachsen kann, die Christus anbietet. Hier liegen der Beginn der Bekehrung, die Christus verlangt, und das Samenkorn des neuen Lebens, das er verheißt, aber hier liegt auch der Keim unseres Aufbegehrens gegen Gott und gegen Christus. Alles hängt davon ab, wie wir uns gegenüber dem Christus entscheiden, der sich uns zeigt.

Mit dem Eingeständnis der eigenen Nichtigkeit beginnt der Weg zur Wahrheit, zur Wahrheit über uns selbst, die uns die wahre Befreiung bringen kann (vgl. Joh 8,32).

Hier liegt der Ursprung des Kampfes zwischen Christus und den Menschen. Dieser Kampf wird ausgetragen zwischen dem Menschen, der seine Grenzen und Fehler nicht einsehen will, und Jesus, der mit seiner bescheidenen Ruhe unsere Selbstherrlichkeit herausfordert. Um seine Grenzen nicht eingestehen zu müssen, versucht der Mensch, Jesus in das Schema seiner beschränkten Welt zu pressen – Gott sei Dank vergebens!

Wir sind Sünder! Das ist die Wahrheit, die erste Wahrheit über uns selbst. »Dies ist die Wahrheit, die du gern in mir siehst, es ist die Weisheit, die du mich durch die Stimme meines Gewissens lehrst« (Ps 51,8). »Ich spüre Unrecht in mir seit meiner Geburt. Schon im Schoß meiner Mutter war ich von der Sünde angesteckt« (Ps 51,7).

Genau deshalb ist Jesus gekommen, um die Welt von dieser Sünde zu befreien (Joh 1,39).

6. Das Leben mit Christus. Der Lohn, den Jesus dem bietet, der ihm nachfolgt

»Das Hundertfache, aber .... auch Verfolgungen!«

Auf das Stück Erde, das zwischen Gegenwart und Zukunft liegt, sind jene Worte geschrieben, die unser Verstand nicht miteinander zu vereinbaren vermag: Verfolgung und Freude, Kreuz und Friede, Leiden und Ruhe.

Auch hier ist Jesus ganz klar. Er verheimlicht nichts und gibt uns alle Informationen, die wir brauchen, um eine Entscheidung zu treffen. Er sagt, was wir zu erwarten haben, wenn wir uns für ihn entscheiden.

Was kann ich erwarten, wenn ich Christus in meinem Leben annehme? – Erwarten kannst du zunächst einmal ....

Verfolgung, Kreuz und Leid. »Denkt an das, was ich euch gesagt habe: Kein Diener ist größer als sein Herr. Wenn sie mich verfolgt haben, werden sie auch euch verfolgen. Wenn sie sich an meine Worte gehalten haben, werden sie sich auch an eure Worte halten« (Joh 15,20). »Ein Jünger steht nicht über seinem Meister. Und der Jünger muß sich damit begnügen, daß es ihm geht wie seinem Meister.... Wenn man schon den Herrn des Hauses Beelzebul nennt, dann erst recht seine Hausgenossen« (Mt 10, 24–25).

»Seht, ich sende euch wie Schafe mitten unter die Wölfe; seid daher klug wie die Schlangen und arglos wie die Tauben! Nehmt euch aber vor den Menschen in acht! Denn sie werden euch vor die Gerichte bringen und in ihren Versammlungsräumen foltern. Ihr werdet um meinetwillen vor Statthalter und Könige geführt, damit ihr vor ihnen und den Heiden Zeugnis ablegt« (Mt 10, 16–18).

»Ich habe euch dies gesagt, damit ihr, wenn es eintrifft, keine Glaubenszweifel bekommt. Man wird euch aus den Synagogen ausschließen. Es wird sogar so weit kommen, daß jeder, der euch tötet, mit dieser Tat Gott zu dienen meint. Das alles werden sie euch antun, weil sie weder mich noch den Vater erkannt haben. Aber ich habe es euch gesagt. Wenn es eintrifft, werdet ihr an meine Worte denken« (Joh 16, 1–4).

»Ich will es euch ganz deutlich sagen: Ihr werdet jammern und weinen; aber die Welt wird sich freuen. Ihr werdet traurig sein; doch eure Trauer wird sich in Freude verwandeln« (Joh 16,20). »In der Welt wird man euch hart zusetzen. Verliert nicht den Mut: Ich habe die Welt besiegt!« (Joh 16,33).

Wenn es im Leben der Christen keine Verfolgung gibt, muß man sich ernstlich fragen: »Sind wir wohl auf dem richtigen Weg?« Und noch etwas: Die Verfolger sagen nie von sich, sie seien gegen Gott und das Reich Gottes, gegen das Evangelium und die Bibel, gegen Gerechtigkeit und Brüderlichkeit. Im Gegenteil, sie verfolgen, weil sie sich als Verteidiger Gottes und der heiligen Traditionen bezeichnen.

Aber Jesus verheißt nicht nur Verfolgung. Er verspricht auch:

Freude, Friede und Ruhe. Es geht nicht um ein Glück, das neben dem Leid steht, sondern das aus dem Leid erwächst. Das ist seltsam, aber wahr: »Das Glück gehört den Weinenden..., den Kleinen und den Armen ... , denen, die um der Gerechtigkeit willen verfolgt werden« (Mt 5, 4–10). »Wenn ihr verleumdet und verfolgt werdet und man euch alles Schlechte nachsagt, nur weil ihr meine Freunde seid, dann seid froh! Seid von ganzem Herzen froh und glücklich! Denn reicher Lohn erwartet euch im Himmel!« (Mt 5, 11–12).

»Ihr alle, die ihr von der Last des Lebens niedergedrückt und überfordert seid, kommt zu mir! Ich schaffe euch Erleichterung. Übernehmt die Aufgabe, die ich euch gebe, und lernt von mir! Ich bin gütig und bescheiden. Nur so werdet ihr zu wahrer Ruhe finden« (Mt 11, 28–29).

Freude, Friede und Ruhe waren das Merkmal der Person Jesu. Deshalb war seine Anwesenheit – seine bloße Anwesenheit – schon eine so große Wohltat für dies verlassene Volk. Haus und Herd, alles vergaßen sie und liefen ihm nach, nur um bei ihm zu sein und ihm zuzuhören (Mk 8, 2–3).

Mit zwei Sätzen des Propheten Jesaja beschreibt Matthäus die Güte Jesu: »Er streitet nicht und macht keinen Lärm, er hält keine lauten Reden auf den Straßen. Das geknickte Schilfrohr zerbricht er nicht, den glimmenden Docht löscht er nicht aus.« (Mt 12, 19–20). »Er hat unsere Leiden auf sich genommen und unsere Krankheiten getragen« (Mt 8,17) und ist so für andere zu einem Grund der Freude, des Friedens und der Ruhe geworden.

Jesus verhält sich nicht abwartend, sondern zuvorkommend.

Jesus ist nicht jemand, der an euch appelliert und dann abwartet, wie ihr euch entscheidet. Im Gegenteil. Er hilft euch auch noch bei dieser Entscheidung, ohne jedoch eurer Freiheit Gewalt anzutun. Er ist nicht nur Strenge, sondern vor allem Güte und Liebe, die den anderen zuvorkommt und sich den anderen völlig hingibt: »Ich habe mein Leben für meine Schafe hingegeben« (Joh 10,15). Diese Liebe wirkt anziehend und erleichtert die Entscheidung für ihn. Nehmen wir ein paar Beispiele:

Jesus brauchte nur zu Zachäus zu sagen: »Heute möchte ich dich besuchen!« (Lk 19,5), und schon begann Zachäus, sein Leben völlig umzustellen und eine große Freude zu empfinden, die ihn dazu brachte, sich den anderen zur Verfügung zu stellen (Lk 19, 8–9).

Und Zachäus war beileibe kein Heiliger. Er war Zöllner, ein Wucherer, würden wir heute sagen (Lk 19,2). Jesus sagte nicht: »Zachäus, du bist ein schlechter Mensch! Wenn du dein Leben nicht änderst, wirst du verdammt werden!« Er sagte auch nicht: »Ich kann dir den Himmel versprechen und ich würde mich freuen, wenn du dort hinkämst!« Sondern nur: »Zachäus, heute will ich dich besuchen!« Die Liebe Jesu war sehr menschlich!
Jesus brauchte nach der Auferstehung nur den Aposteln zu erscheinen, und schon wurden diese furchtsamen, verängstigten Menschen mutig und froh. Sie fürchteten sich nicht mehr davor, zu leiden und für andere zu sterben. Ein neues Leben erwachte in ihnen. Die Liebe Jesu beschränkte sich nicht auf das Gefühl. Sie erfaßte die Wurzeln des Lebens.
Jesus brauchte nur den menschlichen Respekt zu erwidern, den Nikodemus ihm entgegenbrachte, und ihn nicht abzuweisen, als er eines Nachts zu ihm kam, und schon brachte Nikodemus den Mut auf, Jesus allein vor dem Obersten Gericht zu verteidigen und Gerechtigkeit zu fordern, und setzte dabei seinen guten Ruf aufs Spiel (Joh 7, 50–52). Die Liebe Jesu hielt sich nicht aus allem heraus. Sie brachte die Menschen dazu, sich für die wahren Werte des Lebens einzusetzen.
Und in dieser Art gibt es in den Evangelien unzählige Fälle. Wo Jesus erscheint und in das Leben eines Menschen tritt, wird dieser von neuem geboren, er entdeckt sich und findet zu der gleichen Hingabe an die anderen, die das Leben Jesu kennzeichnete. Jemand, der diese Erfahrung machte, beschreibt das so: »Früher wurde ich gelebt, heute lebe ich!«
Wo Jesus auftaucht und sich zeigt, geschieht etwas Sonderbares: In den Menschen, die die Wahrheit lieben, lebt die Freude wieder auf, der Mut wächst, und die Hoffnung müßte sich nicht mehr zerstören; in den Menschen, die sich in ihre eigenen engstirnigen Vorstellungen zurückziehen, steigert sich die Engstirnigkeit ins Radikale. Für die letzteren gilt: »Wer nicht für mich ist, ist gegen mich!« Für die ersteren gilt der andere Satz: »Wer nicht gegen uns ist, der ist für uns!«
Jesus konnte so hohe Anforderungen stellen, weil seine Liebe so groß war. Die Liebe ist die einzige Kraft und Autorität, die so hohe Forderungen erheben kann. Und nur die Liebe macht den Menschen fähig, ihnen zu entsprechen.

Das persönliche Zeugnis des heiligen Paulus

Jesus zog viele Menschen in seinen Bann. Viele hatten den Mut, einen Schritt ins Ungewisse zu tun. Der heilige Paulus ist einer von ihnen. Hören wir einige Ausagen von ihm!
»Ich lebe! Aber im Grunde lebe nicht ich, sondern Christus lebt in mir! Dieses Leben hier auf der Erde lebe ich im Glauben an den Sohn Gottes, der mich geliebt und sich für mich hingegeben hat« (Gal 2,20). Allem liegt die Erfahrung der Liebe Christi zugrunde.
»Für mich ist Christus das Leben und Sterben Gewinn ... Was soll ich wählen? Ich weiß es nicht. Es zieht mich nach beiden Seiten: Ich sehne mich danach, aufzubrechen und bei Christus zu sein – um wieviel besser wäre das! Aber euretwegen ist es notwendiger, daß ich am Leben bleibe« (Phil 1, 21–24).
»Was mir damals ein Gewinn war, das habe ich um Christi willen als Verlust erkannt .... Seinetwegen habe ich alles aufgegeben und halte es für Unrat, um Christus zu gewinnen und in ihm zu sein« (Phil 3, 7–9).

Die Bedeutung des Zeugnisses

Das persönliche Zeugnis eines Menschen geht über das bloße Wort hinaus. Durch das Zeugnis öffnet sich ein Fenster, durch das man über die Worte hinaus einen Blick in das Leben des anderen werfen kann. Das Zeugnis gibt etwas von dem zu erkennen, was einem ins Herz gepflanzt ist.

Das persönliche Zeugnis des heiligen Paulus ist viel mehr als eine bloße Aussage über Christus. Es bringt uns den von ihm gelebten Christus nahe und läßt ihn gegenwärtig werden. Es zeigt, daß Christus viel mehr ist als eine Wahrheit, die man auswendig lernt und im Credo der Messe aufsagt. Es zeigt, daß Christus eine Person ist, ein Freund, der alles verändert und zum Besseren wendet, wenn er unser Leben in die Hand nimmt. Es zeigt, daß Christus wirklich eine Gute Nachricht ist!

Im Zeugnis anderer sieht man das verwirklicht, was Christus versprochen hat. Es liefert den Beweis dafür, daß Christus etwas verspricht, das real ist; das heute noch wirklich ist! Ihr kennt sicher Menschen, für die Christus tatsächlich die größte Freude ihres Lebens ist. Sie lassen einen Reichtum erkennen, den alle finden können. Die Bedingung dafür ist, daß man sich öffnet und Christus sein Leben in die Hand gibt, so wie sie ihm ihr Leben in die Hand gegeben haben.

7. Ich bin der Anfang und das Ende. Das Geheimnis Jesu erklärt das Geheimnis unseres Lebens.

Eine Frage bleibt bestehen.

Wir haben gehört, wie Jesus sich selbst vorstellt und welche Forderungen er erhebt. Wir haben den Kampf zwischen dem *Angebot* Christi und der *Antwort* der Menschen kennengelernt. Wir sind bis zur unsichtbaren Wurzel dieses Kampfes vorgestoßen. Wir haben von dem Lob für diejenigen erfahren, die Christus in ihrem Leben annehmen und mit ihm leben.

Dennoch bleibt eine Frage bestehen, die alle Menschen seit der Zeit Jesu stellen: »Wer ist dieser Jesus nun wirklich?« (vgl. Mk 4,41). Warum ist er so wichtig?

Warum lesen und meditieren die Menschen bis heute immer wieder die Evangelien? In vielen Ländern ist die Bibel, ein fast zweitausend Jahre altes Buch, eines der meistverkauften Bücher! Sie wird von Gläubigen und Ungläubigen gelesen. Warum? Warum ist die Person Christi auch zu unserer Zeit noch so sympathisch und hat so viel Ausstrahlung, sogar für Menschen, die nicht glauben? Worauf beruht seine bis heute wirkende Ausstrahlung? Wie erreicht er das nur? Was ist sein Geheimnis?

Eine so große Nachfrage läßt auf einen großen Bedarf schließen.

Hinter einer so großen Nachfrage muß großer Mangel stehen. Wer zufrieden ist, sucht und fragt nicht. Das ist immer so. Die Nachfrage nach Nahrungsmitteln ist um so größer und die Schlangen vor den Supermärkten sind um so länger, je größer der Bedarf an Lebensmitteln auf dem Markt ist. Ist der Markt gesättigt, dann verschwinden die Schlangen. Die Schlangen für Christus werden immer länger. Woran fehlt es wohl? Worin mag der Mangel bestehen?

Wenn die Menschen heute mehr denn je auf der Suche sind, dann deshalb, weil sie sich wie nie zuvor verloren fühlen und nicht wissen, wie sie sich im Leben zurechtfinden sollen. Wenn Jesus nach wie vor die interessanteste Person des Jahres ist, dann deshalb, weil alle spüren, daß er etwas zur Lösung des Problems beizutragen hat, das alle bedrängt. Was hat Jesus zu sagen und zu bieten?

Ein Beispiel verdeutlicht den Beitrag Christi zum Leben.
Die Menschheit, wir alle sind wie ein blühender Baum im Frühling. Tausende von Blüten erscheinen auf seinen Zweigen. Der Bauer weiß: Jede Blüte trägt die Kraft und die Fähigkeit in sich, eines Tages zur Frucht zu werden, denn in ihnen allen ist das gleiche unsichtbare Leben, und der gleiche Saft durchströmt sie alle.
Trotzdem kann er von keiner Blüte mit Sicherheit sagen: »Die hier wird zur Frucht werden!« Sie kann schon vorher abfallen. Viele Blüten fallen ab, aus den verschiedensten Gründen. Erst bei der Ernte hat man die Gewißheit: »Diese Blüte ist zur Frucht geworden!«

Anwendung des Beispiels, Schritt für Schritt
Genauso ist es auch mit der Menschheit. Die Blüten der menschlichen Erfahrungen sind zahlreich, Tausende und Abertausende an allen Orten: im allgemein menschlichen, im lokalen und im persönlichen Bereich, auf nationaler und internationaler Ebene, in Stadt, Wohnviertel und Familie. Alle wollen zur Frucht eines glücklicheren menschlichen Lebens heranreifen. Jede Blüte, jede Erfahrung, jedes Leben strebt nach der Zukunft, die Auferstehung und volle Freiheit ist, denn in allem und in allen wirkt die gleiche unsichtbare Kraft des Geistes Gottes, der Leben schenkt.

1. **Das Böse, das die Hoffnung zerstört, die Zukunft versperrt und die Blüten zu Boden fallen läßt:**

Viele Blüten sind jedoch schon abgefallen oder fallen gerade ab. Von keiner Blüte kann ich mit Gewißheit sagen: »Diese hier wird uns die Erlösung, die volle Entfaltung und die ganze Freiheit bringen!« Manchmal hat es sogar den Anschein, als sei der Baum der Menschheit unfruchtbar oder als bringe er nur saure, wertlose Früchte hervor. Er scheint für so viele Menschen nur Kriege, Elend, Hunger, Leid, Unterdrückung. Ungerechtigkeit, Folter, Gefangenschaft und anderes Böses zu erzeugen. Und wenn hin und wieder einmal wirkliche Freude herrscht, dann ist sie nur von kurzer Dauer! Sie scheint fast eine Illusion zu sein!
Viele meinen sogar, der Baum sei bloß zum Schmuck da. Sie sagen, es gebe für nichts und niemanden Hoffnung. Sie glauben nicht, daß eine Kraft Gottes im Leben am Werk ist, die den Tod überwindet und die Macht des Bösen, der Unterdrückung und der Sünde besiegt. Es herrscht große Verzweiflung und Pessimismus. Manche ziehen alles in Zweifel und fassen alles als Spielerei auf, weil sie an nichts mehr glauben.
Wenn eine Blüte abfällt, ein Versuch scheitert, ein Mensch stirbt, sagen und denken daher viele: »Fertig, aus! Schade, aber so ist es nun einmal. Was soll man von einem solchen Baum auch anderes erwarten!« Die Hoffnungslosigkeit erstickt alles im Keim! Das Leben hat seinen Sinn verloren, weil es für nichts und niemanden eine Zukunft gibt: »Diese

Welt ist nicht in Ordnung zu bringen. Jesus muß selber zusehen, wie er zurechtkommt! Die anderen sollen halt draufgehen...«

2. Gottes Initiative öffnet die Zukunft und schenkt neue Hoffnung.

Um dieser Verzweiflung ein Ende zu bereiten, um dem Leben neuen Sinn zu geben und die Menschen nicht weiter in dieser Mutlosigkeit und Aussichtslosigkeit verharren zu lassen, beschloß Gott, unser Leben hier auf der Erde zu leben und damit zu zeigen, worin der Ursprung, das Ziel und die Kraft unseres Lebens besteht.

In Jesus Christus ist Gott selbst als Blüte am Baum der Menschheit geboren worden. Unter den Tausenden von Blüten hat diese eine Blüte Jesus Christus, indem sie in die Widersprüchlichkeit des Lebens eintrat, die Barriere der Verzweiflung und des Todes durchbrochen und ist zur Frucht herangereift. Geerntet wurde sie in der Stunde seiner Auferstehung. Da sahen plötzlich alle ein, daß der Baum der Menschheit nicht bloß zum Schmuck da ist und daß er nicht nur saure Früchte trägt.

Jetzt können wir mit Sicherheit sagen: »Es ist ein fruchtbarer Baum! Die Blüten sind dazu bestimmt, Frucht zu bringen, die Frucht der Auferstehung! Der Tod ist nicht das Ende! Die Macht des Todes und der Unterdrückung wird nicht siegen! Es gibt Hoffnung auf ein neues Morgen!«

Die Bedingung dafür besteht darin, daß wir Christus so annehmen, wie er sich uns zeigt, denn er ist Gott, der unser Leben lebt und etwas davon versteht: »Ich bin der Anfang und das Ende«.

3. Die veränderte Sichtweise derer, die Christus in ihrem Leben annehmen

Wenn jetzt eine Blüte abfällt, ein Versuch scheitert, ein Mensch stirbt, dann finden sich diejenigen, die an die Auferstehung glauben, nicht mehr damit ab und sagen nicht mehr einfach: »Schade, aber so ist es nun einmal!« Sie fragen vielmehr: »Warum ist sie abgefallen? Sie sah nicht danach aus! Wer weiß, vielleicht sind wir daran schuld! Aber vielleicht ist der Sproß erhalten, und nur die Blütenblätter sind abgefallen. Dann wird der Sproß auch weiterwachsen und im Laufe der Zeit zur Frucht heranreifen!«

Und um auf ihre Frage eine Antwort zu finden, beginnen diejenigen, die an die Auferstehung glauben, der Geschichte jener Blüte nachzugehen, die schon ihre Frucht gebracht hat, der Geschichte, die in den Evangelien aufgezeichnet worden ist. Diese Geschichte Jesu wirft so auch Licht auf unser Leben, sie erklärt die Lage unserer Blüte. Sie macht uns bewußt, denn sie teilt uns mit, welche Dinge abfallen müssen, damit die Blüte sich zur Frucht entwickeln kann; sie teilt uns mit, welche Kraft das Leben von innen her belebt und worin die Garantie für diese Kraft besteht. Gott selbst ist die Garantie!

4. Die neue Hoffnung

Auf diese Weise ist Jesus die größte aller Hoffnungen, die größte aller guten Nachrichten. Er läßt uns wissen, daß unser Leben zu einem Leben ohne Ende bestimmt ist. Er ist gekommen, damit wir das Leben haben und es in Fülle haben (Joh 10,10). Er ist wirklich der Befreier.

Jetzt gilt: »Trotz allem zerschlägt sich die Hoffnung nicht mehr!« Jetzt sehen wir das Böse und Schlechte in der Welt und verzweifeln nicht mehr. Eine neue Kraft ist da, die stärker

ist als der Tod. Die Auferstehung ist in denen, die glauben, bereits wirksam geworden (Eph 1,19).
Früher betrachteten wir das Leben, ohne zu wissen, in welche Richtung es sich bewegt und welchen Sinn es hatte. Nur Gott allein kann uns den richtigen Weg nennen. Und der Vater nannte uns den richtigen Weg in Jesus: »Ich bin der Weg!« (Joh 14,6).
Der Vater, der den Baum des Lebens schuf und pflanzte, hat uns in Christus das letzte Wort über diesen Baum gesagt: Er ist nicht dazu geschaffen worden, um zu sterben und zugrunde zu gehen, sondern um Leben zu haben (Joh 10,10); er ist gepflanzt worden, um Frucht zu bringen, eine Frucht, die ewig Bestand hat (Joh 15,16).

5. Wenn man die Dinge von außen sieht.
All das, was wir gerade sagten, kann nur der verstehen, der das Leben von innen sieht, mit den Augen Christi. Er sieht die reale Möglichkeit der Auferstehung. Wer dagegen die Dinge von außen betrachtet, sieht nur das Kreuz. Hier endet alles in einem völligen Zusammenbruch in der Verlassenheit sogar von Gott (Mk 15,34). Wer die Dinge von außen betrachtet, sieht die Auferstehung nicht, kann sie nicht sehen. Das Kreuz bestärkt ihn in seiner pessimistischen Lebensanschauung. So wird er sagen: »Siehst du, sogar Christus ist besiegt worden! Dieser Baum bringt keine Frucht, die brauchbar und von Dauer ist! Das Gesetz des Lebens heißt: Jeder für sich und Gott für uns alle!«
In diese Fall hilft kein Diskutieren. Ein Argument aus dem Kopf überzeugt da niemanden. Man muß die Frucht oder wenigstens den reifenden Fruchtansatz zeigen. Es ist weder notwendig noch möglich, alles zu erklären. Auch Jesus erklärte nicht alles. Das Entscheidende ist, daß im Leben derer, die an die Auferstehung glauben, etwas von dem neuen künftigen Leben aufscheint; etwas, das den Pessimismus und Negativismus überwindet; etwas, das zu der Überzeugung führt, daß in diesem Leben eine größere Kraft am Werk ist, als Wille und Verstand allein erahnen lassen.

6. Das Geheimnis Jesu erklärt das Geheimnis unseres Lebens.
In unserem Leben gibt es ein Geheimnis, das man sich nicht erklären kann. Es geschehen Dinge, über die wir nur staunen können. Da gibt es zum Beispiel Menschen, die im Kampf nicht mutlos werden, Menschen, die sich nicht von Verzweiflung niederdrücken lassen, die trotz aller Fehlschläge voll Hoffnung sind; Völker, die trotz der schweren Unterdrückung, unter der sie leiden, den Kopf erhoben haben und den Stärksten besiegen. In uns selbst erwachen manchmal Kräfte, von denen wir nichts ahnten, Kräfte, die uns Dinge zustandebringen lassen, zu denen wir uns außerstande glaubten. »Alle diese Menschen haben Liebe in ihrem Herzen und suchen den Frieden, und trotz allem zerschlägt die Hoffnung sich nicht«. Warum? Was ist das Geheimnis all dessen? Es ist wie mit einem Baum, der tot zu sein scheint und dennoch neue Triebe hervorbringt. Wie ist das zu erklären? Wo liegt die Ursache? Ist das purer Zufall?
Viele antworten darauf: Es ist purer Zufall; es ist eine Frage der Einstellung und des Charakters; Erziehung und Kultur machen die Menschen mehr oder weniger stark, mehr oder weniger optimistisch. Diese Antwort ist richtig, aber nicht vollständig. Sie erklärt, warum ein Blatt grüner ist als ein anderes, warum ein Bach mehr Wasser führt und eine stärkere Strömung hat als ein anderer. Das hängt vom Boden, vom Bett des Baches und

vielen anderen Faktoren ab. Aber damit ist noch nicht erklärt, woher das Wasser kommt und woher die Kraft kommt, die das Blatt grüner macht.
Seit Christus gekommen ist, kann man von alldem eine Röntgenaufnahme anfertigen und sich ein neues Bild davon machen, das das erste vervollständigt. Das heißt: Die Hoffnung wird nicht mehr zerstört, weil im Leben eine Kraft wirkt, die größer ist als wir selbst. Das ist die Kraft Gottes, die dieser am deutlichsten zeigte, als er Christus vom Tod befreite (Eph 1,19). Diese Kraft wirkt in den einen stärker, in den anderen schwächer. Das hängt vom Boden, vom Bett des Baches, von der Beschaffenheit der Saat, von der Gutwilligkeit und Offenheit jedes einzelnen ab.
Unser Leben wird von Gott getragen. Das tiefste, uns bisher unbekannte Geheimnis unserer Existenz liegt darin, daß wir zur Auferstehung, zur vollen Befreiung bestimmt sind, und daß keine Macht der Welt diese unsere Zukunft zerstören kann. Deshalb erwacht die Hoffnung trotz allem immer neu, denn ihre Grundlage ist der Glaube an Jesus Christus, der auferstanden ist und Frucht gebracht hat. Der Christ verzweifelt nicht mehr. Er ist widerstandsfähig und findet sich mit der Unterdrückung und Bedrückung nicht ab, bis der Baum des Lebens seine ganze Frucht gebracht hat.

7. Die Erklärung für das »Schlangestehen« für Christus

Wir sagten, daß die Schlangen vor Jesus immer länger werden. Wir fragen: »Woran fehlt es?«
Es fehlt den Menschen eine Sicht der Zukunft, die der Gegenwart Sinn gibt. Es fehlt die Luft der Freiheit, die einen als Mensch atmen und leben läßt. Es fehlt Hoffnung, es fehlt Glaube, es fehlt Liebe. Das Leben ähnelt einem Dürregebiet, das sehnsüchtig auf Regen wartet, um ein paar Wassertropfen abzubekommen, die es zum Blühen bringen. Die Lösungen, die die Menschen finden, scheinen an einer chronischen Schwäche zu leiden. Sie geben keine befriedigende Antwort auf diese tiefe Sehnsucht.
Deshalb werden die Schlangen vor Christus immer länger. Obgleich viele nicht genau wissen, was er zu sagen hat, spüren sie, daß von diesem Menschen etwas Wohltuendes ausgeht. Uns geht es wie dem Volk von Galiläa: Chistus brauchte nur aufzutauchen, und schon verließen sie Haus und Herd und gingen mit ihm, nur um ihn zu hören und bei ihm sein zu können. Wir folgen Christus, damit er auch uns in der Wüste des Lebens das Brot bricht und unseren Durst an der Quelle des ewigen Lebens stillt und in uns den Mut zu leben und zu kämpfen wiedererweckt.

8. Das Geheimnis Jesu. »Ich und der Vater sind eins!«

In Jesus hat Gott selbst uns zugelächelt.

Jesus erklärt das Geheimnis unseres Lebens. Es bleibt aber die Frage: »Was ist das Geheimnis Jesu? Wie gelingt ihm das? Was ist Besonderes an ihm?«
Jesus war Mensch, in allem uns gleich außer der Sünde (Hebr 4,15). Man merkte nicht, daß er Gott war. Das wußte nur er selbst und derjenige, dem er dies offenbaren wollte (Mt 11,27). Die Pharisäer konnten dies Geheimnis nicht begreifen: »Wie kannst du dich als

Gott ausgeben, obwohl du nur ein Mensch bist?« (Joh 10,33). Sogar die Apostel hatten Schwierigkeiten, dies Geheimnis zu erkennen: »Aber Philippus! Jetzt bin ich schon so lange mit euch zusammen! Kennst du mich denn immer noch nicht? Jeder, der mich sieht, sieht den Vater!« (Joh 14, 8–9).
Schließlich erkannten und akzeptierten die Apostel das Geheimnis aber doch und sagten: »Jetzt sehen wir tatsächlich, daß du alles weißt und von niemand gefragt zu werden brauchst. Darum glauben wir, daß du von Gott gekommen bist« (Joh 16,30). Aber erst nach der Auferstehung wurde ihnen alles klar, und erst dann erkannten und akzeptierten sie Jesus ganz und konnten sagen: »Mein Herr und mein Gott!« (Joh 20,28).
Das Geheimnis Jesu ist dies: Er ist nicht nur aus dem Baum der Menschheit hervorgegangen wie wir alle, sondern auch aus Gott. Er ist der Sohn Gottes. Deshalb war sein Leben so menschlich, so überaus menschlich, daß es schon wieder anders schien als unser Leben, denn obgleich wir menschliche Wesen sind, sind wir oft unmenschlich und verstehen es gar nicht, menschlich zu sein. Als Urheber des Lebens (Apg 3,15) wußte Jesus, wie dieses Leben gelebt werden sollte, und lebte dementsprechend. Er lebte auf eine so völlig neue Weise und kannte sich mit dem Leben aus, er war uns in allem gleich und zugleich so verschieden von uns, wie der Meister vom Schüler und der Vater vom Sohn verschieden ist.

Das Geheimnis Jesu erklärt das Leben Jesu.
Das erste, was man von einem Menschen erwartet, ist, daß er mit sich selbst eins ist, daß er gegenüber seinem Gewissen ehrlich und aufrichtig ist. Das war Jesus. Deshalb rückte er von seinen Forderungen nicht ab. Nie verleugnete er seinen Ursprung. Nie paßte er sich klug an oder faßte die Leute mit Samthandschuhen an. Lieber wollte er allein bleiben, als sich durch eine Verleugnung seiner Sendung großen Erfolg zu verschaffen (Joh 6,67). Er nahm den schweren Auftrag an, den der Vater ihm gegeben hatte, der zu sein, der er war, und so unsere Fehler aufzudecken und gleichzeitig den Weg der Besserung zu zeigen. Man hat ihn nicht angenommen. Er wurde abgelehnt, aber er war so gehorsam, daß er sogar bereit war, den Tod am Kreuz zu erleiden (Phil 2,8).
Nie hat jemand so hohe Forderungen aufgestellt wie Jesus, nie hat jemand so heftig an das Gewissen der Menschen appelliert, nie ist jemand den Angepaßten so unbequem geworden, denn Gott ist uns nie so nahe gekommen wie in Jesus Christus. Die sonderbare, unverständliche Art des Auftretens Jesu wird verständlich und annehmbar, wenn man das tiefere Geheimnis seiner Person entdeckt hat. »Er ist Gott-mit-uns« (Mt 1,23).

Jesus ist der Sohn Gottes.
Weil er der Sohn Gottes, des Schöpfers des Lebens, ist, konnte Jesus das menschliche Leben auf urspüngliche Weise leben; er machte dessen Ursprung und Ziel offenbar und stellte in seiner Person ein Koordinatenkreuz dar, mit dessen Hilfe die Fehler und die Werte des Lebens auszumachen sind.
Nachdem er eine Zeitlang verkündigt hatte, wollte Jesus wissen, ob die Menschen diesem Geheimnis seiner Person allmählich auf die Spur kamen, und fragte die Apostel: »Für wen

halten mich eigentlich die Leute?« (Mk 8,27). An den Antworten merkte er, daß das Volk nicht viel verstand. Nachdem er die öffentliche Meinung sondiert hatte, stellte er den Aposteln die gleiche Frage: »Und ihr? Für wen haltet ihr mich?« (Mk 8,25). Er zwang sie zu einer Definition.

Heute könnten wir ebenfalls eine Untersuchung anstellen und fragen: »Was sagen und denken die Leute über Jesus Christus?« Das Ergebnis der Befragung würde die unterschiedlichsten Antworten umfassen. Einige würden sogar erklären, der heilige Franziskus sei größer als Jesus Christus. Der Himmel wäre dann eine Art Unternehmen, in dem Jesus Christus die Rolle des Geschäftsführers hätte; obgleich sie ihn schätzen und nach ihm suchen, bezeichnen sie ihn nicht mit dem Namen, der ihm gebührt. Es ist sehr unangenehm, wenn die Leute den Namen einer Person nicht kennen. Aus diesem Grund können sie auch nicht verstehen, was er mit seinen Forderungen will. Das Gewissen schläft weiter.

»Und ihr? Für wen haltet ihr mich?« Ihr antwortet: »Er ist der Sohn Gottes!« Darauf könnte ich jedoch erwidern« »Das habt ihr schön auswendig gelernt! Genauso ist es! Aber was bedeutet das für euer Leben? Seid ihr imstande, *euch* die Worte des persönlichen Zeugnisses des Paulus *zu eigen* zu machen?« Jesus Christus verlangt eine Definition, die etwas mit unserem Leben zu tun hat!

»Jeder, der mich sieht, sieht den Vater!«

In Jesus Christus ist Gott uns nahe gekommen, so nahe, daß er ein menschliches Gesicht angenommen hat. Aus diesem Grund kommen auch wir in Jesus Christus Gott nahe.

Wenn ihr etwas über Gott wissen wollt, dann schaut auf Jesus Christus. Wenn ihr wissen wollt, wie Gott sich um euch sorgt, dann seht, wie Jesus sich um die Menschen und ihre Probleme gesorgt hat. Wenn ihr wissen wollt, was Gott von euch verlangt, dann betrachtet die Appelle, die Jesus an die Menschen seiner Zeit gerichtet hat. Wenn ihr manchmal Mißtrauen gegenüber Gott empfindet, dann seht auf die Güte Jesu, der sich für die anderen ganz hingegeben hat.

Aber das ist es nicht allein. Jesus geht noch weiter. Beim letzten Gericht werdet ihr ihn fragen: »Herr, wann haben wir dich hungrig gesehen und dir zu essen gegeben?« (Mt 25,37). Und er wird antworten: »Das war damals, als du diesem armen Außenseiter, dem Pedro an der Ecke, zu essen gegeben hast! Das war ich!« (vgl. Mt 25,40). Tatsächlich begegnet ihr auf der Straße nicht Christus, sondern dem Pedro, der Maria, dem Hungernden, dem Außenseiter. Ihr begegnet so vielen. Jesus hat sich mit ihnen identifiziert und sogar sein Leben für sie hingegeben. Offenbar liegt ihm gar nicht so viel daran, daß ihr an ihn denkt. Ihm liegt aber daran, daß ihr an Pedro, an Maria, an die Menschen in eurer Umgebung denkt. Wenn ihr an einen anderen, an euren Nächsten denkt, dann denkt ihr auch an ihn, selbst ohne daß euch dies bewußt ist. Das macht nichts. Jesus bezieht es auf sich, vermerkt es und rechnet es euch beim letzten Gericht an.

»Jeder, der mich sieht, sieht den Vater!« hat Christus gesagt (Joh 14,9). Wir können hinzufügen: »Und jeder, der den Nächsten sieht, sieht mich!« Der von Jesus Christus offen ausgesprochene Appell des Vaters ergeht an uns durch das Gesicht des anderen, der neben uns lebt. Es ist nicht mehr möglich, die Gottesliebe von der Nächstenliebe zu trennen. Christus hat beide zu einer einzigen Liebe vereinigt.

9. Jesus und der Vater. Wir vertiefen uns in das Geheimnis und entdecken seinen Sinn für uns.

Ein Beispiel aus dem Leben, das die Sache von der entgegengesetzten Seite her beleuchten soll.

»Bernard, 16 Jahre alt, ein Musterschüler, der allgemein als der bravste Junge des Ortes galt, erschoß seine Eltern, weil er wissen wollte, wie man sich fühlt, wenn man jemanden ermordet« (1972). Von diesem Fall wollen wir sprechen. Er hat sich in unserer Zeit ereignet. Über die Personen können wir nicht urteilen, aber wir können einen Augenblick innehalten und ein paar Überlegungen dazu anstellen.

Was mag hier falsch gelaufen sein? Vermutlich waren die Eltern, obwohl sie die Eltern waren, ihrem Sohn fremd und der Sohn, obwohl er der Sohn war, seinen Eltern fremd geblieben. Trotz seiner biologischen Geburt ist der Sohn nie wirklich geboren, das heißt: nie er selber geworden. Er fand niemals zu sich selbst, weil er nie wirklich zu seinen Eltern gefunden hat. Es hat keine Liebe oder Freundschaft gegeben, die ihn in seinem Innern erreicht hätte. Vielleicht kann man sagen: Bernard ist das getreue Abbild seiner Eltern, die nie eine wirkliche Liebe zu geben hatten. Wie der Vater, so der Sohn.

Anwendung des Beispiels

»Wie der Vater, so der Sohn!« sagt der Volksmund, und er irrt sich nicht. Wenn ein Sohn seinem Vater sehr ähnlich ist, sagen die Leute: »Dieser Junge ist seinem Vater aus dem Gesicht geschnitten!« Das gleiche sagten sie von Jesus: »Er ist das Abbild seines Vaters«, des unsichtbaren Gottes (Kol 1,15).

Jesus sprach immer vom Vater, so oft, daß Philippus neugierig wurde: »Jesus, zeige uns den Vater! Mehr brauchen wir nicht!« Jesus antwortete: »Aber Philippus! Nun bin ich schon so lange mit euch zusammen, und ihr kennt mich immer noch nicht? Jeder, der mich sieht, sieht den Vater. Wie kannst du dann sagen: ›Zeige uns den Vater‹? Glaubst du nicht, daß ich im Vater bin und der Vater in mir ist? Seht, die Worte, die ich zu euch spreche, stammen nicht von mir! Alles kommt vom Vater, der immer in mir ist. Er bewirkt alles. Ihr könnt es mir glauben: Ich bin im Vater, und der Vater ist in mir!« (Joh 14, 8–11).

Jesus konnte sagen: »Ich und der Vater sind eins!« (Joh 10,30). Diese Einheit erwuchs aus der Liebe: »Ich bleibe in der Liebe des Vaters. weil ich seine Gebote erfülle!« (Joh 15,10).

Indem Jesus jederzeit seinem Vater begegnete, begegnete er sich selbst; er wußte, wer er war, er wußte, was er wollte, er wußte, woher er gesandt war. »Er, der mich gesandt hat, ist bei mir und läßt mich nicht allein; denn ich tue nur, was ihm gefällt« (Joh 8,29).

Aus der engen Verbundenheit mit dem Vater nahm Jesus die Kraft, die anderen so zu lieben, daß er sogar sein Leben für sie hingeben konnte: »Der Vater liebt mich, weil ich bereit bin, mein Leben zu opfern, um es aufs neue zu erhalten.... Damit erfülle ich den Auftrag meines Vaters« (Joh 10, 17–18).

Bernard hat seinen Eltern, die ihm das Leben gaben, das Leben genommen. Jesus hat für andere sein Leben hingegeben, das er vom Vater wiederbekommen wird. Bernard hat nicht zu sich gefunden, weil er niemals zu seinen Eltern gefunden hat. Jesus hat zu sich gefunden, weil er in ständiger Verbindung zu seinem Vater lebte. Was mit Bernard geschah, ist das Umkehrbild und Gegenteil dessen, was mit Jesus geschah. Bernard ist das

Nein zum Sinn des Lebens. Jesus ist das allumfassende Ja zum Sinn des menschlichen Lebens.

Das Problem, das heute besteht.

In einem Lied heißt es: »Wenn ich danach strebe, mich zu suchen, gelingt es mir nicht, mich zu finden! Ich bin nicht mehr fähig zu lieben, und das Glück zu suchen bin ich leid!«

Warum geht es vielen Menschen heute so, vor allem jungen Leuten? So unglaublich es klingen mag, viele Menschen wissen heute nicht mehr, wer sie sind, und vom Sinn des Lebens wissen sie auch nichts. Warum?

Sind diese immer länger werdenden Schlangen für Christus nicht ein Ausdruck der Sehnsucht der Menschen heute, zu sich selbst zu finden, für ihr Leben und für die Ereignisse, die sie sich nicht mehr erklären können, einen Sinn zu finden? Ist dies alles nicht ein Zeichen dafür, daß tief im Herzen der Menschen eine Schraube sich gelöst hat und deshalb der Kontakt zu unserem Ursprung, zu Gott, unterbrochen worden ist? Ist dies nicht ein Zeichen dafür, daß wir, die Kinder Gottes, das Bewußtsein, Kinder zu sein, verloren haben? Der Vater ist ein Fremder für uns, und deshalb sind wir uns selber fremd und finden nicht zu uns: »Wenn ich danach strebe, mich zu suchen, gelingt es mir nicht, mich zu finden!«

Wir haben kaum Zeit und Gelegenheit, nachzudenken und zu uns zu kommen. Tausende von Menschen kreuzen unseren Weg, aber in Wirklichkeit *begegnen* wir fast niemanden, weil wir fast nie uns selber begegnen. Unser Leben ist Hetze.

Wäre es angesichts dieses schrecklichen Problems des menschlichen Bewußtseins nicht der Mühe wert, einen Augenblick innezuhalten und zu fragen, wie Jesus sein Leben mit dem Vater in Verbindung gebracht hat? Vielleicht finden wir hier eine Lösung, die die Ursache des Übels beseitigt, die heute allen Übeln der Welt zugrunde liegt. Es gibt eine Sünde, die an der Wurzel der anderen Übel liegt. Jesus ist gekommen, um die Welt von dieser Sünde zu befreien (Joh 1,29), dadurch daß er die Menschheit wieder mit ihrem Ursprung und damit auch mit ihrem Ziel, nämlich Gott, verband. Wenn wir dem Vater begegnen, der unser Ursprung ist, werden wir auch zu uns selber finden und den Grund zu einer glücklicheren Welt legen, einem »neuen Himmel und einer neuen Erde« (Jes 65,17 und Offb 21,1).

»Was ich sage, sage ich so, wie es mir der Vater gesagt hat« (Joh 12,50).

Das Leben Jesu gleicht einem Weizenfeld, das ganz voll gelber, reifer Ähren steht, die sich im Wind wiegen. Von fern erkennt man nur das Gelb der reifen Ähren. Den Boden sieht man nicht. Aber aus den Ähren kann man schließen, daß die Erde fruchtbar ist. Ab und zu, wenn der Wind heftiger weht, fallen die Ähren auseinander, und dann kommt auch der Boden zum Vorschein.

Die reifen Ähren des Wirkens Jesu bedecken sein ganzes Leben und sind in einem Grund verwurzelt, den man nicht sieht. Bisweilen, in den stürmischen Augenblicken des Lebens oder jeden Tag zur Zeit der Brise, fallen die Ähren auseinander und geben einen Blick auf ein Stück vom Boden des Lebens frei, aus dem alles hervorgeht. Für alle wird dann eine intensive innere Aktivität in Jesus sichtbar, die auf die Pflege der Beziehung zum Vater gerichtet ist. Vor allem aber bei der Ernte, wenn die Ähren bereits geschnitten und die Arbeit getan ist, kommt der Boden zum Vorschein, aus dem alles erwachsen ist. Das ist der Augenblick, in dem Jesus mit den Worten stirbt: »Es ist vollbracht!« oder, wie wir vielleicht sagen würden: »Ich habe es geschafft!« Er konnte sterben, weil er all das getan hatte, was der Vater von ihm wollte. Er hatte seinen Auftrag erfüllt: »Ich tue nichts im eigenen Namen, sondern sage nur das, was mich der Vater gelehrt hat« (Joh 8,28). Und gleichsam frei und bewußt »neigte er das Haupt und gab seinen Geist auf« (Joh 19,30). Diese Verbindung mit dem Vater ist der unsichtbare Boden des Lebens Jesu. Sie ist die Achse seiner Existenz. Die Achse sieht man nicht, wohl aber das Rad, das sich dank der Achse dreht. Man sieht das Handeln Jesu, nicht aber die Achse, die es anregt, nährt und trägt. Deshalb ist Jesus ein Spiegel, ein Abglanz des anderen, des Vaters. Er kann sagen: »Jeder, der mich sieht, sieht den Vater.« Jesus ist »ganz der Vater«.

Wir dürfen nicht glauben, das alles sei für Jesus leicht gewesen. Alles in diesem Leben bedarf der Pflege, wenn es nicht ersticken soll. Der Sohn, der die Liebe zu seinen Eltern nicht pflegt, verliert schließlich sogar das Bewußtsein dessen, was Vater und Sohn heißt. Mehr als irgendein anderer hat Jesus die Liebesbeziehung zu seinem Vater gepflegt. Die Evangelien bezeugen dies, wie wir noch sehen werden, so häufig und nachdrücklich, daß es uns auffallen muß.

Hier hat auch das Gebet im Leben Jesu seinen Platz mitten im Zentrum, in der Achse seines Lebens. Das Gebet war im Leben Jesu nicht irgendeine Tätigkeit für sich ohne Auswirkung auf das übrige Leben. Es war vielmehr der Atem seines Lebens, die Achse seines Handelns, der Regen, der den Sertão[1] zum Blühen brachte. Das Gebet war untrennbar verbunden mit Jesu Selbstverständnis als Sohn.

Gehorsam bis zum Tod.

Paulus nennt dies alles Gehorsam, Gehorsam bis zum Tod. Jesus war gehorsam, dem Vater gehorsam. Der Vater beherrschte ihn von der Wurzel seines Seins her, und dennoch unterdrückte er ihn nicht, sondern schenkte ihm so große Freiheit, wie sie noch von keinem Menschen bezeugt worden ist.

Die Liebe ist die einzige Beziehung, in der einer einen anderen beherrscht, ohne ihn zu unterdrücken, die ihm im Gegenteil erlaubt, ganz Herr seiner selbst zu sein.

Hier wird nun offenbar, was das Reich Gottes ist: Gott regiert, herrscht und ist Herr, nicht indem er unterdrückt, sondern indem er durch die Liebe frei macht. Er begleitet den Menschen zu sich zurück, damit dieser wieder zu sich selbst findet, wenn er dem anderen in Liebe begegnet.

Dies, so scheint uns, ist die großartige Botschaft, die Jesus, unser großer Bruder, uns hinterläßt: ein sicherer Weg zur Lösung des schwierigen Problems, das uns Menschen bedrängt.

[1] Ausgedehnte Trockenlandschaft im Nordosten Brasiliens.

10. Das Gebet im Leben Jesu. Der unsichtbare Atem, der das Leben erhält

Das Gebet in entscheidenden Lebenssituationen

Wenn wir die Informationen sammeln, die die Evangelien uns eher indirekt liefern, bekommen wir ein Stück von dem geheimnisvollen Boden zu sehen, aus dem alles erwachsen ist. In allen wichtigen Stuationen seines Lebens, in denen sich die Zukunft entscheidet, finden wir Jesus im Gebet.

1. *Im Alter von zwölf Jahren.* Jesus verbringt drei Tage im Tempel und beschäftigt sich mit den Worten des Vaters (Lk 2,46. 49). Das Alter von zwölf Jahren ist der Zeitpunkt, an dem der Knabe aufhört, ein Kind zu sein, und ins Erwachsenenalter einzutreten beginnt. Er fängt an, über den Lauf seines Lebens nachzudenken.

2. *Bei der Taufe.* Nach der Taufe betete Jesus. In diesem Augenblick öffnete sich der Himmel, und der Heilige Geist kam auf ihn herab (Lk 3,21–22). Die Taufe ist der Zeitpunkt, an dem Jesus in einen neuen Abschnitt seines Lebens eintritt und durch das Land zu ziehen beginnt, um das Reich Gottes zu verkündigen.

3. *Bei der Versuchung.* Vierzig Tage lang fastete Jesus in der Wüste und bereitete sich auf seine Sendung vor. Es war eine Zeit des Zusammenseins mit dem Vater. Er wird versucht, aber indem er auf das Wort Gottes zurückgreift, überwindet er die Versuchung (Lk 4, 1–13).

Wenn die Versuchung andere betrifft, betet Jesus für sie: »Simon, der Satan will dich durch die Mühle drehen, als wärst du Weizen. Aber ich habe für dich gebetet, daß dein Glaube nicht ins Wanken kommt. Wenn du wieder im Glauben fest bist, mußt du deine Brüder stärken« (Lk 22, 31–32).

4. *Bei der Wahl der zwölf Apostel.* Die Nacht vor der Wahl der Apostel verbrachte Jesus im Gebet (Lk 6,12–13). Die Apostel sollten das Werk Jesu fortsetzen. Es war sehr wichtig, daß der richtige Mann an den richtigen Platz kam. Jesus bereitete sich betend auf diese Entscheidung vor.

5. *Bei der Verklärung.* Jesus stieg den Berg hinauf, um zu beten, und während er betete veränderte sich sein Aussehen. Zwei Männer, Mose und Elija, erschienen und begannen, mit ihm über die Passion zu sprechen (Lk 9, 28–31). Dies war einer der wichtigsten Augenblicke des öffentlichen Wirkens Jesu: Das Kreuz zeichnet sich deutlich am Horizont ab. Jesus geht, zum Vater betend, auf das Kreuz zu.

6. *Beim Abschied.* Die letzte Handlung Jesu als freier Mann ist ein langes Abschiedsgebet, in dem er dem Vater seine zurückbleibenden Freunde anempfiehlt und die ganze geleistete Arbeit zusammenfaßt. Dies Gebet nennen wir das »Hohepriesterliche Gebet« (Joh 17, 1–16).

7. *In der Todesangst.* Wie jeder Mensch empfindet auch Jesus Angst vor dem Tod, aber er begegnet ihr mit dem Gebet (Mk 14, 32–36). Dort in der Finsternis des Gartens Getsemani besteht er den schwersten Kampf seines Lebens, ganz auf sich allein gestellt. Die drei Freunde, die als einzige bei ihm geblieben waren, schliefen.

8. *Am Kreuz.* Unter schrecklichen Schmerzen betet Jesus. Er denkt sogar daran, für seine eigenen Henker zu beten (Lk 23,34). Sein Gebet ist Ausdruck dessen, was in seiner Seele vorgeht: Er beklagt sich beim Vater: »Warum hast du mich verlassan?« (Mk 15,34). Dies ist der letzte Augenblick seines Lebens. Und wir finden Jesus im Gebet.

9. Im Tod. Jesus stirbt mit dem Psalmwort: »Vater, in deine Hände lege ich meinen Geist« (vgl. Lk 23,46).

Jesus unterhält sich mit dem Vater im Alltagsleben

1. Aus großer Freude. Als Jesus merkte, daß die armen und einfachen Leute seine Botschaft verstanden, war Jesus glücklich, Seine Zufriedenheit verwandelt sich wie von selbst in ein Gebet: »Vater, ich danke dir!« (Mt 11, 25–26).

2. Anläßlich eines Wunders. Vor der Auferweckung des Lazarus betet Jesus. Sein Gebet ist keine Bitte, sondern Dank im voraus (Joh 11, 41–42).

3. Bei den Mahlzeiten. Bevor er das Brot verteilte, betete Jesus und dankte dem Vater (Joh 6,11). Er sang auch die Psalmen, wie es bei bestimmten feierlichen Anlässen vorgeschrieben war (Mt 26,30).

4. An den gebotenen Feiertagen. Am Sabbat ging Jesus immer in die Synagoge (Lk 4,16).

5. An hohen Festtagen. Jeder Jude mußte zum Passahfest nach Jerusalem gehen. Jesus tat dies und unternahm mehrere Wallfahrten zum Tempel (Joh 5,1; 7,14; 10,22–23).

6. In der Stille der Nacht. Oft nahm sich Jesus die Zeit, mit dem Vater allein zu sein. Er tat dies nachts und suchte einsame Orte auf, an denen er betete (Lk 6,12; 11,1; 22,30–40; Mk 1,35).

Das Ergebnis dieser Gespräche mit dem Vater

An die Adresse der Juden gewandt, die seinen Worten keinen Glauben schenken wollten und Heuchler waren, sagte Jesus: »Ich rede über das, was mein Vater mir gezeigt hat. Ihr tut, was euer Vater euch gesagt hat« (Joh 8,38). Wie der Vater, so der Sohn! Der Vater Jesu ist der Gott der Liebe. Der Vater der Pharisäer ist der Teufel: »Ich habt den Teufel zum Vater!« (Joh 8,44).

Wenn Jesus das »Abbild seines Vaters« ist, dann nicht nur kraft seiner eigenen göttlichen Natur. Es war auch das Ergebnis der Anstrengungen, die er die dreiunddreißig Jahre seines Lebens hindurch machte.

Die enge Vertrautheit Jesu mit dem Vater gleicht dem Wasser im Boden, das die Erde fruchtbar macht und Früchte und Blumen hervorbringen läßt. Wo dieses Wasser nicht hinkommt, ist die Erde trocken. Der Boden des Lebens Jesu brachte zum Wohl der anderen viele Früchte und Blumen hervor, denn in ihm gab es diese unsichtbare Gegenwart des Vaters, die Jesus pflegte wie das kostbarste Gut seines Lebens. Sie war wie ein unterirdischer Strom, der nur an den Wirkungen zu erkennen ist, die er hervorruft. Durch das Gebet holte Jesus dieses Wasser an die Oberfläche und führte es seiner ganzen Tätigkeit zu. Alles ist vom Gebet durchströmt.

Dieses immerwährende Gebet Jesu beeindruckte die Apostel so tief, daß sie sich für ihr Leben denselben Reichtum wünschten: »Herr, lehre uns beten!« Da lehrte Jesus sie das Vaterunser (Lk 11, 1–4).

Schlußbemerkung

Wir kommen zum Ende unserer Überlegungen über Jesus Christus. Sie sind nicht vollständig. In der Einführung zu den Gleichnissen und der Bergpredigt ist vieles enthalten, das das Vorliegende ergänzt. Unsere Ausführungen sind wie ein Fotoalbum.

Sie können nur einen Eindruck vermitteln. Die fotografierte Person ist immer hübscher als das Foto, vor allem wenn man sie näher kennenlernt.
Hier findet ihr eine Menge Worte. Nur Worte. Worte, die von einer Person reden: Jesus Christus. Wenn ihr das Geschriebene lest, werdet ihr euch ein Bild von Jesus machen. Damit verhält es sich genauso, wie wenn ihr Fotos von einem bestimmten Menschen betrachtet. Das hat den Vorteil, daß ihr den Menschen erkennen könnt, wenn ihr ihm auf der Straße begegnet: »Das ist er!« Das Foto hat euch dazu verholfen, daß ihr den anderen auf der Straße erkannt habt.
So erheben auch diese Worte nicht den Anspruch, Jesus Christus vor euch hinzustellen. Jesus ist mehr als ein Wort. Da paßt er nicht hinein. Er lebt und ist da, weil er sich mit unseren Brüdern und Schwestern identifiziert, denen, die einen Namen haben, und den Namenlosen. Die Worte wollen euch nur dabei helfen, euch ein Bild zu machen, das euch erlaubt, Christus zu erkennen, wenn ihr auf der Straße in diesem oder jenem Bruder auf ihn stoßt: »Das ist er!«
Wenn dies geschieht, geraten das Foto, das Buch, die Worte in den Hintergrund. Im Vordergrund steht die Person, der ihr begegnet seid. Ihr werdet dann nicht sagen: »Er sieht genauso aus wie auf dem Foto!«, sondern: »Das Foto ist gut, es trifft ihn!« Vielleicht müßt ihr aber auch sagen: »Das Foto ist schlecht, der Mensch ist ganz anders!« Es kann daher sein, daß diese Worte über Christus durch die Gegenwart Christi selbst in eurem Leben korrigiert werden. Dies geschieht in der Tat, denn Jesus hat jedem, der darum bittet, den Geist der Erkenntnis versprochen (Joh 14,26; 16,13; Lk 11,13). Sollte dies geschehen, so würde ich mich sehr freuen.

11. Die acht Treffen über Jesus Christus. Was geschieht, wenn Jesus im Leben der Menschen erscheint.

Ein Beispiel zur Verdeutlichung des Ziels der Treffen über Jesus Christus
Der Vater gibt seinen Kindern zu Hause eine Aufgabe und geht weg. Die Kleinen sind eifrig bei der Arbeit. Allmählich läßt aber der Eifer nach, sie vergessen ihre Arbeit und beginnen zu spielen. An die Aufgabe, die ihnen übertragen worden ist, denken sie nicht mehr. Plötzlich kommt der Vater zurück. Er braucht nur in der Tür zu erscheinen, schon erinnern sich die Kinder wieder an die Aufgabe, die sie erledigen sollten. Die Macht der Anwesenheit ruft die Erinnerung wach.
Christus hat den Christen eine Aufgabe übertragen. Anfangs ging alles gut. Mit der Zeit verloren die Christen jedoch das lebendige Bewußtsein der Gegenwart Christi. Deshalb verloren sie auch den Sinn für den Auftrag, den sie erhalten hatten. Vor lauter Nachsinnen und Überlegen gelangten sie zu der Überzeugung, daß Christus das wollte, was sie sich selbst ausdachten. Aber Christus braucht nur seine Gegenwart spürbar zu machen, und schon wird in den Christen wieder das Bewußtsein ihrer Sendung wach, und es kommt eine Erneuerungsbewegung in Gang.
Dies geschieht heute in der Kirche. Das erneuerte Bewußtsein der Gegenwart Christi ist wie neuer Dünger rings um den Baum des Lebens. Er bewirkt, daß die Wurzel ihre alte Kraft zurückgewinnt und neue Frucht hervorbringt.

Das Ziel der acht Treffen über Jesus Christus (25–32) ist ein einziges: Sie wollen dazu beitragen, daß wir die Gegenwart Christi und seine Appelle an uns in unserem Leben besser erkennen und unsere Masken durchschauen, die uns daran hindern, die erneuernde Gegenwart Christi im Leben der Menschen wahrzunehmen.

Was ist Erneuerung?

Wir befinden uns in einer Phase der Erneuerung. Erneuerung heißt: in die Ideen, die wir im Kopf haben, ein wenig mehr Ordnung bringen. Es ist nicht damit getan, wenn man einmal mit dem Tuch darüberwischt, um den alten Staub zu entfernen. Das ändert noch nichts an der Qualität. Alles bliebe beim alten, wäre genauso alt wie vorher.

Erneuerung hat etwas mit Wachstum zu tun. Sie will die Wurzeln des Glaubens erfassen, ihnen neue Kraft verleihen und sie dazu bringen, daß sie sich im Boden des Lebens weiter verästeln und daraus den Saft gewinnen, den sie für ihr Wachstum benötigen. Mit anderen Worten: Die Erneuerung versucht das Bewußtsein zu erfassen, in dem die Wurzel und der Motor der Handlungen des Menschen liegen. Im Mittelpunkt dieser Erneuerung steht die Person Jesu Christi, dessen Gegenwart sich uns aufdrängt, wenn er sich mit all seinen Forderungen vorstellt.

Die Voraussetzung dafür, daß Christus sich zeigt, besteht darin, daß wir versuchen, aufrichtig zu sein und auf jede Maske zu verzichten. Er sagt: »Jeder, der die Wahrheit sucht, wird auf meine Stimme hören!« (Joh 18,37). Wenn Christus nicht erscheint, dann liegt das nicht an ihm, sondern an uns. Unser Radioapparat ist nicht angeschlossen oder falsch eingestellt.

Noch ein letztes Wort

All diese Worte wollen Jesus Christus nicht gegen Mißverständnisse in Schutz nehmen. Das ist nicht möglich. Christus ist auf unseren Schutz nicht angewiesen. Er verteidigt sich selbst. Gott verteidigt ihn. In der Stunde seines Leidens hat er sich nicht verteidigt. Das war seine größte Verteidigung, denn dadurch erschien er so, wie er war: groß und bescheiden, heilig und leidend, Gott und Mensch. Die beste Verteidigung eines anderen besteht darin, daß man ihm Gelegenheit gibt, sich selbst zu zeigen und uns zu sagen, wer er ist und was er will. Dies wollten wir in diesem Kurs tun: Christus reden lassen, ihn selber. Wir sind alle seine Schüler. Niemand steht über Christus.

Von Gott lernen
(Treffen 25–28)

25. Jesus und die kleinen Leute

»Ich bin gekommen,
um den Armen eine gute Nachricht zu bringen,
denn mir tun diese Leute leid!«
(vgl. Lk 4,18 und Mk 8,2)

1. Lektüre des Textes aus dem Leben

1.1 Eine Begebenheit aus dem heutigen Leben

»Ich heiße Josef. Nur Josef. Wer mein Vater und meine Mutter sind, weiß ich nicht, ich weiß auch nicht, wie alt ich bin. Als ich noch nicht laufen konnte, war da eine Frau, die mich auf dem Arm herumtrug; dann habe ich laufen gelernt, und sie ist verschwunden. Ich habe noch nie ein richtiges Essen bekommen, ich esse immer nur Kuchen und Obst, das kaufe ich mir von dem Geld, das sie mir auf der Straße geben. Ich wohne in irgendeiner Ecke, die überdacht ist, meine Kleider habe ich noch nie gewechselt; wenn es nachts kalt ist, decke ich mich mit Zeitungspapier zu.« Aussage eines verwahrlosten Minderjährigen aus Brasilien, den man auf etwa vier Jahre schätzte. Verwahrloste Kinder und bedürftige Arme trefft ihr überall: in den Geschäftsstraßen, im Bahnhof, ihr seht sie von Tür zu Tür gehen, um Geld und Essen betteln und die Abfälle durchsuchen. »Aber es gibt so viele Gauner unter ihnen, deshalb gebe ich keinem mehr etwas!« sagt Rosa. Heute sind zwei Drittel der Menschheit arm, viele hungern und besitzen fast nichts.

1.2 Eine Begebenheit aus dem Leben in biblischer Zeit

Einmal war Jesus zum Abendessen im Hause des Lazarus. Maria goß Jesus eine Flasche mit kostbarstem Parfum über die Füße. Judas und einige andere empörten sich: »Warum verkauft man dieses Parfumöl nicht für dreihundert Denare (das entsprach damals dem Arbeitslohn für dreihundert Tage) und gibt das Geld den Armen?« Jesus gab ihnen nicht recht. »Arme wird es immer bei euch geben, und ihr könnt ihnen helfen, wenn ihr nur wollt. Mich aber werdet ihr nicht immer bei euch haben!« (Mk 14, 3–7 und 12,5). Trotz dieser ein wenig sonderbaren Aussage tat Jesus sehr viel für die Armen: Er war bekümmert darüber, sehen zu müssen, wie das Volk verlassen und hilflos umherirrte wie Schafe ohne Hirt (Mt 9,36), nahm das Elend des Volkes auf sich (Mt 8,17) und zog in der Welt umher, um Gutes zu tun (Apg 10,38). Die Gute Nachricht vom Reich Gottes war besonders an die Armen gerichtet (Lk 4,18; 7,22).

1.3 Wir vertiefen uns in die Begebenheit aus dem Leben, um zu sehen, ob so etwas auch in unserem Leben vorkommt.

»Arme wird es immer bei euch geben«, sagte Jesus. Heute noch gibt es Arme in großer Zahl. Warum gibt es Arme? Weil sie faul sind und ihre Lage nicht verbessern wollen oder weil andere sie daran hindern, ihre Lage zu verbessern? Was tun wir für sie? Betrachten wir dies Problem näher!

1. Kennt ihr einen ähnlichen Fall wie den des kleinen Josef? Erzählt!
2. Auf die Armut reagierte Judas so, Jesus anders und Rosa wieder anders. Welche der drei Reaktionen ist heute die häufigste? Oder gibt es noch andere Reaktionen auf die Armut? Welche?
3. Habt ihr schon einmal so auf Arme reagiert wie Rosa? Wie war das? Warum habt ihr so reagiert?
4. Habt ihr schon einmal so reagiert wie diejenigen, die sich über die Verschwendung des Parfums aufregten? Wie war das genau? Und warum habt ihr so reagiert?
5. Findet ihr die Reaktion Jesu nicht seltsam? Einerseits läßt er eine ungeheure Verschwendung zu, und andererseits tut er alles für die Armen? Wie erklärt ihr euch das?
6. Warum gibt es wohl so viele Arme? Liegt das an ihrer Faulheit oder an unserer Böswilligkeit? Oder an etwas anderem?
7. Kennt ihr einen ehrlichen, arbeitsamen Armen, der trotz aller Anstrengung aus seiner Armut nicht herauskam? Was hat ihn daran gehindert, aus dem Elend und der Armut herauszukommen?

2. Lektüre des Textes aus der Bibel

2.1 Wir hören, was die Bibel über die Einstellung Jesu zu den Armen sagt.

Der Arme ist einer, der in der Gesellschaft keinen Platz an der Sonne bekommt. Er darf sich sozusagen nur außen an den Zug anhängen. Hören wir, wie Jesus dieses Problem sah und wie er es anging:

Lukasevangelium 4,14–22

14. Erfüllt mit der Kraft des Heiligen Geistes, kehrte Jesus nach Galiläa zurück. Die Kunde von ihm verbreitete sich in der ganzen Gegend,

15. denn er zog von Synagoge zu Synagoge und sprach von Gott, und alle lobten ihn sehr.

16. So kam er auch nach Nazaret, wo er aufgewachsen war. Am Sabbat ging er wie immer in die Synagoge. Als die Lesung aus der Bibel an der Reihe war, erhob er sich, um vorzulesen.[1]

17. Man reichte ihm das Buch des Propheten Jesaja. Er öffnete es und fand folgenden Text:

[1] Damals wurde die Lesung aus dem Buch der Propheten von einem aus dem Volk vorgetragen, den der Vorsteher dazu aufforderte. Vermutlich war Jesus aufgefordert worden, die Lesung zu übernehmen.

18. »Der Geist des Herrn ist mit mir! Er hat über mich verfügt[2] und mir den Auftrag gegeben, den Armen eine gute Nachricht zu bringen und ihnen zu verkünden: Die Gefangenen werden die Freiheit wiedererlangen, die Blinden werden wieder sehen, die Unterdrückten werden befreit werden!
19. Er hat mich gesandt, eine neue Zeit auszurufen, in der der Herr euch Gutes tut!«
20. Er schloß das Buch, gab es dem Diener zurück und setzte sich. Die Augen aller im Saal waren auf ihn gerichtet.
21. Da sagte Jesus folgendes: »Diese Prophezeiung ist gerade in Erfüllung gegangen, hier und heute, eben jetzt, als ihr sie gehört habt!«
22. Alle waren davon überzeugt. Sie staunten nur darüber, daß sie diese wunderbaren Worte ausgerechnet von ihm zu hören bekamen, und sagten zueinander: »Ist das nicht der Sohn des Josef?«

2.2 Wir entdecken die Botschaft, die die Worte Jesu für uns heute haben.

1. Ein feierlicher Augenblick: Zum ersten Mal verkündet Jesus öffentlich das Programm, das er hier auf der Erde verwirklichen will. Lest deshalb die Verse 18 und 19 noch einmal und nennt den Punkt, der euch am Programm Jesu am meisten beeindruckt hat! Sagt auch, warum!
2. Arme, Gefangene, Blinde und Unterdrückte passen in unser Zusammenleben nicht hinein. Sie haben keinen Platz darin. An den Zug der Gesellschaft dürfen sie sich nur außen anhängen. Gerade sie aber haben im Reich Gottes den Vorzug, denn Jesus wendet sich vor allem an sie. Nehmen wir diese Tatsache ernst? Inwiefern? Antwortet mit ganz konkreten Beispielen, die ihr kennt!
3. In der Gemeinschaft der ersten Christen gab es keine Bedürftigen und Armen, weil die übrigen Christen diese unterstützten (Apg 4, 34–35). Und wie sieht es heute aus,in Deutschland, in Brasilien? Dürfen wir uns überhaupt Christen nennen? Wenn ja, warum? Wenn nein, warum nicht?
4. Jesus ist gekommen, um sich der Armen anzunehmen, aber die Armut besteht trotzdem weiter. Ist Jesus gescheitert? Wo liegt die Ursache dafür: bei Jesus oder beim Evangelium, das mit der Sache nicht fertig wird, oder bei uns, die wir das Evangelium nicht leben? Antwortet mit konkreten Beispielen!
5. Die christlichen Gemeinden müßten Zeichen für das Reich Gottes sein, wo Arme, Gefangene, Blinde und Unterdrückte aufgenommen und gefördert werden. Gibt es solche Gemeinden? Kennt ihr eine?
6. Gibt es Gemeinden, die sich christlich nennen und dies nicht tun?
7. Jesus las den Text der Prophezeiung vor und sagte: »Sie ist hier und heute in Erfüllung gegangen!« Denselben Text haben wir gerade gelesen. Die Prophezeiung hat sich auch für uns hier und heute erfüllt. Inwiefern? Nur durch das Zuhören?

[2] Im Urtext heißt es: »Er hat mich gesalbt«. Jemanden salben bedeutete, ihn für eine bestimmte Sendung ausersehen. Das Wort »Messias« hieß »Gesalbter« und bezeichnete die Person, auf die das Volk wartete, die von Gott gesandt werden und das Volk befreien sollte. Jesus ist »gesalbt«, d.h. von Gott für diesen Auftrag bestimmt worden. Oder anders gesagt: »Gott hat über Jesus verfügt« im Hinblick auf diesen Befreiungsauftrag.

8. Manche Christen scheinen Gott dafür zu danken, daß es Arme gibt. So haben sie Gelegenheit, Nächstenliebe zu üben und sich den Himmel zu verdienen. Was haltet ihr von dieser Denk- und Handlungsweise?
9. Jesus spricht von Freiheit. Habt ihr davon schon einmal bei euch selbst etwas gespürt? Habt ihr die Erfahrung gemacht, wieder sehen zu können? Oder seid ihr aus dem Gefängnis befreit worden? Aus welchem Gefängnis?
10. Die Leute wundern sich über Jesus, weil er nur der Sohn eines Zimmermanns war. Kommt so etwas heute auch vor? Wie sieht die Reaktion der anderen meistens aus?
11. Und der Heilige Geist? Er liegt allem zugrunde (Verse 14 und 18). Wo und wie zeigt er sich heute?
12. Wie wollen wir das Wort, das wir gehört und gemeinsam überdacht haben, nun in die Tat umsetzen?

26. Jesus und die Kinder

»Ein Kind sagt die Wahrheit,
wenn ein Erwachsener am wenigsten darauf gefaßt ist!«

1. Lektüre des Textes aus dem Leben

1.1 Eine Begebenheit aus dem Leben von heute

Während der Predigt weinte ein Kind, und der Pfarrer hörte auf zu reden. Die Mutter tat ihr Möglichstes, um das Kleine still zu bekommen. Kurz darauf schrie das Kind wieder, diesmal noch viel lauter. Der Pfarrer unterbrach seine Predigt und sagte mit mürrischem Gesicht: »Bitte gehen Sie mit diesem Kind aus der Kirche! Das hier ist kein Kindergarten!« Die Mutter ging hinaus, und die Predigt wurde fortgesetzt.
Anderswo weinte ein Kind ebenfalls bei der Predigt, die Mutter stand auf und wollte hinausgehen. Der Pfarrer hörte auf zu reden, und zu der Frau gewandt, sagte er: »Bleiben Sie ruhig da, ich werde lauter sprechen. Das ist kein Problem!« Die Mutter blieb, das Kind weinte, und die Predigt ging weiter.

1.2 Eine Begebenheit aus dem Leben in biblischer Zeit

Die Mütter brachten ihre Kinder zu Jesus, um sie von ihm berühren und segnen zu lassen. Aber die Apostel wollten sie nicht zu ihm lassen. Sie kritisierten die Mütter. Als Jesus das sah, wurde er zornig auf sie und sagte: »Laßt diese Kinder doch zu mir kommen! Ihr habt kein Recht, ihnen das zu verwehren! Das Reich Gottes gehört denen, die so sind wie sie.« Da kamen die Mütter mit ihren Kindern herbei. Jesus nahm die Kinder in seine Arme, segnete sie und legte ihnen die Hände auf (Mk 10, 13–16).

Ein anderes Beispiel. Die Szene spielt im Omnibus. »Steh auf, Kind! Mach der Dame Platz!« – »Warum, Mama?« – »Sie hat eine schwere Tasche in der Hand!« – »Ich habe auch eine schwere Mappe in der Hand!« Und Klein-Martin stand nicht auf. Seine Mutter wußte nicht, was sie machen sollte.

1.3 Wir vertiefen uns in die Begebenheit aus dem Leben, um zu sehen, ob so etwas auch in unserem Leben vorkommt.

Die Apostel und der eine Pfarrer wollten nichts von den Kindern wissen. Jesus und der andere Pfarrer bestanden darauf, daß die Kinder dablieben. Wie verhält sich der Erwachsene gegenüber dem Kind richtig? Betrachten wir dies Problem näher!

1. Kennt ihr einen ähnlichen Fall wie den von Klein-Martin und seiner Mutter, wo das Kind in seiner Einfalt Dinge sagt, fragt und tut, die euch sprachlos machen?
2. Das Kind bittet auch nicht darum, leben zu dürfen. In allem hängt es von den Erwachsenen ab. Deshalb denken viele Erwachsene: »Kinder und Jugendliche müssen alles von uns annehmen und von uns lernen! Sie können uns nichts beibringen.« Darum erziehen sie mit dem Druck ihrer Autorität und der Strafe. Was haltet ihr von einer solchen Denk- und Handlungsweise? Haltet ihr sie für richtig? Wenn ja, warum? Wenn nein, warum nicht?
3. Und ihr? Wie verhaltet ihr euch bei der Erziehung eurer Kinder? So wie jemand, der sie nur belehren und nicht auch von ihnen lernen will? Oder wie jemand, der glaubt, daß auch ein Kind oder Jugendlicher den Erwachsenen etwas beizubringen hat? Warum?
4. Jesus ist davon überzeugt, daß das Kind den Erwachsenen etwas beibringen kann, denn er sagt, die Erwachsenen müßten wie die Kinder werden, um ins Reich Gottes zu kommen. Was kann man von einem Kind lernen?
5. Jeder der beiden Pfarrer hatte seine Gründe. Das Problem ist aber: Sollen Mütter ihre kleinen Kinder mit in die Messe nehmen? Sind Mütter von kleinen Kinder verpflichtet, in die Messe zu gehen? Was meint ihr?
6. Die Erwachsenen bereiten die Welt vor, in die die Kinder und Jugendlichen morgen eintreten werden. Was meint ihr: Akzeptieren die jungen Menschen heute die Welt, die wir ihnen vorbereiten? Wenn ja, warum? Wenn nein, warum nicht?

2. Lektüre des Textes aus der Bibel

2.1 Wir hören aus der Bibel, was Jesus dem Volk seiner Zeit zu diesem Problem sagte.

Viele kümmern sich nur darum, was sie ihren Kindern beibringen sollen. Jesus kümmert sich auch darum, die Erwachsenen davon zu überzeugen, daß sie etwas von den Kindern lernen können und sollen. Hören wir, was er sagt!

Matthäusevangelium 18, 1–7. 10[1]
Die Apostel hatten sich darüber gestritten, wer von ihnen der Größte sei (vgl. Mk 9,33 und Lk 9,46).
1. Da traten die Jünger mit einer Frage an Jesus heran: »Jesus, wer von uns wird im Reich Gottes der Größte sein?«
2.. Jesus rief ein Kind herbei, stellte es in ihre Mitte und sagte:
3. »Wenn ihr nicht damit aufhört[2] und wie die Kinder werdet – hört gut zu, was ich euch sage[3] –, werdet ihr nicht einmal ins Reich Gottes hineinkommen!
4. Der Größte im Reich Gottes wird derjenige sein, dem es gelingt, so klein zu werden wie dieses Kind hier!
5. Wer in meinem Namen ein solches Kind aufnimmt, der nimmt mich auf!
6. Wer dagegen auch nur eines von diesen Kleinen, die an mich glauben, zum Bösen verführt, für den wäre es gewiß besser, wenn man ihm einen dieser großen Mühlsteine fest um den Hals binde und ihn damit tief im Meer versenken würde!
7. Wehe der Welt, die so viele Menschen verführt![4] Ich weiß, die Verführung ist leider unvermeidlich. Doch wehe dem Menschen, der sie verschuldet!
10. Hütet euch davor, eines dieser Kleinen zu verachten, denn das kann ich euch sagen: Die Engel dieser Kleinen sind immer ganz nahe bei meinem Vater im Himmel!«

2.2 Wir entdecken die Botschaft, die die Worte Jesu für uns heute haben.

Jesus spricht zwei Dinge an: einmal das, was die Erwachsenen, die Apostel, inbegriffen, von den Kindern lernen können, und zum anderen das, was die Kinder von den Erwachsenen annehmen und lernen können und müssen.

1. Jesus sagt, daß man wie ein Kind werden muß (Vers 3). Um wie die Kinder werden zu können, muß man von ihnen lernen. Habt ihr seit eurer Heirat, und seidem ihr mit euren Kindern zusammenlebt, schon einmal etwas von euren Kindern gelernt? Was?
2. Die Apostel stritten sich darüber, wer von ihnen der Größte sei. Die Gegenwart eines Kindes beschämte sie. Sie hatten etwas gelernt. Kennt ihr ein Beispiel, wie ein Kind Erwachsene beschämt hat? Erzählt!
3. Aufgrund des Fortschritts der Erziehungswissenschaft und der Psychologie und der Bildungsreform besteht die Hauptsorge der Erwachsenen darin, die Kinder und Jugendlichen gut auszubilden. Glaubt ihr, daß man sich ebenso viel Mühe gibt, von

[1] Die folgende Übersetzung ist ein bißchen anders als in eurer Bibel. Keine Angst! Sie geht direkt vom Urtext aus und versucht, gleichzeitig den Worten Jesu und unserer normalen Alltagssprache gerecht zu werden.

[2] Im Urtext heißt es: »Wenn ihr nicht umkehrt«. Diese Warnung Jesu bezieht sich auf den Fehler der Apostel, immer nur darüber zu streiten, wer der Größte sei. Jesus verlangt von ihnen die »Umkehr«, d. h. er fordert sie auf, sofort damit aufzuhören.

[3] Im Urtext heißt es: »Wirklich, ich sage euch«. Oder genauer noch: »Amen, ich sage euch«. Das ist eine typische Redewendung jener Zeit, mit der man auf die Bedeutung der folgenden Aussage aufmerksam machen will.

[4] Im Urtext heißt es: »Wehe der Welt wegen der Ärgernisse!« Das Wort »Ärgernis« hat in der Bibel folgenden Sinn: Ihr schafft ein *Ärgernis,* wenn ihr einen anderen vom Weg Gottes abbringt. Wir sagen »verführen«, d. h. vom rechten, guten Weg abbringen.

den Kindern und Jugendlichen zu lernen? Antwortet möglichst mit konkreten Tatsachen!

4. Wozu ist eine Schule da: um ein Kind dahin zu bringen, daß es wie die Erwachsenen denkt, oder um die Voraussetzungen zu schaffen, damit es es selbst sein kann? Welche Richtung vertreten die Schulen heute, die erste oder die zweite? Warum?
5. Jesus legt also ganz großen Wert auf die Kinder und nimmt sie sogar gegen die Apostel in Schutz. Er meint offenbar, daß die Kinder den Erwachsenen viel beizubringen haben. Was können die Erwachsenen von ihnen lernen?
   Einige Anregungen: Mit der größten Selbstverständlichkeit stellt ein Kind Fragen, zu denen der Erwachsene nicht den Mut hätte; es ist ganz arglos. Das Kind des Direktors spielt mit dem Kind des Angestellten: Sie empfinden sich als gleich. Daraus kann man eine Lehre ziehen. Welche wohl? Kennt ihr andere Beispiele dieser Art, aus denen sich eine Lehre ziehen läßt?
6. Kurz gesagt: Jesus erklärt, um groß zu sein, müsse man klein werden wie ein Kind. Wie müßten wir dann also sein?
7. Erwachsene können Kinder verführen (Verse 7 und 10). In diesem Punkt ist Jesus sehr streng. Kennt ihr *offensichtliche* und *weniger offensichtliche* Fälle, in denen Kinder verführt wurden?
8. Warum legt Jesus letzten Endes so großen Wert auf die Kinder und nimmt sie mit solcher Strenge gegen die Erwachsenen in Schutz? Lest Vers 10 noch einmal, um die Antwort darauf zu finden!
9. Was wollen wir konkret tun, um das Wort, das wir gehört und gemeinsam überdacht haben, in die Tat umzusetzen?

27. Jesus und die »Taugenichtse«

»Wucherer und Dirnen werden besser dran sein als ihr Heuchler!«
(Mt 21,31)

1. Lektüre des Textes aus dem Leben

1.1 Eine Begebenheit aus dem heutigen Leben

Es war drei Uhr früh. Der Pfarrer hörte jemanden an die Tür klopfen. Ein Herr stand draußen und sagte: »Herr Pfarrer, gestern abend bin ich mit meinen Freunden ausgegangen. Wir haben viel getrunken und, nun ja, Sie wissen, wie das so ist, am Ende landeten wir im Vergnügungsviertel bei den Frauen. Da bin ich bei Gott in Ungnade gefallen. Ich bringe es nicht

1.2 Eine Begebenheit aus dem Leben in biblischer Zeit

Jesus aß mit den Sündern und Zöllnern – »Wucherern« würden wir sagen – (Mt 9, 10–13; Lk 15,2) und war in ihrem Haus zu Gast (Lk 19,7); er ließ sich von einer Dirne die Füße waschen (Lk 7, 37–38) und stellte dem Gesetzeslehrer einen als Ketzer geltenden Samaritaner als Vorbild hin (Lk 10, 15–27); Er ging auf die Bitte von Heiden ein (Mt 15,28) und mochte das einfache

fertig, diese Nacht vorübergehen zu lassen, ohne die Gnade Gottes zurückzugewinnen. Deshalb bitte sich Sie, mir die Beichte abzunehmen.« Der Pfarrer antwortete darauf: »Mein Freund! Wenn Sie die Gnade Gottes im Vergnügungsviertel verloren haben, dann können Sie sie auch nur dort wiederfinden, indem Sie die Frau um Entschuldigung bitten, die Sie in Unehre gebracht haben!« Er schloß die Tür und ließ den Mann mitten in der Nacht allein auf der Straße stehen.

Volk, das von den Pharisäern verflucht und verachtet wurde (Joh 7,49). Für die »Frommen« war das ein großer Skandal. Man warf Jesus diese »Fehltritte« vor, er aber antwortete: »Nicht die Gesunden brauchen einen Arzt, sondern die Kranken« (Mt 9,12). Die einen wie die anderen sind »Söhne Abrahams« (vgl. Lk 19, 9–10). Jesus erfindet sogar ein Gleichnis, in dem er zeigt, daß der Sünder besser sein kann als der von allen als frommer Mann angesehene Pharisäer (Lk 18, 9–14). Die größten Feinde der frommen Pharisäer schienen gute Freunde Jesu zu sein. Deshalb war Jesus den »Frommen« so unangenehm.

1.3 Wir vertiefen uns in die Begebenheit aus dem Leben, um zu sehen, ob so etwas auch in unserem Leben vorkommt.[1]

Wir haben es hier mit zwei schockierenden Verhaltensweisen zu tun, der des Pfarrers und der Jesu. Warum schockieren sie? Weil es in unserem Kopf Richtlinien gibt, nach denen wir die Menschen einteilen: »Der ist gut! Der da taugt nichts!« Wir ziehen einen Strich, der die Gesellschaft einteilt: auf der einen Seite die Guten und die Gnade Gottes, auf der anderen Seite nur Sünde und Verdorbenheit. Wer auf der einen Seite ist, kommt nie auf die andere Seite hinüber. Stimmen diese Richtlinien denn? Stimmen sie mit denen Gottes überein? Betrachten wir dies Problem einmal näher!

1. Was haltet ihr vom Verhalten des Pfarrers, der von dem Mann verlangte, er solle sich bei der Prostituierten entschuldigen? Denkt bei eurer Antwort an das, was ihr im Vaterunser betet:«... wie auch wir vergeben unseren Schuldigern«, und an die Aufforderung, sich mit dem Bruder zu versöhnen (vgl. Mt 5, 23–24)!
2. Wer betreibt die Prostitution: die Frauen, die in dem Milieu leben, oder die Männer, die zu ihnen gehen? Die von der Gesellschaft geächteten Prostituierten oder die sich für ehrlich und anständig haltende Gesellschaft? Wer ist hier schlecht? Kann man die Menschen in Gute und Böse einteilen?
3. Wo verläuft die Linie, die gut und böse voneinander trennt? Außerhalb von uns oder im Innern jedes einzelnen? Was meint ihr?
4. Wo ist der wahre Feind zu suchen, der bekämpft werden muß? In den Prostituierten oder in denen, die behaupten, die Prostituierten seien schlecht, weil sie uns bei Gott in Ungnade fallen lassen? Warum?

[1] Auf die folgenden Fragen gibt es nicht immer ein richtige Antwort. Ihr Hauptziel besteht darin, das eigentliche Problem, das es im Leben gibt, aufzuzeigen und zur Sprache zu bringen. Dies Problem verlangt nach einer Orientierung durch das Evangelium, die anschließend in der Lektüre des Textes aus der Bibel gegeben wird.

5. Kennt ihr andere Einteilungen, die wir Menschen in unserer Gesellschaft vornehmen: hier die Guten, da die Bösen? Berichtet davon und nennt konkrete Tatsachen!
6. Kann man die Gnade Gottes wiederfinden und im Frieden mit Gott leben, ohne sich mit dem Menschen, dem man wehgetan hat, zu versöhnen und ohne zur Aufhebung der Schranken beizutragen, die die Menschen entzweien? Warum? Wie verhalten wir Christen uns tatsächlich?

2. Lektüre des Textes aus der Bibel

2.1 Wir hören, was Jesus dem Volk seiner Zeit zu diesem Problem sagte.

Man kann leicht sagen: »Der hier ist gut! Der da taugt nichts!« Aber verurteilen wir uns damit nicht selber? Hören wir, wie Jesus dieses Problem sah!

Matthäusevangelium 21, 28–32
28. »Was sagt ihr zu folgender Geschichte? Ein Mann hatte zwei Söhne. Zu dem älteren sagte er: ›Mein Sohn, du mußt heute auf dem Feld arbeiten!‹
29. Der antwortete: ›Ich gehe aber nicht! Ich habe keine Lust!‹ Aber dann besann er sich anders und ging doch.
30. Dasselbe sagte der Vater auch zu seinem jüngeren Sohn. Dieser antwortete. ›Natürlich, Papa! Ich gehe sofort!‹ Aber er ging nicht.
31. Wer von beiden hat nun den Willen seines Vater erfüllt?« Sie gaben zur Antwort: »Der erste! Das ist doch klar!« Das sagte Jesus: »Nun gut, was ich euch damit sagen will, ist folgendes: Wucherer[2] und Dirnen werden eher ins Reich Gottes kommen als ihr!
32. Seht: Johannes der Täufer ist mit einen Appell an euch herangetreten, der mit den Forderungen Gottes übereinstimmte. Aber ihr habt ihm nicht geglaubt. Geglaubt haben ihm die Wucherer und Dirnen. Und selbst dann, als ihr das alles saht, habt ihr ihm noch immer nicht geglaubt. Ihr habt eure Meinung nicht geändert!«[3]

[2] Statt »Wucherer« sagen die anderen Übersetzungen »Zöllner«. Der Zöllner war jemand, der das Volk ausbeutete, indem er es mehr Steuern zahlen ließ, als es schuldete. Das Geld, das dabei übrig blieb, steckte er in seine eigene Tasche. Er tat mehr oder weniger das, was heute die Wucherer tun. Die Übersetzung »Wucherer« ist nicht ganz exakt, aber wenn ich »Wucherer« sage, empfinde ich wenigstens die gleiche Empörung gegen die Ausbeutung und Ungerechtigkeit, die das Volk damals beim Wort »Zöllner« empfand. Uns sagt der Begriff »Zöllner« nichts mehr, es sei denn, er wäre zuvor erklärt worden. Deshalb ziehen wir die Übersetzung »Wucherer« vor.

[3] Im Gleichnis sagte der erste »ja«, handelte aber nicht entsprechend. Der zweite sagte »nein«, handelte aber doch, entgegen seinem Wort, und sagte mit seinem Tun »ja«. Tatsächlich sagten die Wucherer und Dirnen »nein«, aber sie glaubten Johannes dem Täufer schließlich doch und änderten ihr Leben; sie handelten am Ende doch, sagten mit ihrem Tun »ja«. Die Pharisäer, die Frommen jener Zeit, legten großen Wert darauf, zu Gott »ja« zu sagen. Aber als Gott durch Johannes den Täufer einen bestimmten Appell an sie richtete, glaubten sie ihm nicht. Mit ihrem Leben sagten sie »nein«.

2.2 *Wir entdecken die Botschaft, die die Worte Jesu für uns heute haben.*

1. Wem gleicht ihr: dem Sohn, der sagt: »Ich gehe nicht!« und dann doch tut, was Gott will, oder dem anderen Sohn, der sagt: »Aber natürlich! Ich gehe sofort!« und dann doch nicht tut, was Gott will? Oder habt ihr Ähnlichkeit mit einem dritten Sohn? Was für einer wäre das?
2. Mit dem Sohn, der sagte: »Ich gehe aber nicht! Ich habe keine Lust!« meinte Jesus die Zöllner (Wucherer), die Dirnen und die Leute, die alle als Taugenichtse bezeichneten. Gibt es heute noch solche Leute, die zuerst einmal sagen: »Nein, ich will aber nicht!« und dann doch tun, was Gott verlangt? Berichtet von konkreten Fällen!
3. Mit dem Sohn, der sagte: »Aber natürlich, Papa! Ich gehe sofort!« meinte Jesus die Pharisäer, die »nur reden, selbst aber nicht tun, was sie sagen« (Mt 23,3). Gibt es heute solche Leute, die von einer Sache reden und sie nicht tun? Antwortet mit konkreten Beispielen!
4. Nach dem Verständnis vieler Leute ist derjenige ein »praktizierender Katholik«, der sonntags zur Messe geht und an der Osterkommunion teilnimmt. Sagt einer, der nur dies tut, wirklich *ja* und erfüllt den Willen Gottes, oder sagt er bloß mit dem Mund, nach außen, *ja*? Warum?
5. Wie wäre der Christ, der nicht bloß mit dem Mund, sondern auch mit dem Leben *ja* sagt?
6. Nachdem wir über das Verhalten Jesu nachgedacht haben, wie beurteilt ihr jetzt das Verhalten des Pfarrers?
7. Die Pharisäer waren sehr angesehene, fromme Leute (vgl. Mt 23,28). Dennoch mochte Jesus sie nicht besonders. Jemand hat einmal gesagt: »In jedem von uns steckt ein verkappter Pharisäer.« Stimmt das? Was meint ihr dazu?
8. Wenn wir unsere Gesellschaft anschauen, stellen wir fest, daß es viele Schranken gibt, die die Menschen in Gute und Böse einteilen. Solche Schranken hat Jesus nicht anerkannt. Wenn Jesus heute leben und wiederholen würde, was er getan hat, wie würde er sich dann verhalten?
9. Kennt ihr Christen, die versuchen, das zu tun, was Jesus täte, wenn er heute lebte? Werden sie wie Jesus von der Gesellschaft kritisiert? Antwortet mit konkreten Beispielen!
10. Was wollen wir tun, um das Wort, das wir gehört haben, in die Tat umzusetzen?

28. Jesus und die Einsamen

»Die Einsamkeit, die du mir schenktest, will ich wie eine Blume hegen!«
(Roberto Carlos)

1. Lektüre des Textes aus dem Leben

1.1 Eine Begebenheit aus dem heutigen Leben

An einer Brücke im Zentrum von São Paulo, an der jeden Tag Tausende von Menschen vorbeiströmen, saß eine alte Frau und bettelte. Sie schaute nicht auf. Sie sah nur die Beine der Vorübergehenden und die Münzen, die in ihre Tasche fielen: »Vergelt's Gott!« Einmal blieb ein junger Mann stehen und setzte sich neben die Alte. Er gab ihr kein Almosen, er wollte sich mit ihr unterhalten: »Wie geht es Ihnen denn so? Bringt es genug zum Leben?« Verwundert hob die Frau den Kopf, erblickte den jungen Mann und sagte: »Nanu, da ist jemand, der mit einem reden will! Ich hab' gedacht, ich wäre allein hier!« Ein anderes Beispiel. Besorgt sagt Alice: »Eduardo hängt immer nur vor dem Fernseher. Nie ist er einmal mit sich allein. Ständig sieht und hört er irgendwelche Dinge. Ich habe Angst, daß er nie er selber sein wird, nie zu sich selbst finden und immer sehr einsam bleiben wird.«

1.2 Eine Begebenheit aus dem Leben in biblischer Zeit

»Wenn du nur willst, kann ich geheilt werden!« (Mk 1, 40) rief der Aussätzige. Wahrscheinlich wollte er Jesus die Sache leichter machen. Ein Aussätziger durfte nicht mit anderen in Kontakt kommen. Man durfte ihn nicht berühren. Das verbot das Gesetz. Wenn Jesus Bedenken gehabt hätte, ihn zu berühren, so hätte sein Wille allein genügt. Der Aussätzige wäre schon zufrieden gewesen. Er glaubte daran, daß Jesus ihn heilen konnte, auch ohne ihn zu berühren. Ein Aussätziger hatte am Rande der Gesellschaft zu leben. Es waren Menschen mit einem körperlichen Leiden, aber schlimmer noch war ihr seelisches Leiden. Die Aussätzigen lebten in schrecklicher Einsamkeit, von allen an den Rand gedrängt. Bevor Jesus sagte: »Ja, ich will es, du sollst geheilt sein!«, legte Jesus den Arm um den Aussätzigen (Mk 1, 41). Jesus hatte keine Bedenken. Bevor er die Krankheit des Körpers heilte, heilte er die Einsamkeit der Seele. Mit einer Geste der Freundschaft, die sich in der Umarmung ausdrückte, nahm Jesus den Mann wieder in die menschliche Gemeinschaft auf.[1]

[1] Damals wurde das Verhalten des Volkes gegenüber den Aussätzigen durch das Gesetz, oder genauer, durch bestimmte das Gesetz interpretierende Vorschriften geregelt. Dadurch entstand der Eindruck, daß Gott selbst, der Urheber des Gesetzes, die Aussätzigen von allem und allen ferngehalten wissen wollte. Es handelt sich dabei um das sog. Reinheitsgesetz, das von Jesus scharf kritisiert wurde. Nach Meinung vieler gab es Aussätzige, damit die andern das Reinheitsgesetz einhalten und sich so Verdienste vor Gott erwerben konnten. Das mißbilligte Jesus durch sein eigenes Verhalten.

1.3 Wir vertiefen uns in die Begebenheit aus dem Leben, um zu sehen, ob so etwas auch in unserem Leben vorkommt.[2]

Heute ist die Einsamkeit, in der viele leben, zu einem großen Problem geworden, besonders in den Großstädten, wo Tausende von Menschen wohnen. Woran liegt es, daß der Mensch sich einsam fühlt: an einem Übermaß von Kontakten oder an einem Mangel an Kontakten? Wir wollen uns dies Problem näher ansehen.

1. Kennt ihr einen Fall, in dem jemand mitten unter vielen Menschen lebt, aber niemanden hat, mit dem er reden kann, und fast vor Einsamkeit zugrunde geht?
2. Habt ihr euch schon einmal allein gefühlt? Habt ihr schon unter Einsamkeit gelitten? Wann war das? Als ihr mitten im Getümmel wart und fast mit den Leuten auf der Straße zusammengestoßen seid, oder als ihr völlig allein ohne irgendeinen Menschen wart? Oder war es noch anders?
3. Ist es möglich, daß ein Mensch vollkommen allein ist, wo er die Natur um sich herum betrachtet und auf dem Feld arbeitet, ohne unter Einsamkeit zu leiden? Wie erklärt ihr euch das?
4. In den Großstädten, wo so viele Menschen leben, leiden viele unter Einsamkeit. Was ist wohl der Grund für diese Einsamkeit mitten in der Großstadt? Habt ihr in dieser Hinsicht Erfahrungen gemacht?
5. Heute ist viel von Selbstmord die Rede, von Menschen, die sich das Leben nehmen. Warum geschieht so etwas wohl? Hängt das mit der Einsamkeit zusammen? Kennt ihr einen solchen Fall?
6. Wie findet ihr das Verhalten Jesu?

2. Lektüre des Textes aus der Bibel

2.1 Wir hören, was Jesus angesichts des Problems der Einsamkeit gesagt und getan hat.

Nicht jede Einsamkeit ist schlecht. Es ist sogar ganz merkwürdig: Unter der größten Einsamkeit leidet derjenige, der nie gelernt hat, allein zu sein. Er ist zur Begegnung mit anderen nicht fähig und leidet furchtbar darunter. Betrachten wir einmal näher, wie Jesus sich gegenüber der Einsamkeit verhalten hat!

Verschiedene Abschnitte aus der Bibel:
1. Jesus sucht die Einsamkeit:
Mk 1,35:
Früh morgens, noch vor Sonnenaufgang, stand Jesus auf und ging hinaus an einen einsamen Ort: Er wollte beten.
Mt 14, 13

[2] Es geht nicht darum, auf alle diese Fragen die richtige Antwort zu finden. Oft gibt es eine solche Antwort gar nicht. Das Entscheidende ist, daß man das wirkliche Problem im Leben entdeckt und wahrnimmt, das bei der Suche nach Antworten diskutiert werden soll

Als Jesus die Nachricht gehört hatte (daß Johannes der Täufer tot war), ging er weg und fuhr mit dem Boot an eine einsame Stelle, er allein.

2. Jesus leidet unter Einsamkeit:
Mk 14, 34–37:
34. Jesus sagte zu den drei Aposteln: »Auf mir lastet eine Traurigkeit, die mich erdrückt! Bleibt bei mir und bleibt wach!«[3]
35. Er selbst ging ein Stück weiter und warf sich auf die Erde. Dabei betete er, daß diese Stunde, wenn möglich, an ihm vorübergehe.
36. Er sagte: »Vater, alles ist dir möglich! Nimm dieses Leid von mir![4] Aber es soll geschehen, was du willst, und nicht, was ich will!«
37. Dann kehrte er zurück und fand die anderen im Schlaf. Da sagte er zu Petrus: »Simon! Du schläfst? Du bist nicht einmal imstande, eine einzige Stunde wach zu bleiben!«
Mk 15, 33–34:
33. Gegen Mittag brach eine Finsternis über das ganze Land herein, die bis drei Uhr nachmittags andauerte.
34. Gegen drei Uhr rief Jesus mit lauter Stimme: »Eloi, Eloi, lema sabachtani?« Das heißt: »Mein Gott, mein Gott, warum hast du mich verlassen?«

3. Jesus befreit von Einsamkeit:
Mt 11, 28–29:
28. Ihr alle, die ihr von der Last des Lebens niedergedrückt und überfordert seid, kommt zu mir! Ich schaffe euch Erleichterung!
29. Übernehmt die Aufgabe, die ich euch gebe, und lernt von mir! Ich bin gütig und bescheiden. Nur so werdet ihr zu wahrer Ruhe finden.[5]
Gal 2, 20:
20. Ich lebe! Aber im Grunde lebe nicht ich, sondern Christus lebt in mir! Dieses Leben hier auf der Erde lebe ich im Glauben an den Sohn Gottes, der mich geliebt und sich für mich hingegeben hat!

2.2 Wir entdecken die Botschaft, die die Bibel für uns heute hat.

Einsamkeit ist nicht immer dasselbe: Jesus hat die Einsamkeit gesucht, unter Einsamkeit gelitten und von Einsamkeit befreit. Heute suchen viele Menschen eine Einsamkeit, die inneren Frieden schenkt, aber sie finden stattdessen eine Einsamkeit, die quält.

[3] Der Text lautet wörtlich: »Meine Seele ist zu Tode betrübt; bleibt hier und wacht!« In der Bibel steht oft der Ausdruck »meine Seele« für »ich«. Das ist hier der Fall. »Zu Tode betrübt« meint eine Traurigkeit, die tötet, die erdrückt. Deshalb übersetzen wir: »Auf mir lastet eine Traurigkeit, die mich erdrückt. »Wachen« bedeutet soviel wie »wach bleiben«.

[4] Der Urtext spricht einfach vom »Kelch«: »Nimm diesen Kelch von mir«. Dies Wort hat hier die Bedeutung von »Leid«.

[5] Im allgemeinen wird übersetzt: »So werdet ihr Ruhe finden für eure Seele«. »Seele« meint wiederum den Menschen als solchen, d. h. in diesem Fall die Menschen, zu denen Jesus spricht.

1. Es gibt Augenblicke im Leben, in denen man allein sein will. Jesus wollte zum Beispiel allein sein, als er vom Tod seines Vetters Johannes des Täufers erfuhr; er wollte allein sein, um zu beten. Habt ihr in eurem Leben auch schon die Einsamkeit gesucht, die Jesus suchte? Habt ihr sie schon einmal vermißt? Wann und warum?
2. Warum ist diese Einsamkeit, die Jesus und wir selber von Zeit zu Zeit suchen, so wichtig?
3. Es gibt Augenblicke im Leben, in denen man schrecklich unter Einsamkeit leidet. Zum Beispiel wenn ihr niedergeschlagen seid und niemand an eurem Leid Anteil nimmt, so wie es Jesus in seiner Todesangst erging (Mk 14, 34–37). Habt ihr in eurem Leben schon einmal unter einer solchen Einsamkeit gelitten wie Jesus? Wann und warum?
4. Was habt ihr getan, um diese Einsamkeit zu überwinden? Erzählt! Was hat Jesus getan, um diese Einsamkeit zu überwinden? Vgl. dazu den Text in Mk 14, 34–37!
5. In der furchtbarsten Einsamkeit war Jesus, als er sich von Gott verlassen fühlte, vgl. Mk 15, 33–34! Habt ihr schon einmal unter einer solchen Einsamkeit gelitten? Was habt ihr dagegen getan?
6. Jesus hat den Aussätzigen und den heiligen Paulus von ihrer Einsamkeit befreit. Wie hat er das getan?
7. Die Gegenwart eines liebevollen Menschen verscheucht die Einsamkeit, unter der man leidet. Habt ihr schon einmal versucht, mit eurer liebevollen Gegenwart die Einsamkeit eines anderen zu verscheuchen?
8. Das Problem von Eduardo, der sein Leben vor dem Fernseher verbringt, und das Problem der alten Frau an der Brücke ist heute vielen Menschen gemeinsam. Was könnte man tun, um diesem Leid ein Ende zu bereiten?
9. Wo kann man mehr Kraft schöpfen: mitten im Menschengewühl oder in der Stille und Einsamkeit? Warum?
10. Gibt es in eurem Leben Augenblicke der Einsamkeit allein mit Gott, einer Einsamkeit, die euch von der anderen, quälenden Einsamkeit befreien kann? Wie stellt ihr das an?
11. Wie wollen wir das Wort, das wir gehört und gemeinsam überdacht haben, in die Tat umsetzen?

Beim Kreuz in die Schule gehen

(Treffen 29–32)

29. Jesus und die nichtglaubenden Guten

»Du hast es nicht gewußt! Aber das war ich! Ich stand an der Straße, und du hast mich umsonst mitgenommen!«

1. Lektüre des Textes aus dem Leben

1.1 Eine Begebenheit aus dem heutigen Leben

Der Taxifahrer Sergio erzählte: »So bin ich nun einmal! Vorgestern zum Beispiel, ich wollte gerade Schluß machen, da kam jemand und wollte nach Osasco.[1] Eine Fahrt nach Osasco bringt viel Geld. Aber hinter mir am Taxistand war mein Kollege, der an diesem Tag nicht viel Glück gehabt hatte. Ich fragte ihn: José, willst du eine Fahrt nach Osasco machen?' – 'Aber natürlich! Mit dem größten Vergnügen! So eine Fahrt kann ich gut gebrauchen, heute hatte ich nämlich keinen guten Tag!' Der Fahrgast stieg zu José in den Wagen, und so kam José zu dem Geld, das er brauchte. Er konnte wie ich für diesen Tag Schluß machen. Darüber habe ich mich gefreut. So bin ich nun einmal; es macht mir einfach Spaß, anderen zu helfen!« Sergio dachte weder an Gott noch an Jesus Christus. Er dachte nur an José, der für seine Familie Geld brauchte.

1.2 Eine Begebenheit aus dem Leben in biblischer Zeit

Die Christen von Korinth hatten ein schwieriges Problem: »Dürfen wir von dem Fleisch essen, das in den heidnischen Tempeln geopfert worden ist, oder nicht?«[2] Die einen meinten: »Nein!« Die anderen – aufgeklärtere Leute – meinten: »Ja! Das macht doch nichts. Es ist Fleisch wie jedes andere auch!« Letztere aßen das Fleisch aus den heidnischen Tempeln. Damit erregten sie Anstoß bei den weniger aufgeklärten Brüdern. Aus diesem Grund schreibt der heilige Paulus: »Ihr Aufgeklärteren seid für eure schwächeren, weniger aufgeklärten Brüder Anlaß zur Sünde. Denkt doch daran, daß Christus auch für sie gestorben ist! Wenn ihr gegen eure Brüder sündigt und ihre Empfindlichkeit grob mißachtet, sündigt ihr auch gegen Christus! Wenn ich für meinen Teil wüßte, daß das Fleisch, das ich esse, für meinen Bruder Anlaß zur Sünde wäre, dann würde ich lieber für den Rest meines Lebens kein Fleisch mehr essen, bloß damit mein Bruder nicht durch mich zu Fall kommt« (1 Kor 8, 11–13).

[1] Osasco ist ein Vorort weit außerhalb von São Paulo.

[2] Damals opferte man in den heidnischen Tempeln Ochsen und Kälber und verkaufte das Fleisch anschließend in den Metzgereien.

1.3 Wir vertiefen uns in die Begebenheit aus dem Leben, um zu sehen, ob so etwas auch in unserem Leben vorkommt.

In zwei Fällen wird hier anderen geholfen: von Sergio und von Paulus. Sergio half, ohne dabei an Christus zu denken. Paulus half aus Liebe zu Christus. Heute sind viele Menschen so wie Sergio, sie helfen anderen, ohne an Christus zu denken. Sie sind sogar bereit, für andere die größten Opfer zu bringen, ohne dabei an Gott zu denken. Betrachten wir das einmal näher!

1. Kennt ihr Menschen wie Sergio? Menschen, die nicht an Christus denken, nicht glauben, und so viel Gutes tun, daß man sie um ihre Güte beneidet? Erzählt von ihnen!
2. Eine japanische Nonne fragte: »Mein Vater wollte, daß ich Christin würde, er selbst aber wollte nicht zum Christentum übertreten aus Rücksicht auf meine Großeltern, die in Japan blieben. Er war ein guter Mensch und starb als Buddhist. Wo ist er jetzt? Ist er bei Gott? Ist seine Seele gerettet?« Was würdet ihr der japanischen Schwester antworten? Warum? Kennt ihr noch andere solcher Fälle?
3. Eine Frau sagte: »Ich habe immer alles getan, um eine gute Katholikin zu sein. Aber jetzt kommen einige daher und sagen, daß alle Guten gerettet werden, auch die Protestanten und die Sektenangehörigen, sogar die Atheisten! Aber was hätte man denn dann davon, eine gute Katholikin zu sein? Ach, wenn ich das nur vorher gewußt hätte, dann hätte ich anders gelebt...!« Was haltet ihr von einer solchen Denkweise? Ist es richtig, so zu denken? Wenn ja, warum? Wenn nein, warum nicht?

2. Lektüre des Textes aus der Bibel

2.1 Wir hören, was Jesus dem Volk seiner Zeit zu diesem Problem gesagt hat.

Heute hört man oft die Frage: »Was geschieht mit den guten Menschen, die nicht an Christus glauben, nach ihrem Tod?« Andere fragen: »Ich treffe auf der Straße José, Paulo, Sergio, Rosa. Aber niemals habe ich auf der Straße Christus getroffen. Was muß ich tun, um ihn zu treffen?« Hören wir. was Jesus dazu sagt!

Matthäusevangelium 25, 34–46
Am Tag des Gerichts ...
34. ... wird der König zu denen auf der rechten Seite sagen: »Kommt her! Ihr verdient den Segen meines Vaters![3] Nehmt den Teil in Besitz, der euch gebührt in diesem Reich, das er euch zugedacht hat seit der Erschaffung der Welt!
35. Denn ich war hungrig, und ihr habt mir zu essen gegeben; ich war durstig, und ihr habt mir zu trinken gegeben. Ich hatte keine Bleibe, und ihr habt mich bei euch aufgenommen;
36. ich hatte nichts anzuziehen, und ihr habt mir Kleidung gegeben. Ich war krank, und ihr habt mich besucht; ich war im Gefängnis, und ihr seid zu mir gekommen!«

[3] Im Urtext heißt es: »Gesegnete meines Vaters«.

37. Dann werden die Gerechten dem König antworten: »Herr, wann kann das denn gewesen sein, daß wir dich hungrig sahen und dir zu essen gaben oder durstig und dir zu trinken gaben?
38. Wann sahen wir dich ohne Bleibe und nahmen dich bei uns auf oder ohne etwas anzuziehen und gaben dir Kleidung?
39. Wann sahen wir dich krank oder im Gefängnis und besuchten dich?«
40. Da wird der König antworten: »Hört gut zu, was ich euch sage.[4] Alles, was ihr für einen meiner Brüder getan habt, für einen von denen, die immer und überall am Rand stehen,[5] das habt ihr mir getan!«
41. Dann wird er zu denen auf der linken Seite sagen: »Geht mir aus den Augen! Ihr verdient nur Fluch![6] Fort mit euch in das ewige Feuer, das für den Teufel und seine Dämonen vorbereitet ist!
42. Denn ich war hungrig, und ihr habt mir nicht zu essen gegeben; ich war durstig, und ihr habt mir nicht zu trinken gegeben.
43. Ich hatte keine Bleibe, und ihr habt mich nicht bei euch aufgenommen; ich hatte nichts anzuziehen, und ihr habt mir keine Kleidung gegeben. Ich war krank und im Gefängnis, und ihr habt mich nicht einmal besucht!«
44. Da werden auch sie den König fragen: »Herr, wann soll das denn gewesen sein, daß wir dich hungrig oder durstig sahen, ohne Bleibe oder ohne Kleidung, krank oder im Gefängnis und dir nicht helfen wollten?«
45. Da wird der König antworten: »Hört gut zu, was ich euch sage: Jedesmal, wenn ihr euch geweigert habt, einem meiner Brüder einen Dienst zu erweisen, einem von denen, die immer und überall am Rand stehen, habt ihr es mir verweigert!«
46. Auf diese wartet die ewige Strafe, auf die Gerechten aber das ewige Leben!

2.2 Wir entdecken die Botschaft, die die Worte Jesu für uns heute haben.

1. Manche Leute fragen immer noch: »Wo ist Christus?« Welche Antwort würdet ihr ihnen geben, nachdem ihr diesen Bibeltext gehört habt? Warum?
2. Was würdet ihr der japanischen Nonne antworten, nachdem ihr nun den Bibeltext gehört habt?
3. Es bleibt die Frage dieser Frau: »Wenn alle Guten gerettet werden, was hat man dann davon, eine gute Katholikin zu sein?« – Sprecht jetzt von eurem eigenen Leben und gebt ein persönliches Zeugnis ab: Meint ihr, daß ihr etwas davon habt, ein Christ zu sein, auch wenn ihr wißt, daß die Guten alle gerettet werden? Worin liegt für euch der Vorteil, wenn man Christ ist?

[4] Im Urtext heißt es: »In Wahrheit sage ich euch«. Mit dieser Redewendung machte man den Zuhörer damals darauf aufmerksam, daß die folgende Aussage sehr wichtig war.

[5] Im Urtext heißt es: »meine kleineren Brüder«. Das bezieht sich nicht auf Größe oder Alter, sondern auf die soziale Stellung: Gemeint sind die Leute am Rande, die überall nichts zu sagen und nichts zu suchen haben.

[6] Im Urtext heißt es: »Verfluchte!« Das ist die Entsprechung zu »Gesegnete meines Vaters« von Vers 34. »Verflucht« ist, wer Fluch verdient.

4. Christus stellt sich auf die Seite derer, die hungrig und durstig sind, die keine Bleibe und keine Kleidung haben, die krank oder im Gefängnis sind, die immer und überall an den Rand gedrängt werden. Dort ist er zu finden. Und ihr? Wo sucht ihr ihn?
5. Glaubt ihr, daß die Kirche, wir Christen hier in Deutschland, Christus in der richtigen Richtung suchen? Antwortet mit konkreten Beispielen!
6. Sergio wird sich wundern, wenn Christus zu ihm sagen wird: »Ich hatte noch nicht genug verdient für den Tag, und da hast du mir diesen Fahrgast nach Osasco überlassen. Komm nur, Sergio, das Reich meines Vaters steht dir offen!« Da wird Sergio fragen: »Aber wann soll denn das gewesen sein, daß ich dir einen Fahrgast nach Osasco überlassen habe? Ich kann mich nur daran erinnern, daß ich diesen Fahrgast meinem Kollegen José überlassen habe!« Und Christus wird sagen: »Das ist es ja, Sergio! Ich war José!« Jesus Christus legt anscheinend keinen Wert darauf, daß man an ihn denkt. Er legt aber Wert darauf, daß man an José, an Alice, an den Armen, an den Hungernden denkt. Er ist wie eine Mutter. Eine Mutter freut sich über alles, was man für ihr Kind tut, und empfindet es so, als täte man es für sie selbst, auch wenn man dabei gar nicht an sie denkt. Deshalb bekommt der Nächste einen sehr hohen Wert, er wird wertvoller als alles andere. Er ist so wertvoll wie Christus selbst, der für ihn gestorben ist.
   Und nun die Frage: Respektieren wir den Wert und die Würde eines anderen? Oder behandeln wir ihn wie etwas Wertloses? Wenn ja, warum? Wenn nein, warum nicht? Antwortet mit konkreten Beispielen!
7. Alle Religionen, auch die katholische, haben gern Bilder und Statuen aus Stein, Gips, Holz oder Papier. Ohne Bilder, ohne Statuen oder ohne Fotografien könnten die Dinge und Personen, die für die Religion und das Leben wichtig sind, in Vergessenheit geraten. Deshalb war es Christus wichtig, ein Bild von sich zu hinterlassen. Aber es ist nicht eines aus Papier oder Holz oder Stein, sondern eines aus Fleisch und Blut, eines, das redet und schreit, ruft und einen anruft: der Nächste! Denn er sagt ja: »Das war ich!« Der Nächste ist ein sehr unbequemes Bild. Ein Bild aus Stein redet nicht. Es bringt uns nur auf die Gedanken, die uns genehm sind. Das wahre Bild Jesu dagegen wirkt störend: es ist arm, hungrig, durstig, ohne Bleibe, ohne Kleidung, es ist ständig krank und kommt nicht aus dem Gefängnis heraus, steht am Rande der Gesellschaft und findet keinen Platz an der Sonne, weil die anderen es nicht zulassen.
   Und nun die Frage: Wenn wir Christen das Bild Christi ernst nähmen, was würde dann in Deutschland geschehen? und in eurem Wohnviertel? in eurer Stadt? in eurem Leben?
8. Nehmen wir unser Engagement für Christus ernst? Oder sind uns die Bilder aus Stein und Gips lieber, die nicht reden und nicht stören?
9. Beim Letzten Gericht werden manche sagen: »Herr, in deinem Namen haben wir Dämonen ausgetrieben! In deinem Namen haben wir als Propheten gewirkt! In deinem Namen haben wir sogar Wunder vollbracht!« (Mt 7,22). Dennoch werden sie nicht ins Reich Gottes hineinkommen (Mt 7,23). Droht auch uns diese Gefahr? Wenn ja, warum? Wenn nein, warum nicht?
10. Wie wollen wir das Wort, das wir gehört und gemeinsam überdacht haben, in die Tat umsetzen?

30. Jesus und der Nächste

»Wer ist mein Nächster?«
»Der andere wird nur dann dein Nächster,
wenn du dich ihm näherst!«

1. Lektüre des Textes aus dem Leben

1.1 Eine Begebenheit aus dem heutigen Leben

Alberto fand die Frau in einem verlassenen Kombiwagen. Seit mehr als dreißig Tagen hielt sie sich dort auf, krank, hilflos und in unglaublichem Schmutz. Er versuchte, der gute Samariter zu sein. Bei fünfzehn Stellen klopfte er an, aber er fand niemanden, der bereit war, ihm zu helfen. Sie sagten: »Junger Mann, es tut mir sehr leid, aber ich kann Ihnen nicht helfen.« Oder: »Junger Mann, auch wenn ich wollte, könnte ich Ihnen nicht helfen. Nachts nehmen wir hier keine Bedürftigen auf, sondern nur akute Notfälle.« Am Ende setzte er die Frau mit Hilfe eines Pfarrers und einer Schwester in sein Auto und brachte sie selbst ins städtische Krankenhaus. Die Schwester dort sagte: »Früher, als wir selber noch Notdienst machten, hätte ich helfen können, aber jetzt kann ich um diese Uhrzeit nichts tun.« In der Erste-Hilfe-Station sagte der diensthabende Arzt: »Wenn ich in diesem Fall helfe, riskiere ich meine Stelle! Aber....«. Er dachte kurz nach, kratzte sich am Kopf und beschloß: ».... ich riskiere es!« Er half der Frau. Der Arzt war noch sehr jung.

1.2 Eine Begebenheit aus dem Leben in biblischer Zeit

Jesus fragte den Gelähmten: »Willst du geheilt werden?« – »Herr«, antwortete der Mann, »ich habe niemanden, der mir in den Teich hilft, wenn das Wasser sich bewegt. Wenn ich dort unten ankomme, war ein anderer schon vor mir da.« Der Gelähmte wartete schon seit 38 Jahren darauf, daß ein freundlicher Mensch ihm in den Teich helfe, damit er durch die Bewegung des Wassers geheilt werden konnte.[1] 38 Jahre lang wartete er vergeblich. Jesus half ihm sofort: »Steh auf, nimm deine Matte und geh!« (Joh 5, 1–9).

[1] Vor kurzem haben Archäologen Mauerreste dieses Teichs gefunden und feststellen können, warum das Wasser dort von Zeit zu Zeit in Bewegung kam. Die Leute damals führten die Wasserbewegungen auf einen Engel zurück und glaubten, der erste, der nach Eintritt dieser Bewegung in den Teich steige, werde geheilt.

1.3 Wir vertiefen uns in die Begebenheit aus dem Leben, um zu sehen, ob so etwas auch in unserem Leben vorkommt.

Wir haben es mit zwei ähnlichen Fällen zu tun: Die Frau wartete dreißig Tage allein in einem alten Kombiwagen; der Gelähmte wartete 38 Jahre unter den Kranken am Teich. Wie ist so etwas möglich? Sehen wir uns das einmal näher an!

1. Berichtet von einem Fall in eurem Leben, wo ihr jemandem helfen wolltet, euch bemühtet, auf viel guten Willen stießt und trotz des guten Willens aller die notwendige Hilfe nicht leisten konntet! Sagt auch, was euch daran hinderte, dem anderen zu helfen!
2. Wenn man von dem Fall der kranken Frau im Kombiwagen hört, empört sich jeder und denkt: »So etwas dürfte nicht passieren!« Trotzdem passiert es, und gar nicht selten! Dennoch kann man niemanden als Schuldigen anklagen: nicht die beiden Pförtner wegen ihrer Auskünfte, nicht die Schwester, nicht die fünfzehn verschiedenen Stellen, an die Alberto sich wandte; genauso wenig kann man das jüdische Volk dafür anklagen, daß es diesen Mann 38 Jahre lang hat warten lassen. Man kann niemanden anklagen! Niemand hat eine ausdrückliche Schuld auf sich geladen, die Bestrafung verdiente. Alle hatten einen guten Grund, nicht zu helfen. Trotzdem kann man nicht leugnen, daß hier irgendetwas nicht in Ordnung ist. Ein schweres Versäumnis, und keiner ist daran schuld!
   Und jetzt die Frage: Wie erklärt ihr euch das? Ist wirklich niemand schuld daran? Und ihr? ich? wir alle? Sind wir nicht schuld daran? Wo liegt der Fehler, der zu einem so bedauerlichen Vorfall geführt hat?

2. Lektüre des Textes aus der Bibel

2.1 Wir hören, was Jesus dem Volk seiner Zeit zu diesem Problem gesagt hat.

Viele Menschen beschwichtigen ihr eigenes Gewissen und finden angesichts der Not der Leute immer einen guten, vernünftigen Grund, der sie von aller Schuld freispricht. Die Pharisäer haben einen solchen Grund gefunden. Sie behaupteten, man müsse nur den Nächsten lieben, den anderen nicht. Ihr größtes Problem bestand darin, zu *wissen, wer der Nächste war.* Wir wollen sehen, wie Jesus dies Problem sieht.

Lukasevangelium 10, 25–37

25. Einmal wollte ein Spezialist für das Gesetz Gottes Jesus auf die Probe stellen und fragte: »Meister, was muß man tun, um das ewige Leben zu bekommen?«
26. Jesus antwortete: »Was sagt das Gesetz Gottes dazu? Welche Antwort findest du da?«
27. Der Mann antwortete: »Es sagt folgendes: Liebe den Herrn, deinen Gott, von ganzem Herzen und mit ganzer Seele, mit all deinen Kräften und mit deinem ganzen Verstand und deinen Nächsten wie dich selbst!«
28. Jesus entgegnete darauf: »Die Antwort ist richtig! Handle so, dann wirst du leben!«

29. Um sich zu verteidigen, fragte der Mann weiter: »Aber wer ist denn nun mein Nächster?«
30. Darauf gab Jesus folgende Antwort: »Ein Mann war unterwegs von Jerusalem nach Jericho,[2] da wurde er überfallen: Räuber stürzten sich auf ihn und nahmen ihm alles weg, sogar seine Kleider; sie schlugen ihn zusammen und machten sich davon, den Mann ließen sie halbtot am Wegesrand liegen.
31. Zufällig kam ein Priester denselben Weg. Als er den Mann sah, machte er einen Bogen um ihn und ging weiter.
32. Dann kam ein Tempeldiener vorbei.[3] Er sah den Mann und verhielt sich genauso: In einigem Abstand ging er an ihm vorbei.
33. Aber dann kam ein Samaritaner,[4] der auf Reisen war. Als er den Mann sah, bekam er Mitleid mit ihm,
34. ging zu ihm hin, versorgte seine Wunden, setzte ihn auf sein eigenes Reittier und brachte ihn in ein Gasthaus, wo er übernachtete und sich um ihn kümmerte.
35. Am folgenden Tag nahm er aus seinem Geldbeutel den Lohn für zwei Arbeitstage und gab ihn dem Wirt mit dem Auftrag: ›Sorge gut für ihn! Falls die Rechnung höher wird, bezahle ich dir die Differenz bei meiner Rückkehr!‹«
36. Und Jesus schloß mit den Worten: »Was meinst du? Wer von den dreien ist dem ein Nächster geworden, der von den Räubern überfallen wurde?«
37. Er antwortete: »Derjenige, der Mitleid mit ihm hatte!« Und Jesus sagte zu ihm: »Dann geh und mache es ebenso!«

2.2 Wir entdecken die Botschaft, die die Worte Jesu für uns heute haben.

1. Mit wem von den dreien habt ihr die meiste Ähnlichkeit? In welchem von ihnen erkennt ihr euch wieder?
2. Jesus wählte einen Samaritaner als Vorbild für die Juden. Für die praktizierenden Juden waren die Samaritaner Leute mit schlechtem Ruf. Welche Art von Leuten würde Jesus heute nehmen, um sie den praktizierenden Katholiken als Vorbild vor Augen zu stellen? Wer wäre heute der gute Samaritaner?
3. Auch heute leben viele Menschen, die Hilfe brauchen, halbtot, überfallen, Opfer der Ungerechtigkeit und vieler anderer Ursachen. Ihr kommt vorbei, ich komme vorbei, wir alle kommen vorbei und sehen die Armen, die Kranken, die verwahrlosten Kinder, die Elendssiedlungen, die Verletzten am Straßenrand, die Traurigkeit, das

[2] Der Weg von Jerusalem nach Jericho führte durch die Wüste Juda. Es war eine gefährliche Gegend, die voller polizeilich gesuchter Leute steckte. Die Wüste war die Zuflucht der Banditen.

[3] Im Urtext heißt es: »Levit«. Ein Levit war eine Art Priester zweiter Klasse, der beim Kult im Tempel mitwirkte. Sowohl die Priester als auch die Leviten hatten einen genau zugeteilten Dienst, der ein oder zwei Wochen umfaßte. Danach kehrten sie nach Hause zurück. Viele von ihnen wohnten in Jericho. Daraus erklärt sich die Tatsache, daß der Priester und der Tempeldiener auf dieser Straße unterwegs waren.

[4] Ein Samaritaner war nach Ansicht der Juden eine Art Ketzer. Ein Jude hätte niemals einen Samaritaner als Vorbild hingestellt. Jesus tat es in seinem Gleichnis. Dem Gesetzeslehrer muß das sehr mißfallen haben, denn er wollte den Namen Samaritaner nicht einmal aussprechen (siehe Vers 37).

Leid, die Einsamkeit; sie alle warten darauf, daß einer ihnen hilft, warten auf den guten Samaritaner, der nicht kommt. Manche kommen vorbei, öffnen ihre Bieftasche und denken: »Dafür reicht mein Lohn nicht. Ich kann nicht helfen!« und gehen weiter. Andere kommen vorbei und denken: »Ich kann da nichts machen. Wer bin ich denn schon! Aber es gibt jemanden, der hilft und sich darum kümmert. Dafür gibt es doch alle diese Einrichtungen hier! An die sollen sie sich wenden!« und gehen weiter. Wieder andere kommen vorbei und denken: »Für all das bin ich nicht verantwortlich. Ich bin nicht dafür zuständig, das Elend aus der Welt zu schaffen! Schließlich habe nicht ich das Elend und die Armut gemacht!« und gehen weiter. Andere kommen vorbei und empören sich: »Diese verfluchte Regierung! Sie müßte sich mehr darum kümmern!«, aber sie selbst tun nichts und gehen weiter. Andere gehen vorbei und denken: »Die Armen! Wie schrecklich! Wenn ich wüßte, wie, dann würde ich das Elend aus der Welt schaffen. Aber ich weiß es nicht. An gutem Willen mangelt es mir nicht!« und gehen weiter. Alle haben einen Grund, nicht zu helfen. Niemand hat ausgesprochen Schuld und verdiente dafür eine Strafe. Unsere Gesellschaft geht am Elend vorbei und rechtfertigt sich, so wie es der Priester und der Tempeldiener taten. Und jetzt die Frage: Wie steht es mit euch? Wenn ihr vorbeikommt, was denkt und tut ihr dann? Mit welcher Gruppe habt ihr am meisten Ähnlichkeit?

4. Verhalten wir uns gegenüber dem Elend richtig? Wenn ja, warum? Wenn nein, warum nicht?
5. Habt ihr schon einmal versucht, der gute Samaritaner zu sein? Bei welcher Gelegenheit war das?
6. Selbst wenn es viele mutige Ärzte und viele Albertos gäbe, wäre damit das Problem des Elends heute gelöst? Was meint ihr?
7. Ist es richtig, daß ein Arzt seine Stelle aufs Spiel setzt, um einem Menschen helfen zu können? Wenn ja, warum? Wenn nein, warum nicht?
8. Eine Prozession von Armen, die, statt sich aufzulösen, immer länger und größer wird, stört die Gewissensruhe der Leute. Es muß etwas geschehen, aber niemand scheint dafür verantwortlich zu sein, und niemand kann helfen. Ist es sinnvoll, Almosen zu geben? Können Almosen das Problem lösen?
9. Hat es Sinn, einen Eimer unter das Regenloch zu stellen? Ist es da nicht besser, die undichte Stelle im Dach auszubessern? Bringt das Verhalten des Arztes und Albertos die undichte Stelle wieder in Ordnung oder leert es nur den Eimer aus? Was meint ihr? Und warum?
10. Was die Ungerechtigkeit und Armut anbelangt, wo ist da die undichte Stelle, die zu diesem furchtbaren Regenloch im Haus der Menschen führt?
11. Wie müßte man sich heute als guter Samaritaner verhalten?
12. Der Spezialist für das Gesetz Gottes fragte: »Wer ist mein Nächster?« Er glaubt, die Menschen in zwei Gruppen einteilen zu können: in *Nächste*, denen ich helfen muß, und *Nicht-Nächste*, denen gegenüber ich zu nichts verpflichtet bin. Jesus weist die Frage zurück und gibt zu verstehen: Ob der andere ein Nächster ist, hängt nicht von ihm ab, sondern von euch und eurer Hilfsbereitschaft. Wenn ihr euch ihm nähert, wird er euer Nächster, und ihr müßt ihn lieben und ihm helfen. Die Entschuldigung: »Er ist nicht mein Nächster!« gibt es nicht mehr. Wir sind alle verantwortlich, wenn

wir mit dem Elend in Berührung kommen und den anderen Nächste werden. Und nun die Frage: Wie müßten die Christen sich heute verhalten, um für die anderen Nächste zu werden und ihnen *wirklich* zu helfen und der Trägheit nicht Vorschub zu leisten?

13. Wie wollen wir das Wort, das wir gehört und überdacht haben, nun konkret verwirklichen?

31. Jesus und die Menschlichkeit

»Ich begann zu leben, als ich bereit war zu sterben.
Wenn du leben willst, mußt du sterben können.«

1. Lektüre des Textes aus dem Leben

1.1 Eine Begebenheit aus dem heutigen Leben

»Im Jahre 1971 waren in Brasilien mehr als 1300000 Arbeitsunfälle zu verzeichnen, die zu einem Ausfall von 20 Mio. Arbeitstagen führten und Kosten in einer Größenordnung von 2 Mrd. Cruzeiros verursachten.« So hieß es bei der Eröffnung des Ersten Kongresses der Sicherheitsbeauftragten der Zementindustrie. Das Interesse der Sicherheitsbeauftragten war es, »den Verlust von Geld und Zeit zu verhindern, der durch die große Zahl der gegenwärtig zu verzeichnenden Unfälle verursacht wird« (Jornal do Brasil vom 17. Nov. 1972). Dieses Interesse ist nur recht und billig. Aber ein Interesse am Leben der Arbeiter war hier nicht zu erkennen. Aus der Statistik war nicht zu ersehen, wieviele Arbeiter bei den Unfällen ums Leben kamen, wieviele arbeitsunfähig wurden und wieviele Familien ihren Ernährer verloren. Das einzige Interesse schienen die Produktion, der Gewinn und das Geld zu sein.

1.2 Eine Begebenheit aus dem Leben in biblischer Zeit

Die Versuchung des Reichtums und Gewinns, die dazu führt, daß man sich nicht für das Leben anderer interessiert, gibt es nicht erst heute. Der heilige Paulus schreibt an Timotheus: »Ermahne die Reichen dieser Welt, nicht überheblich zu sein und ihre Hoffnung nicht auf unsichere Reichtümer zu setzen« (1 Tim 6,17). Er spricht von solchen, die mit ihren verwerflichen Lehren »ganze Familien zerstören, und das nur in der schändlichen Absicht, sich zu bereichern« (Tit 1,11). Und der heilige Jakobus sagt: »Ihr Reichen, weint und jammert über das Unglück, das über euch hereinbrechen wird! Eure Reichtümer sind schon verfault! Eure Kleider sind schon von den Motten zerfressen! Euer Gold und Silber ist verrostet, und dieser Rost klagt euch an und verzehrt euch innerlich. Das Vermögen, das ihr angehäuft habt, gehört in das Feuer, zu dem ihr verurteilt werdet! Denn ihr müßt wissen: Der Lohn, den ihr den Arbeitern auf euren Plantagen geraubt habt, schreit zum Himmel. Die Klagen eurer Pflanzer dringen schon zu den Ohren des Herrn! Euer Leben war mit Luxus und Vergnügen ausgefüllt! Ihr wart zufrieden, wenn ihr töten konntet! Ihr habt den Gerechten verurteilt und getötet, weil er nicht imstande war, sich gegen euch zu wehren« (Jak 5, 1–6).[1]

1.3 Wir vertiefen uns in die Begebenheit aus dem Leben, um zu sehen, ob so etwas auch in unserem Leben vorkommt.

Die Welt scheint auf den Kopf gestellt, ohne daß es möglich wäre, die Sache wieder in Ordnung zu bringen: Der Reiche wird immer reicher und der Arme immer ärmer, ohne Aussicht auf ein menschenwürdiges Leben. Irgendetwas muß da falsch laufen. Sehen wir uns das einmal näher an!

1. Kennt ihr einen Fall, in dem die vordringliche Sorge um Geld und Luxus ein Menschenleben zerstört hat?
2. Kennt ihr den Fall armer Leute, die unglücklich sind, bloß weil sie immerzu auf das Leben der Reichen schauen im Glauben, daß Reichtum der einzige Weg zu einem glücklichen Leben ist?
3. Kennt ihr Leute, die nicht all das kaufen, wovon es im Fernsehen heißt, man brauche es unbedingt zu seinem Glück, und die trotzdem sehr glücklich sind?
4. Was meint ihr: Was ist das Wichtigste im Leben, um wirklich glücklich sein zu können? Was macht das Leben der Menschen zu einem wirklich menschlichen Leben?
5. Das Gesetz, das die Welt regiert, so scheint es, ist das Gesetz des Geldes und des Gewinns. Welches Gesetz müßte regieren, damit man die Welt wieder in Ordnung bringen könnte?

2. Lektüre des Textes aus der Bibel

2.1 Wir hören, was Jesus dem Volk seiner Zeit zu diesem Problem gesagt hat.

Jesus Christus verurteilt das, was in der Welt falsch ist, und zeigt einen Lösungsweg auf, bringt ein *neues* Gesetz. Er selbst hat diesen Weg eingeschlagen und damit gezeigt, daß das neue Gesetz eingehalten werden kann und die Lösung möglich ist. Hören wir, was er sagt!

Einige zusammenhängende Texte aus dem Johannesevangelium

10,7. Hört gut zu, was ich euch sage, denn es ist mir ernst damit:[2] Ich bin die Tür, durch die die Schafe hineingehen!

[1] Die Übersetzung dieses Textes von Jakobus zielt darauf ab, den Sinn, den Jakobus seinen Worten geben wollte, ganz deutlich zu machen.

[2] Im Urtext heißt es: »In Wahrheit, in Wahrheit sage ich euch«. *Zweimal* wiederholt er »in Wahrheit«. Das deutet darauf hin, daß die folgende Aussage sehr wichtig ist.

8. Alle andern, die vor mir kamen, waren Diebe und Räuber. Aber die Schafe hörten nicht auf sie.
9. Die Tür bin ich! Nur wer durch mich hineingeht, wird gerettet werden: Er wird sich wohl fühlen und glücklich sein.[3]
10. Wenn der Dieb kommt, will er nur die Schafe stehlen, töten und vernichten. Ich dagegen bin gekommen, damit sie das Leben haben und es in Fülle haben!
11. Ich bin der gute Hirt! Wenn einer ein guter Hirt ist, gibt er sein Leben für seine Schafe hin.
17. Und aus diesem Grund liebt mich auch mein Vater, weil ich mein Leben hingebe, um es wieder in Besitz zu nehmen.
18. Mein Vater will es so; diesen Auftrag habe ich von ihm bekommen.
15,9. So wie der Vater mich liebt, so liebe ich euch! Versucht, in meiner Liebe zu bleiben!
10. Ihr bleibt in meiner Liebe, wenn ihr das Gebot haltet, das ich euch gegeben habe. Denn auch ich habe das Gebot erfüllt, das der Vater mir gab, und deshalb bleibe ich in seiner Liebe.
12. Dies ist das Gebot, das ich euch gegeben habe: Ihr sollt einander so lieben, wie ich euch geliebt habe!
13. Mit meiner Liebe zu euch habe ich euch das Äußerste an Liebe gezeigt,
das heißt, sein Leben für seine Freunde zu opfern.
13,35. Daran werden alle erkennen können, daß ihr meine Freunde seid: wenn ihr einander liebt!

2.2 Wir entdecken die Botschaft, die die Worte Jesu für uns heute haben.

1. Welcher Satz hat euch am besten gefallen? Warum?
2. Jesus ist die Tür. Man muß durch die Tür eintreten, um zu einem glücklichen Leben zu gelangen, das heißt, man muß durch Christus eintreten. Wie macht man das? Versucht, mit Sätzen aus dem Text zu antworten, den wir gerade gehört haben!
3. In der »Begebenheit aus dem heutigen Leben« galt die Hauptsorge der Sicherheitsbeauftragten einer Sache, im Text aus der Bibel galt die Sorge Jesu einer anderen Sache. Worum kümmert sich Jesus? Versucht, mit Sätzen aus dem Text zu antworten, den ihr gerade gehört habt!
4. Wenn man das Anliegen der Sicherheitsbeauftragten mit dem Jesu vergleicht, wo weist das Anliegen der ersteren einen Mangel auf? Warum?
5. Was müßte in den Betrieben, die ihr kennt, verändert werden, damit sie mit dem Anliegen Jesu übereinstimmen? Warum? Versucht, mit ganz konkreten Beispielen aus der Realität zu antworten!
6. Etwas muß anders werden. Aber nicht wir erlassen die Gesetze oder bestimmen die Richtlinien. Wir können nur wenig tun, um die Situation zu ändern und mit dem Evangelium in Einklang zu bringen. Worin besteht das Wenige, das wir schon jetzt in Angriff nehmen können?

[3] Im Urtext heißt es: »Er wird ein- und ausgehen und Weide finden«. Damit wird symbolisch zum Ausdruck gebracht, daß der Mensch »sich wohlfühlen und glücklich sein« wird.

7. Jesus ist die Tür. Er ist der gute Hirt. Er sagt, daß die anderen »Diebe und Räuber« waren, weil ihnen nicht am Leben und am Glück der Schafe lag. Würde Jesus heute wohl dasselbe sagen? Wenn ja, warum? Wenn nein, warum nicht?
8. Treten wir Christen durch die »Tür« ein, oder handeln wir wie »Diebe und Räuber«? Versucht, eure Antwort mit ganz konkreten Beispielen zu verdeutlichen!
9. Der heilige Jakobus war bei seiner Verurteilung des Reichtums sehr entschieden. Warum wohl? Würde er diese Verurteilung heute wiederholen? Wenn ja, warum? Wenn nein, warum nicht?
10. Geschehen die Dinge, die Jakobus am Reichtum kritisiert, auch heute noch? Kennt ihr Beispiele dafür?
11. Die Hauptsorge Jesu ist das Leben (10,10). Der Weg dorthin führt über die Hingabe an den andern in der Liebe (15,12). Warum ist es so schwer, dieses Gebot zu erfüllen?
12. Was können wir konkret tun, um das Wort, das wir gehört und überdacht haben, zu befolgen?

32. Die Mutter Jesu

»Ganz wie du wünschst: Ich bin nur eine Dienerin Gottes!«

1. Lektüre des Textes aus dem Leben

1.1 Begebenheiten aus dem heutigen Leben

»Mama glaubt, daß man noch ein Kind ist! Verdammt nochmal! Ich bin schon dreiundzwanzig. Und sie kümmert sich um mich, als ob ich erst zehn oder zwölf Jahre wäre! Ich bin alt genug, um zu wissen, was ich im Leben will. Ich weiß, daß sie nur die allerbesten Absichten hat, aber wer darunter zu leiden hat, das bin ich!« Das sagte Mario. Seine Mutter wollte nicht, daß er sich verliebte. Sie hatte Angst, ihn zu verlieren. Er war ihr einziges Kind. Sie sagte das nicht offen, sondern stritt sich mit den Freundinnen herum, die Mario nach Hause brachte. Eine nach der andern ging wieder.

Ein anderes Beispiel: José war Pfarrer. Aber seiner alten Mutter zuliebe übte er sein Priesteramt nicht mehr aus, sondern

1.2 Begebenheiten aus dem Leben in biblischer Zeit

Die Mutter des Jakobus und des Johannes wandte sich an Jesus und sagte: »Sorge doch dafür, daß meine beiden Söhne in deinem Reich einen guten Platz bekommen, der eine rechts von dir, der andere links von dir!« Die Mutter sorgte sich um die Zukunft ihrer Söhne und wollte ihnen eine gute Position verschaffen. Jesus befreite sie von ihrem Irrtum: »Du weißt nicht, was du da verlangst! Das ist nicht meine Sache! Darüber entscheidet mein Vater!« Und er erklärte ihnen, daß statt einer guten Stellung im Reich Leid auf sie wartete (Mt 20, 20–23).

Eine andere Begebenheit: Der Sohn trug sein Kreuz nach Golgatha. Ein gescheitertes Leben, das ganz im Dienst des von Gott erhaltenen Auftrags stand. Von zwei Ge-

bemühte sich, Geld zu verdienen, um sie unterstützen zu können. Eines Tages besuchten José zwei Priesterkollegen. Die Mutter sagte zu ihnen: »Sagen Sie doch meinem Sohn, daß er einen Auftrag zu erfüllen hat! Er braucht sich nicht so viel um mich zu kümmern. Ich komme schon zurecht. Es ist nicht seine Aufgabe, hier zu bleiben und sich um mich zu kümmern. Mir würde es Freude machen zu sehen, daß er den Auftrag erfüllt, den er von Gott bekommen hat.«

richten verurteilt, wurde Jesus von allen abgelehnt. Aber da war seine Mutter. Ohne ein Wort der Klage stand sie unter dem Kreuz, so als ob sie sagen wollte: »Mein Sohn, das ist dein Auftrag! Bleib ihm treu bis zum Ende!« Er blieb ihm treu, denn er starb mit den Worten: »Es ist vollbracht!« oder, anders ausgedrückt: »Ich habe es geschafft!« (Joh 19,30).

1.3 Wir vertiefen uns in die Begebenheiten aus dem Leben, um zu sehen, ob so etwas auch in unserem Leben vorkommt.

Die Mutter nimmt im Leben einen sehr wichtigen Platz ein. Ohne sie wären wir nicht, was wir sind. Ohne seine Mutter wäre Jesus nicht gewesen, was er war und noch ist. Wir wollen ein wenig über den Platz nachdenken, den unsere Mutter in unserem Leben einnimmt.

1. Erinnert ihr euch an ein Ereignis in eurem Leben, bei dem der Gedanke an eure Mutter oder ihre Gegenwart euch in einem Kampf durchhalten und ihn siegreich beenden ließ? Erzählt!
2. Kennt ihr einen ähnlichen Fall wie den der Mutter des Mario oder den der Mutter des Jakobus und des Johannes? Erzählt!
3. Meint ihr, daß diese beiden Mütter sich richtig verhalten haben? Wenn ja, warum? Wenn nein, warum nicht?
4. Kennt ihr einen ähnlichen Fall wie den der Mutter des Pfarrers oder der Mutter Jesu? Erzählt!
5. Was bewundert ihr am Verhalten dieser beiden Mütter am meisten? Warum?
6. Denkt ein bißchen an eure eigene Lebenserfahrung und versucht zu sagen, welchen Platz die Mutter im Leben eines Menschen einnehmen sollte? Antwortet nicht bloß theoretisch, sondern gestützt auf das, was ihr selber im Leben kennengelernt habt!

2. Lektüre des Textes aus der Bibel

2.1 Wir hören einige Begebenheiten, die zeigen, welchen Platz Maria im Leben Jesu einnahm.

Bisher haben wir nur Bibeltexte über Jesus gelesen. Jetzt werden wir hören, was die Bibel über Maria sagt, die mit Gott Vater am Anfang all dessen steht, was Jesus Gutes für uns getan hat. Maria, die Mutter Jesu, tritt in den vier wichtigsten Augenblicken des Lebens Jesu in Erscheinung. Wir wollen die vier Texte nicht ganz lesen, sondern nur die vier Ereignisse, die allen bekannt sind, ins Gedächtnis rufen.

1. Bei der Geburt Jesu:
Aufgrund der Einwilligung jener jungen Frau namens Maria fand Gott eine Tür zu uns und konnte Mensch werden wie wir. Die Antwort, die Maria auf den Vorschlag Gottes gab, hieß: »Ganz wie du willst, ich bin nur eine Dienerin Gottes! Es soll das mit mir geschehen, was du gesagt hast« (Lk 1,37).
2. Zu Beginn des öffentlichen Lebens Jesu:
Bei der Hochzeit zu Kana, ganz zu Beginn seines öffentlichen Wirkens, vollbrachte Jesus das erste Wunder dank des Eingreifens Marias. Er verwandelte Wasser in Wein. Zu Recht bemerkte er, daß dies noch nicht seine Stunde sei: »Meine Stunde ist noch nicht gekommen!« (Joh 2, 3–4). Die eigentliche *Stunde* Jesu war seine Auferstehung. Das Wunder von Kana war so etwas wie eine Gratisprobe dessen, was später in der Stunde der Auferstehung geschehen sollte: Das würde sein wie Wein verglichen mit Wasser. Dank Marias Eingreifen nahm der Weg in Richtung auf die Auferstehung, auf die Stunde Jesu, seinen Anfang.
3. In Jesu Todesstunde:
In dem Augenblick, als Jesus seine Sendung am Kreuz zum Abschluß brachte, wurde er von allen im Stich gelassen. Nur einige wenige Freunde blieben ihm. Darunter waren seine Mutter und an ihrer Seite der Jünger, den er liebte. Jesus sagte zu seiner Mutter: »Frau, siehe, dein Sohn!« Dann sagte er zu dem Jünger: »Siehe, deine Mutter!« (Joh 19, 25–27). Soviel Gutes hatte Jesus in seinem Leben von seiner Mutter empfangen, daß er uns dies nicht nehmen wollte. So gab er uns mit seinem Leben auch seine Mutter, damit diese in uns weiterhin so viel Gutes wachrufen sollte, wie sie das bei Jesus getan hat.
4. In der Geburtsstunde der Kirche Jesu:
In dem Augenblick, als die Apostel am Pfingsttag den Heiligen Geist empfingen, wurde die Kirche geboren. Auf das Geschenk des Geistes hatten sich die Apostel neun Tage lang im Gebet vorbereitet. Unter ihnen war Maria, die Mutter Jesu, und betete mit ihnen (Apg 1,14). Wie sie 33 Jahre zuvor den Heiligen Geist empfangen hatte, der Jesus Christus ins Leben rief, so empfängt sie jetzt zusammen mit den Aposteln den Heiligen Geist, der die Kirche ins Leben ruft.

2.2 Wir entdecken den Platz, den die Mutter Jesu in unserem Leben heute einnimmt.

Das Thema ist zu umfassend, als daß man es bei einer einzigen Zusammenkunft Punkt für Punkt erörtern könnte. Wir wollen nur auf das Wichtigste eingehen. Über alles andere kann jeder für sich zu Hause weiter nachdenken.

1. Was hat euch an dem, was wir über Maria, die Mutter Jesu hörten, am meisten interessiert? Warum?
2. Wenn ihr das Verhalten der Mutter Jesu mit dem Verhalten der Mutter des Priesters José vergleicht, welche Ähnlichkeit entdeckt ihr dann zwischen beiden? Warum?
3. Wenn ihr das Verhalten der Mutter Jesu mit dem Verhalten der Mutter von Jakobus und Johannes und der Mutter des Mario vergleicht, welchen Unterschied stellt ihr da fest? Warum?
4. In welcher Gefahr ist die Mutter bei der Erziehung ihrer Kinder? Denkt bei eurer Antwort an das Verhalten der Mutter des Jakobus und der Mutter des Mario! Beide

meinten es nur gut mit ihren Söhnen. Aber damit erreichten sie gerade nicht, was für ihre Söhne gut war.

5. In welchem Punkt kann das Verhalten der Mutter Jesu den Müttern von heute helfen, ihre Aufgabe als Mutter besser zu verstehen?
6. Die Verehrung für die Muttergottes ist sehr groß. Steht die Art und Weise, wie die Leute der Muttergottes gegenübertreten, immer im Einklang mit der Rolle, die sie in unserem Leben spielen will? Wenn ja, warum? Wenn nein, warum nicht?
7. Wenn wir die Aufgabe betrachten, die Maria im Leben Jesu erfüllte, welche Aufgabe kann und soll sie dann in unserem Leben als Christen haben? Warum?
8. Welche Konsequenz wollen wir aus alldem ganz konkret für unser Leben ziehen?

V. Einheit:

Ein neuer Himmel und eine neue Erde

Einführung

1. Wenn die Zukunft Gottes gekommen ist
2. Der Vergleich, mit dem die Bibel die Zukunft verdeutlicht. Bevor das Kind geboren wird, lebt es im Schoß der Mutter.
3. Der erste Sohn der Zukunft. »Ein Sohn ist geboren.« – »Die Zukunft hat begonnen!«
4. Ein konkretes Beispiel für den Glauben an die Auferstehung. Die Kräfte besiegen, die die sich entwickelnde Zukunft zum Scheitern bringen wollen
5. Der Mut des Glaubens. Heute an die Auferstehung glauben
6. Die Kraft, die sich in der Schwachheit zeigt. Die Waffen Gottes im Kampf gegen das Böse, das den »neuen Menschen« verhindern will
7. Den Schleier von der Welt nehmen. Zeigen, daß die Zukunft wirksam zu werden beginnt
8. Der Konflikt zwischen Gegenwart und Zukunft. Jesus beginnt die Revolution der Zukunft Gottes.
9. Die vielen Fragen, auf die es keine Antwort gibt. Die Zukunft Gottes paßt nicht in unseren Verstand.

Von der Auferstehung lernen (Treffen 33 – 36)

33) Der Traum Gottes für alle Menschen guten Willens
34) Der erste Sohn der Zukunft
35) Wenn er aus der Erde hervorbricht, sieht der Jakarandabaum aus wie Gras, aber es ist ein Jakarandabaum.
36) Nur Mut! Ich habe die Welt besiegt!

Bei der Zukunft Gottes in die Lehre gehen (Treffen 37–40)

37) Das letzte Gericht findet schon statt.
38) Die Hölle – sich in die Finsternis einschließen
39) Die Toten, die durch die Hoffnung auf die Zukunft schon jetzt wiedergeboren werden
40) Der Tod – erwachen, um für immer zu leben

Einführung

1. Wenn die Zukunft Gottes gekommen ist

Ein Traum...

Jemand hatte einen Traum; er träumte, daß die Menschen auf der Erde in Frieden miteinander lebten. Die Erde werde in Frieden von den Menschen bewohnt. Er träumte, die Erde habe sich endlich von all den Kämpfen und Kriegen erholen können, von all dem Blut, das ohne Grund vergossen wurde.

In seinem Traum sah er eine grenzenlose Freude, eine seltsame Vollkommenheit, die er nicht kannte und die er sich auch nicht hätte vorstellen können: Alle Arbeiten, die es zu tun gab, waren ausgeführt und abgeschlossen, und alles war dabei vollkommen. Die Fabriken schlossen, weil sie nichts mehr zu tun hatten. Der Handel hörte auf, weil alle für immer mit allem versorgt waren. Mit der Arbeit auf dem Feld war Schluß, weil die Menschen eine solche Vollkommenheit erreicht hatten, daß sie nicht mehr zu essen brauchten. Das Parlament beendete seine Tätigkeit, die Gerichte mußten ihre Pforten schließen, die Regierung ging nach Hause, weil sie keine Gesetze mehr zu erlassen und keine Entscheidungen mehr zu fällen hatte. Die Kasernen wurden geschlossen, die Polizei aufgelöst, die Spionage beendet, die Zensur abgeschafft, weil alles Böse und alles Unrecht aus der Welt geschaffen war. Fernsehen, Telefon, Post, Straßen, Brücken, Autos, Schiffe, Busse, Züge, das alles gab es nicht mehr, weil die Menschen mit der Geschwindigkeit des Gedankenflugs miteinander in Verbindung traten und sich schneller als das Licht von einem Ort zum andern fortbewegten.

Und da eben alle alles hatten, war niemand gewinnsüchtig, und keiner beutete den andern aus. Niemand war darauf aus, viel zu besitzen, denn alles gehörte ja allen. Keiner machte sich um die Zukunft Sorgen, denn die Zukunft war ja schon gekommen.

In seinem Traum ging er in der Welt umher und dachte: »Sie haben nichts mehr zu tun. Ein solches Leben macht sicher keinen großen Spaß.« Deshalb blieb er stehen und fragte jemanden: »Hör mal, was macht ihr denn den ganzen Tag?«

Der andere sah ihn verwundert an und antwortete: »Nachdem wir mit der Hilfe Gottes die Zukunft zu Ende gebaut haben, nachdem die Zukunft durch die Gnade Gottes gekommen ist, beginnen wir, die Zukunft zu leben. Jetzt, wo das Haus endlich fertig ist, sind wir endgültig dort eingezogen und beginnen, das Haus zu *unserem* Haus zu machen. Wir sind dabei, uns gegenseitig kennenzulernen. Früher hatten wir dafür keine Zeit. Wir lernen den Herrn des Hauses, der bei uns wohnt, näher kennen. Wir werden allmählich das, worum wir die ganze Geschichte hindurch kämpfen. Bis wir schließlich glücklich sind und anfangen, wirklich zu leben!«

Er setzte seinen Spaziergang durch diese »schöne neue Welt« fort und bemerkte eine seltsame Energie, die nicht aus Kraftwerken, sondern aus dem Innern der Menschen kam, alles in Bewegung setzte, die ganze Erde hell erleuchtete und alles mit grenzenloser Freude erfüllte. Und da sagte er sich: »Je länger man sich in dieser neuen Welt aufhält, um so mehr fasziniert sie einen und um so besser gefällt sie einem. Die Quellen, über die sie verfügt, sind unerschöpflich.«

Die Wüsten wurden wieder grün, die Luft wurde rein, eine neue Ruhe senkte sich auf die Menschen herab und umgab alle und alles mit einem Mantel des Friedens. Alle waren jemand, alle waren sie selber. Alle hatten etwas zu sagen, und jeder kam zu seinem Recht, denn sie alle waren Volk Gottes. Gott war alles in allen.

Da erwachte er aus seinem Traum und dachte: »Es fehlt noch eine Menge, bis unsere Welt fertig ist und in diese Zukunft Gottes eintreten kann. Wenn Gott nicht mithilft, bringen wir es nie so weit. Man darf nicht länger warten und noch mehr Zeit verlieren. Es ist an der Zeit, anzufangen und unsere Welt für die Zukunft Gottes bereit zu machen!«

Das Eintreffen der Zukunft

Das war nur ein Traum, geboren aus einer Hoffnung, die wir alle im Grunde unseres Herzens hegen. Wie wird die Zukunft aussehen? Wann wird es so weit sein? Das wissen wir nicht. Wenn aber dieser Tag für alle kommt, wird niemand Zweifel haben. Es wird für alle offensichtlich sein. Wie ein Blitz, der den Himmel von einem Ende bis zum andern durchzuckt (vgl. Lk 17, 24). Wie die Morgensonne. Die Sonne hat es nicht nötig, ihre Visitenkarte auf die Erde fallen zu lassen, um zu erklären: »Ich bin die Sonne!« Das weiß jeder. Wenn am Ende der Geschichte als Geschenk Gottes und als Ergebnis unserer Arbeit die Zukunft für alle eintrifft, braucht sie nicht zu rufen: »Ich bin die Zukunft!« Alle werden wissen und erkennen: »Die Zukunft ist da! Das Leben hat begonnen!«

Wie wir über die Zukunft Gottes reden

Wenn wir über die Zukunft Gottes sprechen, vergessen wir unsere Träume und beschreiben die Zukunft als »ewige Ruhe«, als »andere Welt« und als »Gottesschau«. Diese Bilder sind richtig, aber sie sagen nicht alles und rufen gewisse Schwierigkeiten hervor. Pedro sagte: »Herr Pfarrer, ich weiß nicht, wie ich es im Himmel aushalten soll. Die ganze Zeit untätig herumsitzen und Gott anschauen – das liegt mir nicht. Ich bin ein Mann, der gern arbeitet! Ob sich denn da nicht irgendeine Aufgabe finden läßt? Ich würde sogar umsonst arbeiten!« Ein Grundschüler sagte: »Ich hoffe, daß Jesus uns zwischen der einen und der andern Gottesschau ein bißchen Pause läßt, damit wir spielen können!« Auf den Lastwagen liest man: »Wenn der Tod Ruhe ist, möchte ich lieber müde sein und leben.« Die Zukunft Gottes ist nicht verlockend, weil wir sie uns nicht vorstellen können. Wir denken, die Zukunft sei nur ein Geschenk Gottes. Dabei vergessen wir, daß sie gleichzeitig auch ein Ergebnis unserer Arbeit ist. Wenn die Zukunft keine Anziehungskraft besitzt, fehlt das Benzin im Motor. Der Wagen der Geschichte bleibt stehen, und nichts rührt sich. Alle warten nur darauf, daß die Zeit vorbeigeht.

Wie die Bibel von der Zukunft Gottes spricht

Die Bibel macht es wie der Junge aus den Slums, der den Himmel zeichnen sollte. Er zeichnete einen riesigen Festzug: Alle kommen singend und tanzend den Hügel herab, in einem fröhlichen Tanz, der die ganze Stadt erfaßt. Für den kleinen Negerjungen war und ist der Karneval die größte Freude des Lebens. Den Karneval überträgt er auf das Bild der Zukunft, um die Freude der Zukunft Gottes auszumalen. Ein ewiger Karneval!

Jesus tut das gleiche: Die Zukunft Gottes wird wie ein Spießbratenessen sein, denn er sagt, die Ochsen für das Festmahl seien schon geschlachtet (Mt 22, 4). Sie wird wie ein ganz großes Fest sein, wie ein Hochzeitsfest, bei dem es reichlich zu essen und zu trinken gibt (Mt 22, 2). Allein bei der Hochzeit in Kana sorgte Jesus für etwa 600 Liter Wein, damit nichts mehr fehlte (vgl. Joh 2, 6–10). Die Zukunft wird hundertmal besser sein als das jetzige Leben (Mt 19, 29). Sie wird sein wie ein Schatz, den ihr nach langem Suchen findet (Mt 13, 44), wie kühles Wasser, das ihr nach einem langen Weg durch die Hitze entdeckt (Joh 7, 37; 4, 14). Sie wird sein wie das Vaterhaus, in dem sogar schon ein Platz für euch bereitsteht (Joh 14, 2–3). Bei diesem Fest ohne Ende wird Jesus selbst uns am Tisch bedienen, wird er unser Diener sein. Darauf besteht er (Lk 12, 37). Es wird ein so gutes und kraftvolles Leben sein, daß es nie aufhören wird; es wird ewiges Leben sein (Joh 6, 40; 10, 10).
Die schönen Augenblicke des Lebens, in denen der Mensch seine Freuden erlebt, überträgt Jesus auf das Bild der Zukunft, als wollte er damit sagen: »So sieht die Zukunft aus, auf die ihr hoffen dürft. Für eine solche Hoffnung werdet ihr kämpfen.« Alle Hoffnung faßt er in einem einzigen Satz zusammen: »Ich bin gekommen, damit sie das Leben haben und es in Fülle haben« (Joh 10, 10). Er will, daß das Leben der Menschen endlich ein wirklich menschliches, glückliches Leben ist!

Hundert Liter Wein passen nicht in ein Glas
Die Bibel spricht von der Zukunft, wie eine Mutter von ihrem Kind spricht, dessen Geburt bevorsteht. Sie weiß nichts von ihrem Kind. Während sie in den Wehen liegt, weiß sie nur, daß es zur Welt kommt. Sie erwartet, daß es ein hübsches Kind sein wird, und stellt es sich schon vor: Es wird das niedlichste Kind von der Welt sein! Die neue Menschheit, die aus der Geschichte hervorgehen wird, wird schön sein. Gott garantiert das! Sie wird schön sein wie eine Braut, die sich für den Hochzeitstag festlich geschmückt hat (Offb 21, 2). Die Bibel nimmt die schönsten Bilder der Natur, der Vergangenheit und des Lebens zu Hilfe, um uns eine Vorstellung von der Schönheit der Zukunft, die wir aufbauen, und der Hoffnung zu vermitteln, die wir hegen dürfen. Sie tut dies, um die Anziehungskraft, die die Zukunft auf uns ausübt, lebendig zu erhalten und noch zu vergrößern.
Dennoch bleiben viele Fragen offen. Das ist nicht schlimm. Wenn ihr an einen Ort fahren wollt, an dem ihr noch nie wart, könnt ihr euch danach erkundigen und in Büchern und Landkarten nachsehen. Trotzdem wird der Ort immer noch anders sein, als ihr ihn euch vorgestellt habt. Die beste Antwort auf alle unsere Fragen ist immer noch die des heiligen Paulus: »Mit den Augen können wir nicht sehen, mit den Ohren nicht hören, mit dem Herzen uns nicht vorstellen, was Gott für die bereit hält, die ihn lieben« (1 Kor 2, 9). Mit anderen Worten, wir müssen zugeben, daß wir über viele Dinge nicht Bescheid wissen, und schlicht und einfach sagen: »Ich weiß es nicht, und man kann es auch gar nicht wissen.« Hundert Liter Wein passen nicht in ein Glas. Die Zukunft Gottes hat nicht in unserem Kopf Platz.

Worüber die Bibel uns Gewißheit gibt
Über eines jedoch gibt die Bibel uns Gewißheit und läßt sie keinen Zweifel bestehen: Die Zukunft wird kommen und sie wird gut sein; sie wird alles übertreffen, was wir uns

vorstellen können. Gott hat sich auf die Seite der Zukunft des Menschen gestellt. Die Bibel will die Gegenwart mit Hoffnung und Mut erfüllen. Es lohnt sich, für das Leben zu arbeiten! Wer keine Hoffnung hat, tut nichts mehr, zieht sich in sich selbst zurück und verliert den Sinn des Lebens. Das Schlimmste, was einem Menschen passieren kann, ist, daß die Hoffnung in ihm stirbt. Der Tod der Hoffnung macht den Menschen zu einem wandelnden Leichnam. Die Bibel will eine begründete Hoffnung geben.

Diesen Mut und diese Hoffnung brauchen wir, denn die Aufgabe, die Zukunft zu bauen, ist nicht leicht. Sie bringt viele Schmerzen mit sich, die den Geburtswehen gleichen. Deshalb finden wir immer einen Vorwand, um noch nicht mit dem Bau der Zukunft zu beginnen. Wir sind darin genauso wie der Junge, dem der Vater befahl, den Acker zu bepflanzen. Es war ein schwieriger Boden, und er verlor den Mut. Er zögerte die Arbeit hinaus, indem er eine Frage nach der andern stellte. Bis sein Vater schließlich sagte: »Mein Sohn, jetzt ist es genug! Geh arbeiten! Die Arbeit wird deine Fragen schon beantworten!« Der Engel sprach zu den Aposteln: »Warum steht ihr hier und schaut zum Himmel?« (Apg 1, 11). Statt stehenzubleiben, zum Himmel zu blicken, den Bauplan der Zukunft zu betrachten, müssen wir mit dem Bau beginnen, indem wir jedem die Gute Nachricht bringen, der sie hören und sich für sie einsetzen will (Apg 1, 7–8), und das Leben zum Besseren wenden.

Entscheidend ist dabei, daß wir Benzin für den Motor haben und nicht von der Straße abkommen, die zur Zukunft Gottes führt. Mit ihren Beschreibungen der Zukunft und all den Bildern will die Bibel den Wagen der Geschichte mit Benzin versorgen und den richtigen Weg zeigen. Sie würde mit dem Sertanejo sagen: »Man tappt immer im Dunkeln, erst ganz zum Schluß wird der Saal erleuchtet. Ich behaupte: das Wirkliche zeigt sich weder im Aufbruch noch in der Ankunft, es begegnet einem irgendwo unterwegs« (Guimarães Rosa).[1]

2. Der Vergleich, mit dem die Bibel die Zukunft verdeutlicht. Bevor das Kind geboren wird, lebt es im Schoß der Mutter.

Eine Tatsache aus dem Leben von gestern und heute dient als Vergleich.

Wenn eine Frau in den ersten Monaten schwanger ist, kann man davon noch nichts sehen. Aber auch wenn einem nichts Besonderes auffällt, wächst im Schoß dieser Frau ein lebendiges Wesen heran. Von der Umsicht der Mutter wird es abhängen, ob das Kind, das sie in sich trägt, bis zur Geburt in ihr heranwachsen kann oder nicht.

Wenn die Schwangerschaft fortgeschritten ist, kann man davon etwas sehen, denn der Bauch wird dicker, und sogar das Gesicht verändert sich ein bißchen. Und auch ohne etwas zu sagen, denkt jeder: »Diese Frau bekommt ein Baby.«

Wenn die Geburt unmittelbar bevorsteht, ist die Frau bekümmert und hat große Schmerzen. Sobald aber das Kind geboren ist, vergißt sie ihre Schmerzen und ist glücklich, weil sie die Freude verspürt, Mutter zu sein und ein Kind zu haben.

[1] Guimarães Rosa, João (1908–1967), brasilianischer Schriftsteller, dessen Roman »Grande Sertão« (1956) als das Epos Brasiliens gilt. Sertanejo: Bewohner des Sertão, des Trockengebietes im Nordosten Brasiliens.

Die Tatsache aus dem Leben, mit der die Bibel die Hoffnung auf die Zukunft erklärt
So ist auch die Menschheit schwanger, und die Zeichen ihrer Schwangerschaft sind schon zu erkennen (vgl. Röm 8, 22). Ein Kind wird geboren werden, ein »neuer Mensch«, sagt Paulus, eine neue Menschheit, ein »neuer Himmel und eine neue Erde« (Offb 2, 1). Auch wenn den Menschen noch nichts Besonderes auffällt, lebt dieser »neue Mensch« schon heute, im Verborgenen (vgl. Kol 3, 3–4), im Schoß der Menschheit heranwachsend, auf den Augenblick hin, den Gott für seine Geburt festgesetzt hat (vgl. Röm 8, 23).
Die Schwangerschaft des »neuen Menschen« dauert schon lange. Sie folgt nicht der natürlichen Entwicklungszeit von neun Monaten. Schon seit ihrer Erschaffung bereitet sich die Menschheit darauf vor, »von neuem geboren zu werden« (Joh 3, 3), anders geboren zu werden. Sie wird aus Gott geboren werden müssen (vgl. Joh 1, 13). Die Zeit der Schwangerschaft der Zukunft ist die Zeit der Geschichte. *Von der Sorgfalt der Menschen, von unserer Sorgfalt wird es abhängen,* ob die Zukunft, die wir in uns tragen, bis zur Geburt heranreifen kann oder nicht.
Vor der Geburt des Kindes weiß niemand, wie es sein wird. Aber es ist schon da, ganz lebendig, und wächst im Mutterleib heran. Die Mutter hofft auf das, was sie nicht sieht. Genauso weiß vor dem Eintreffen der Zukunft auch niemand, wie sie sein wird (vgl. 1 Kor 2, 9). Aber sie ist schon da, denn »schon jetzt sind wir Kinder Gottes, aber noch ist nicht sichtbar, was wir einmal sein werden« (1 Joh 3, 2). »Wir hoffen auf das, was wir nicht sehen« (Röm 8, 25).
Die Schwangerschaft ist schon in ihre letzte Phase eingetreten. Paulus sagt, die Geburtswehen kündigten sich bereits an (Röm 8, 22). Jesus zählt einige Merkmale dieser schmerzhaften Geburt auf (vgl. Lk 21, 28. 31). Aber obgleich die Geburt bevorsteht, obgleich die Welt voll von Zeichen dieser Zukunft ist, läßt sich ihr Zeitpunkt nicht bestimmen (vgl. Apg 1, 7).

Ein Hinweis für die Ungeduldigen
Immer hat es Leute gegeben, die versuchten, den Zeitpunkt anzugeben. Ungeduldige Leute, die nicht warten können! Sie gleichen einer Mutter, die es nicht aushält, neun Monate lang zu warten, und die Geburt beschleunigen will, um endlich ihr Kind zu sehen. Sie provoziert eine Fehlgeburt und tötet das Kind, das sie sich so sehr wünscht! Um das Jahr 999 zum Beispiel sagten viele: Das Jahr 1000 wird das Ende sein!« Aber das Ende kam nicht. Um das Jahr 2000 werden sie dasselbe sagen. Aber niemand kennt den Zeitpunkt – wie Jesus selbst gesagt hat –, weder die Engel noch er selbst. Nur der Vater (Mk 13, 32)!
Aber dieser Hinweis Jesu reichte nicht. Die Ungeduld der Menschen war größer. Der heilige Petrus mußte einige, die es eiliger hatten, beruhigen: »Ein Tag ist für Gott wie tausend Jahre, und tausend Jahre wie ein einziger Tag. Gott erfüllt seine Zusagen nicht zögernd, wie manche meinen, sondern er hat Geduld mit euch« (2 Petr 3, 8–9). Der heilige Paulus hatte das gleiche Problem. Einige hielten das Ende für nah und arbeiteten nicht mehr. Paulus warnt: »Wer nicht arbeiten will, soll auch nicht essen« (2 Thess 3, 10; vgl. 2, 2). Der Zeitpunkt der Geburt des »neuen Menschen« ist Gottes Geheimnis (vgl. Apg 1, 7)!

Aber was ist dann zu tun? Soll man den Karren laufen lassen, weil man ja doch nichts wissen kann? Soll man alles passiv mitansehen und sich nirgendwo beteiligen? Können wir denn auf das Kommen der Zukunft keinerlei Einfluß nehmen?

Das Kommen des Endes beschleunigen

Wer daran interessiert ist, daß das Ende bald kommt, darf nicht bloß zum Himmel schauen (vgl. Apg 1, 11) oder seine Zeit mit Berechnungen und Prophezeiungen verschwenden, die die menschliche Phantasie hervorbringt. Um zu bewirken, daß die Zukunft kommt, gibt es einen anderen Weg: dafür zu arbeiten und das Leben so zu verändern, daß es mit dem Evangelium übereinstimmt (vgl. Apg 3, 19–20; 2 Petr 3, 12). Wer so lebt, wird zum Geburtshelfer des neuen Himmels und der neuen Erde und trägt zum Reifen der Früchte des Feldes bei, die jetzt wachsen und auf die Ernte am Ende warten.

Ohne das sich immer wieder erneuernde Leben wäre die Hoffnung tot und die Arbeit für die Zukunft sinnlos. Ohne die Entstehung neuer Generationen wäre der Weg in die Zukunft unterbrochen. Dadurch, daß sie Kinder zur Welt bringen und aufziehen, bringen die einfachsten Frauen des Volkes die Menschheit ein Stück voran, sorgen sie für die Kontinuität dieses Weges in die Zukunft, tragen sie die Hoffnung aller weiter und leisten damit einen ebensogroßen Beitrag zur Geburt der großen, von allen erhofften Zukunft wie die klugen Leute, die die großartigen Projekte erarbeiten. Wenn diese Zukunft eintrifft, wird es keine Heirat und keine Schwangerschaft mehr geben, weil die große Menschheitsfamilie dann vollständig sein wird (vgl. Mt 22, 30).

»Einer muß es dem Jungen sagen!«

Einmal sah der kleine David eine schwangere Frau und rief: »Mama, guck ma, was für eine dicke Frau! Von welchem Essen wird man denn so dick?« Die Mutter schämte sich und befahl ihrem Sohn, still zu sein. Zu Hause sagte sie zu ihrem Mann: »Einer muß es dem Jungen erklären! Es ist an der Zeit!«

Tatsächlich kann ein Kind von sich aus eine dicke Frau nicht von einer schwangeren Frau unterscheiden. Es hat keinen Blick für die Kennzeichen der Schwangerschaft. Jemand muß ihm die Dinge erklären. Aber selbst wenn David unaufgeklärt bleibt, hört darum die Schwangerschaft nicht auf zu existieren.

So wissen auch die Menschen von sich aus nichts von der Schwangerschaft der Menschheit und erkennen nicht die Zeichen der Zukunft, die bereits im Schoß der Gegenwart heranwächst. »Einer muß es den Menschen sagen! Es ist an der Zeit!« Die Nachricht ist zu gut, um unbekannt zu bleiben. Sie kann die Hoffnung wachsen lassen, den Pessimismus vieler Menschen überwinden und eine ganze Reihe von Dingen klären. Wer die Menschen über die Schwangerschaft der Menschheit aufgeklärt hat, war der Herr der Welt, Gott selbst. Er spricht davon in der Bibel, wie wir schon sahen und noch sehen werden. Aber das ist noch nicht alles. Gott ließ es nicht allein bei Worten, sondern bewies sein Wort mit Taten. Der erste Sohn dieser neuen Menschheit ist schon geboren. Der »Erstgeborene« (Kol 1, 18) ist schon da! Die Geburt hat bereits begonnen!

Die Geburt des »Erstgeborenen« vollzog sich in dem Augenblick, als Gott Jesus vom Tod auferweckte mit den Worten: »Heute habe ich dich gezeugt!« (Apg 13, 33). Der auferstandene Jesus ist der erste Sohn der Zukunft. Er ist die Gratisprobe von dem, was wir erhoffen.

3. Der erste Sohn der Zukunft. »Ein Sohn ist geboren!« – »Die Zukunft hat begonnen!«

Der auferstandene Jesus ist der Beweis dafür, daß die Zukunft, auf die wir hoffen, möglich ist.

Es gibt viele Leute, die den »neuen Menschen« abtreiben wollen. Leute, die nicht ans Leben glauben! Sie erzeugen Skepsis und rufen Mutlosigkeit hervor. Sie sagen: »Diese neue Menschheit ist doch bloß ein frommer Wunsch! Der neue Himmel und die neue Erde haben keine Überlebenschance!«

Was soll man ihnen da sagen? Am besten sagt man gar nichts, sondern zeigt ihnen durch das Leben, daß sie nicht recht haben, und läßt durch sein Verhalten erkennen, daß wir aus einer Hoffnung leben, die das Leben zur Blüte bringt.

Unsere Hoffnung gründet in Gott (vgl. Röm 8, 24–25). Das Kind, das im Mutterleib heranwächst, wird von der Natur selbst beschützt. Die Zukunft, die überall da heranwächst, wo sie im Herzen und im Leben der Menschen auftaucht, wird von Gott selbst beschützt. Gott sorgt sich um diese Zukunft und wird nicht zulassen, daß die Menschen eine Abtreibung vornehmen. Aber wir müssen ihm dabei helfen.

Gott hat den Menschen für das Leben geschaffen – und nicht für den Tod! Er will nicht, daß das Leben von Verzweiflung erstickt wird, sondern daß es »Leben in Fülle«, *»ewiges* Leben« ist (Joh 10,10; 3,19). Am Schöpfungstag segnete er es (vgl. Gen 1, 28), und dieser Segen *wirkte*. Er bewirkt, daß unser Leben stärker ist als der Tod! Gott hat sich auf die Seite des Lebens gestellt und nicht auf die Seite des Todes. Die Auferstehung ist der Beweis dafür, wie Gott sich um das Leben sorgt. Er stellt die Zukunft unter seinen Schutz.

Die Auferstehung Jesu zeigt, wie ernst Gott seinen Segen für das Leben gemeint hat und wie weit sein Einsatz für das menschliche Leben geht: bis zur völligen Befreiung von allem, was das Leben bedroht und tötet. Sie läßt auch erkennen, wie weit unsere Hoffnung gehen kann: so weit, daß wir das Unmögliche hoffen und glauben, nämlich daß aus dem Tod Leben hervorgehen kann.

Wer am Aufbau der neuen Welt arbeitet, wer kämpft und leidet, damit auf der Erde Gerechtigkeit und Wahrheit herrschen, wer sich darum bemüht, daß das Leben der Menschen endlich ein *menschliches Leben* ist, wer für andere stirbt, der vermag deshalb in seinem Innern eine Sicherheit zu schaffen, die niemand erschüttern kann (vgl. Röm 8, 35–39). Er kann Mut schöpfen und sagen: »Wenn Gott für uns ist, wer ist dann gegen uns?« (Röm 8,31). Nichts wird das Kommen der Zukunft verhindern können. Auf Gott ist Verlaß! Und er ist der Stärkere!

Die Botschaft von der Auferstehung ist wirklich eine *Gute Nachricht*, die zu gut ist, um unbekannt zu bleiben. Der Mensch empfindet es als Wohltat, wenn er erfährt, daß Gott sich zu seinem Bundesgenossen im Kampf um das Leben und das Wohlergehen des Volkes gemacht hat. Das ist eine Botschaft der Zukunft und der Hoffnung.

Der auferstandene Jesus ist ein Bild, das vorwegnimmt, wie unsere Zukunft aussehen wird.

Jesus garantiert nicht nur das Kommen der Zukunft. Er bildet auch im voraus diese Zukunft ab, die wir hervorbringen. Das wollen wir Punkt für Punkt erläutern.

1. Im neuen Himmel und in der neuen Erde werden wir dieselben sein, die wir heute sind.

Nach seinem Tod und seiner Auferstehung ist Jesus nach wie vor derselbe, der mit den Aposteln zusammenlebte. Er ist derselbe, der in Betlehem geboren wurde (vgl. Röm 1, 3–4). Er hat dieselbe Stimme (Joh 20,16), dieselbe Art zu reden (Lk 24, 36–43), die gleiche Art, das Brot zu brechen (Lk 24, 30–31. 35), die gleichen Freunde (Mt 28, 10; Joh 20, 17). Er trägt auch noch die Wundmale vom Kreuz (Joh 20, 20. 27) und erinnert sich an das, was er selber vor seinem Tod gesagt hat (Lk 24, 44). Er ist kein Gespenst, denn er hat einen Körper und ißt und trinkt mit anderen (Lk 24, 39. 41–42). Die Apostel konnten ihn sogar betasten und ganz aus der Nähe feststellen, daß es sich bei ihm nicht um ein Gespenst, sondern um einen wirklichen Menschen handelte (Lk 24, 39). Sie lebten mit ihm zusammen (Apg 10, 41) und konnten in ihm denselben Freund erkennen, der er immer war und der in ihrem Leben wieder wirklich gegenwärtig war.

2. Obgleich wir dieselben sind, sind wir anders.

Aber obgleich Jesus derselbe ist, ist der doch völlig anders. Auf den ersten Blick wird er gar nicht erkannt (Lk 24, 16. 37; Joh 20, 14). Die Apostel waren sogar im Zweifel (Lk 24, 41). Etwas an ihm war verändert. Er geht durch die Wand und betritt das Haus bei verschlossenen Türen (Joh 20, 19. 26). Er taucht auf und verschwindet, wie und wann er will (Lk 24, 31). Er zeigt sich in Jerusalem, in Galiläa, auf der Straße nach Damaskus, ohne daß er es nötig hätte, sich so wie wir fortzubewegen. Er ist nicht mehr an Zeit und Raum gebunden. Entfernung gibt es für ihn nicht mehr, denn er ist bei allen, die an ihn glauben: in Palästina, in Griechenland, in Kleinasien, in Italien, in jedem Teil der Welt, auch in Deutschland oder Brasilien. Das Problem der Kommunikation ist von Grund auf gelöst. Jesus ist im Leben aller wirklich und ganz gegenwärtig (Mk 16, 20) und wird bis zum Ende der Zeiten bei ihnen bleiben (Mt 28, 20). Er leidet nicht mehr, und nichts fehlt ihm. Er ist »Geist«, sagt Paulus (2 Kor 3, 17), aber nicht reiner Geist (Lk 24, 39), denn er hat einen richtigen Körper, den Paulus als den »geistigen Leib« bezeichnet (1 Kor 15,44). Dieser Leib unterscheidet sich von dem unseren so, wie die Frucht sich vom Samenkorn unterscheidet (1 Kor 15, 35–38). Es ist ein neuer Zustand des Lebens. Es ist das, worauf wir hoffen dürfen, wenn unsere Zukunft kommt.

3. Was im neuen Himmel und auf der neuen Erde neu sein wird

All dies ist völlig neu und übersteigt vollkommen unsere Möglichkeiten. Wir müssen durch Telefon und Brief, durch Rundfunk oder Fernsehen miteinander in Verbindung treten. Wir können nicht überall sein. Allzu sehr leiden wir unter dem Schmerz der Trennung und dem Mangel an Kommunikation. Der Sohn reist ab, und die Mutter bleibt mit ihrer Sehnsucht zu Hause und kann nur in Gedanken bei ihrem Kind sein. Wie gern würde sie in ihre Gedanken hineinschlüpfen und mit ihnen zu ihrem Sohn fliegen! Aber das ist jetzt noch nicht möglich. So trennen uns viele Barrieren und erschweren den Dialog: Sprache, Alter, Mentalität, Zeit, Raum, Entfernung, Charakter, Haß, Zensur, Kultur, Klasse, Ungerechtigkeit, Krankheit, Tod. Durch so viele Schranken wird der Mensch nicht nur für andere ein Fremder, sondern sogar für sich selbst. Er findet nicht zu sich, und deshalb kann er sich auch nicht hergeben. Die andern suchen ihn und finden ihn nicht, weil er nicht zu Hause ist, nicht bei sich lebt. Er weiß nicht, wer er ist. Jesus dagegen ist an jedem Ort gegenwärtig und wird von jedem gefunden, der ihn ruft. Er versteht die Rede der Menschen, ganz gleich, in welcher Sprache sie sich ausdrücken: ob in Portugiesisch oder Chinesisch, Deutsch, Englisch oder Französisch. Stumme sprechen mit ihm und Taube hören seine Worte. Kinder verstehen ihn und Erwachsene haben ihn zum Freund. Wer ihn sucht, findet ihn auch, denn Jesus geht nicht von sich weg. Er hat sich selbst gefunden, weil er sich in Gott verloren hat. Er hat das Ideal des vollkommenen Menschen verwirklicht. Dieses ist die Zukunft, die Gott garantiert und unter seinen Schutz stellt.

4. Das Alte, das nicht aufersteht, sondern im Tod bleibt

All das, was vorher einschränkte und belastete und dem Menschen Schmerz bereitete, gibt es im auferstandenen Jesus nicht mehr. Alles ist besiegt: Tod, Krankheit, Entfernung, Zeit, Raum, der stoffliche Körper, Erschöpfung, Trauer, Tränen, Trennung, Haß, Unterdrückung, Entfremdung, alles (vgl. Offb 21, 4.6)! All dies ist überwunden. Jesus nahm es mit sich in den Tod und ließ es dort. Es ist nicht auferstanden. Was aufersteht, ganz frei vom Bösen und von allen Beschränkungen, ist der »neue Mensch«, die »neue Schöpfung« (Gal 6, 15; 2 Kor 15, 17). Was aufersteht, das sind die neue Menschheit, der neue Himmel und die neue Erde. Der heilige Paulus sagt: »Ich bin überzeugt: Die künftige Herrlichkeit, die Gott für uns bereithält, ist so groß, daß alles, was wir jetzt leiden müssen, in gar keinem Verhältnis dazu steht« (Röm 8, 18). Schon jetzt wächst diese Zukunft im Schoß der Menschheit heran und wartet auf den Augenblick, den Gott für seine endgültige Offenbarung bestimmt hat (vgl. Röm 8, 18). Sie übertrifft alles, was unsere Phantasie erahnen mag (vgl. 1 Kor 2, 9).

5. Jesus ist der Same unserer Zukunft, und wir sind die Geburtshelfer.

In Jesus kommt die Zukunft zum Vorschein, die im Schoß der Menschheit bereits im Entstehen ist. Jesus ist die Zukunft! Im Vergleich zu ihm leben wir alle in der Vergangenheit, sind wir ungeheuer im Rückstand, so progressiv und futuristisch unsere Ideen und Projekte auch sein mögen. Er treibt alles voran und setzt es in Bewegung, denn dazu hat er die Macht erhalten, die Macht, die Seiten im Buch der Geschichte umzublättern und die Siegel aufzubrechen, die unsere Zukunft verbergen (Offb 5, 9). Er arbeitet darauf hin, daß wir alle einmal dahin gelangen, wo er ist (Joh 14, 2). Er ist der »neue Adam« (1 Kor 15, 45), der die Entwicklung der neuen Menschheit voranbringt. Jesus ist das Stammhaus unserer Zukunft, und wir sind die Zweigstellen. Mit der Auferstehung Jesu hat Gott den Countdown zur Eröffnung des neuen Himmels und der neuen Erde begonnen, und keine Macht der Welt wird diesen Countdown unterbrechen können. »Nichts kann uns von der Liebe Gottes trennen, die sich in Jesus Christus, unserem Herrn, geoffenbart hat« (Röm 8, 39).

»Ein Sohn ist geboren!« – »Die Zukunft hat begonnen!«
Die Auferstehung Christi ist der Beginn der Zukunft. Sie läßt uns einander zurufen: »Ein Sohn ist geboren! Hoch soll er leben!« Christus hat den Schleier zerrissen, der unseren Blick auf den Horizont versperrte, und uns die allergrößte Hoffnung eröffnet. Er hat ein so helles Licht auf das Leben geworfen, daß wir den Kurs, den wir mit unserer Gegenwart einschlagen, schon jetzt beurteilen und korrigieren können. Das Licht der Zukunft stellt bloß, was falsch ist, und heißt gut, was richtig ist.
Wenn wir Christus kennen, kennen wir die Zukunft!
Wenn wir Christus leben, leben wir in der Zukunft!
Wenn wir wie Christus leben, bereiten wir die Zukunft vor!
Mit Paulus können wir sagen: »Ich will versuchen, Christus kennenzulernen, ihn selbst und auch die Kraft, die von seiner Auferstehung ausgeht. So werde ich an seinen Leiden Anteil haben und seinen Tod erfahren, in der Hoffnung, einmal zur Auferstehung der Toten zu gelangen« (Phil 3, 10–11).
Das bedeutet nicht, daß der Christ Herr über die Zukunft ist. Er ist über nichts Herr, sondern steht im Dienst des Lebens und der Zukunft, die in uns wächst, auch wenn wir davon nichts wissen. Der Dienst, den der Christ der Menschheit erweisen kann, besteht darin, die Gute Nachricht von der göttlichen Verheißung über das Leben und seine Zukunft, die er selbst erhalten hat, zu leben und sie allen mitzuteilen, die sie hören wollen.
Die Geburt der Zukunft ist schwierig. Um zur Auferstehung gelangen zu können, wurde Jesus verfolgt, mußte er das Kreuz tragen und sterben, von allen verlassen, sogar von Gott selbst (Mk 15, 34). Er warnt auch: »Der Jünger steht nicht über dem Meister!« (Joh 13, 16; 15, 20). »In der Welt werdet ihr verfolgt werden!« (Joh 16, 33). Aber er fügt hinzu: »Nur Mut! Ich habe die Welt besiegt!« (Joh 16, 33). Er hätte auch sagen können: »Ich habe gesiegt. Auch ihr werdet siegen!« Auf Christus gestützt werden wir siegen, ohne ihn können wir nichts ausrichten (Joh 15, 5).
Der Glaube an die Auferstehung steht im Verhältnis zu allem anderen im Zentrum. Wir wollen uns nun näher ansehen, was es mit diesem Glauben auf sich hat. Sonst wissen wir nicht, wie wir die Zukunft vorbereiten sollen, die Gott uns anbietet.

4. Ein konkretes Beispiel für den Glauben an die Auferstehung. Die Kräfte besiegen, die die sich entwickelnde Zukunft zum Scheitern bringen wollen

Die Situation einer Welt, in der der Tod das Leben getötet hat
Es gibt viele Möglichkeiten, das Leben zu töten. Es gibt auch viele Möglichkeiten, die Kräfte des Todes zu überwinden, die sich im Leben breitmachen. So starb um das Jahr 90 die Hoffnung im Herzen der Christen. Sie begannen, den Glauben an die Möglichkeit der Geburt des »neuen Menschen« zu verlieren. Die Kräfte, die dagegen arbeiteten, schienen stärker zu sein. Das Römische Reich beherrschte die Welt, verfolgte die Christen und drohte dem Glauben an die Zukunft ein Ende zu machen. Es nutzte nichts, zu sagen und immer wieder zu sagen: »Jesus ist auferstanden!« Das wußte alle Welt. Es ging darum, die

Bedeutung dieses Glaubens für das Leben in dieser schrecklichen Verfolgungssituation sichtbar zu machen und so die Christen zu dem Auftrag zu ermuntern, den sie zu erfüllen hatten.
Der Versuch, sich diesen Kräften des Todes entgegenzustellen und sie zu besiegen, hat sich im 12. Kapitel der Offenbarung des Johannes niedergeschlagen. Die Botschaft dieses Kapitels ist eines der mutigsten Beispiele für den Glauben an die Zukunft. Der Autor erzählt darin von einer Vision, die er gehabt hat. Er drückt sich in Bildern und Symbolen aus, die den Christen seiner Zeit bekannt waren, uns aber fremd sind. Er versucht, seinen Glauben an die Auferstehung als eine regelrechte Einflößung von Kraft und Mut darzustellen. Erläutern wir diese Botschaft des Lebens Punkt für Punkt.

1. Die Situation der Christen: Die beiden Zeichen am Himmel (Offb 12, 1–4)
Ein großes Zeichen erscheint am Himmel: eine schwangere Frau, mit der Sonne bekleidet, den Mond unter ihren Füßen. Sie steht kurz vor der Geburt und »schreit vor Schmerz in ihren Wehen« (12, 2). Die Frau stellt das Volk Gottes dar. Nach einer langen Schwangerschaft ist für das Volk die Zeit gekommen, den »neuen Menschen« zur Welt zu bringen, auf den es so sehr gewartet hat.
Aber am Himmel erscheint noch ein Zeichen: ein riesiger, feuerroter Drachen, der so gewaltig ist, daß er mit einer einzigen Bewegung seines Schwanzes ein Drittel der Sterne vom Himmel fegt (12, 4). Das ist die Macht des Bösen und des Todes, die »alte Schlange, die Teufel oder Satan heißt« (12, 9). Er steht vor der Frau, vor dem Volk, um das Kind zu verschlingen, das zur Welt kommt (12, 4). Es ist die Fortsetzung und das Ende des Kampfs zwischen der Frau und der Schlange, der im irdischen Paradies begonnen hat (vgl. Gen 3,15).
Das Ungleichgewicht der Kräfte könnte nicht größer sein. *Menschlich* gesprochen muß der Drache gewinnen, denn die Frau, die dabei ist zu gebären, ist wehrlos. Sie weint und stöhnt nur, sie ist nichts als Hingabe an das Leben, das sie hervorbringt. Vor seiner Geburt ist das Kind schon verloren!
Das ist die Situation der Christen. Menschlich gesprochen hatten sie keine Zukunft. Der Drache der Bosheit des Römischen Reiches hatte alle Macht in Händen. Die Christen besaßen nur ihre Schwachheit.

2. Das Eingreifen der Macht der Auferstehung zum Schutz des Lebens (Ofb 12,5–12)
Wider alle menschliche Erwartung kommt das Kind zur Welt und wird zu Gott weggeholt. Gott greift mit seiner Macht ein, besiegt den Tod und den Drachen und beschützt das Leben und die Frau. Das Kind ist Jesus. Unter dem Schutz Gottes ersteht er auf, steigt er zum Himmel auf und nimmt die Macht in seine Hand, »um alle Völker zu regieren« (Offb 12, 5). Der Drache kann ihm nichts mehr anhaben!
Satan, der Drache, bedeutet »Ankläger« (12, 10). Seine Funktion war es, die Menschen vor Gott anzuklagen (vgl. Joh 1, 6–11; 2, 1–5). Aber jetzt, nachdem Jesus für unsere Sünden gestorben ist, hat diese Aufgabe ihren Sinn verloren. Welche Anklage sollte auch erhoben werden? Die Sünde ist durch den Tod Jesu ja schon vergeben! Deshalb liefern Michael und seine Engel dem Drachen eine Schlacht. Der Drache verliert; er wird aus dem Himmel

hinausgeworfen und stürzt auf die Erde (12, 7–9). So leitet der Sieg Jesu über den Tod den Untergang des Drachen ein. Das ist der Beginn der Zukunft!

3. Die Folge des im Himmel errungenen Sieges ist die Verfolgung, die auf der Erde entfesselt wird (12, 13–17).

Der Drache hat seine Stellung verloren und ist auf die Erde gestürzt; seine Tage bis zur endgültigen Niederlage sind gezählt (12, 12). Wutentbrannt beginnt er, die Frau – das Volk Gottes – zu verfolgen, deren Sohn die Ursache seiner Niederlage war (12, 13). Die Macht, die die Christen verfolgt, ist eine besiegte, geschlagene Macht. In dieser Verfolgung entlädt sich nur eine ohnmächtige, aussichtslose Wut. Das sollte kein Anlaß zu ernster Besorgnis sein. Es ist so ähnlich, wie wenn ein Abteilungsleiter, der vom Direktor entlassen worden ist, seine Wut an den Angestellten ausläßt. Statt Verzweiflung hervorzurufen, sollte eine solche Verfolgung Hoffnung wecken, denn sie ist ja ein deutliches Zeichen für den Sieg Christi über den Drachen. Die Tage der verfolgenden Macht sind gezählt, denn sie verfügt nicht mehr über die Zeit. Diese gehört jetzt Gott und Jesus Christus, die das Leben beschützen, die Frau in die Wüste führen und sie ernähren, solange die Verfolgung andauert (12, 6. 15–17).

Die neue Situation der Welt, in der das Leben gegenüber den Kräften des Todes im Vorteil ist

Der Verfasser des 12. Kapitels der Offenbarung hat keine Lehre zum Auswendiglernen vermittelt, sondern den Glauben an die Auferstehung aktualisiert. Er erreichte, daß die Christen die Auferstehung als die Kraft des Lebens erfuhren, die stärker war als der Tod. Er ließ die Christen die Wirklichkeit mit neuen Augen sehen, gab ihnen neuen Mut, sich ihr zu stellen, und neue Hoffnung, sie zu verändern. Seine Botschaft streute das Samenkorn aus, das die bestehende Unordnung *umstürzen* sollte! Sie weckte in den Christen die schlafende Kraft des Lebens und der Auferstehung.
Es folgten fast drei Jahrhunderte des Kampfes zwischen der Schlange und der Frau, zwischen der Macht des Römischen Reiches und der neuen Botschaft des Lebens. Am Ende wurde der Kopf der Schlange zertreten und zermalmt, die Macht des Drachen der Bosheit des Römischen Reiches wurde niedergeschlagen. Die Schwachheit der wehrlosen Frau siegte, weil sie es verstanden hatte, die wahre Kraft des Lebens zu entdecken und wiederherzustellen, die im Menschen schlummert, ohne daß er davon etwas weiß.

5. Der Mut des Glaubens. Heute an die Auferstehung glauben

Das erste Zeichen: Der Drache der Bosheit auf Weltebene

Die Situation der Welt ist heute ähnlich wie zur Zeit der Apokalypse. Eine Macht organisiert sich, um die Geburt des »neuen Menschen« zu verhindern. Alles verschwört sich, um »das Kind zu verschlingen, das zur Welt kommt«. Die zaghaften Ansätze der Zukunft werden sogleich beseitigt, vom Drachen der Bosheit verschlungen, der seine

Macht an das Tier übergibt, das die Welt regiert (Offb 13, 2), ein Tier mit sieben Köpfen (Offb 13, 1), einen für jeden Abschnitt der Geschichte, bis der letzte davon schließlich zerschlagen wird (Offb 19, 20; 20, 10).

Unsere Welt bringt Marginalisierung und Sklaverei hervor. Sie hat keine Achtung vor dem Leben. Die Fakten sprechen eine deutlichere Sprache als Festtagsreden: Zwei Drittel der Menschheit leben in Armut, viele leiden Hunger; Millionen von menschlichen Wesen sind wie bloße Nummern in das Räderwerk des Weltsystems eingepaßt worden, leben von einem niedrigen Lohn, in einer vollkommenen Abhängigkeit, die sie versklavt, und küssen noch dankbar die Hand dessen, der sie unterdrückt; ganze Völker werden zum Schweigen gebracht, weil einige wenige, die sie beherrschen, das so wollen, die Reichen suchen ihren Reichtum in der Ausbeutung der Armut der Armen. Es gibt keinen freien Meinungsaustausch, keine Freiheit, keine Offenheit. Man hat Angst vor dem Bewußtsein. Es kommt Mißtrauen auf, es entsteht all das, was durch Christus in seinem Tod und seiner Auferstehung besiegt worden ist. Es entsteht das Gegenteil von dem »neuen Menschen«, der geboren werden sollte. Die Propaganda will uns glauben machen, die Welt, so wie sie ist, sei auf dem Wege, sich ihre Zukunft zu schaffen!

Der einzelne fühlt sich wie ein Wassertropfen im Strom. Er hat keine Macht über die Strömung und wird von ihr fortgerissen, ohne sich dagegen wehren zu können. Ungeheure Kräfte, die die seinen bei weitem übersteigen, halten das Leben gefangen, ohne Chance, sich entfalten zu können. Der Mensch ist dazu verurteilt, gelebt zu werden, den Sinn seines Daseins immer mehr zu entleeren, der Verzweiflung zu verfallen. Alles bewegt sich auf die »Sklaverei des goldenen Käfigs« zu, in der man alles hat, was man sich im Leben wünscht, ausgenommen das Leben, das man sich wünscht, ausgenommen die Freiheit, ausgenommen das Bewußtsein, jemand zu sein, ausgenommen das »Leben in Fülle«. Durch die Propaganda, durch die totalitären Mächte, durch die Konventionen, die Riten, den Mythos von Rasse und Volk, den Mythos des Fortschritts, durch Gewinn- und Vergnügungssucht versklavt, schleppen sich die Menschen durch das Leben.

Der Drache der Bosheit, er ist da, ganz lebendig und so stark, daß er die Sterne vom Himmel reißt und die Welt beherrscht. Und das Volk Gottes windet sich in Geburtswehen, kann sich nicht wehren. Es stöhnt und weint nur. *Menschlich* gesprochen, deutet alles darauf hin, daß die Zukunft verschlungen werden wird, sobald sie geboren ist!

Das zweite Zeichen: Die in Geburtswehen stöhnende Frau

Die Frau ist das unterdrückte Volk, das die Zukunft hervorbringt. Sie mußte in die Wüste fliehen. Heute leben diejenigen, die nicht mit den bestehenden Verhältnissen einverstanden sind, in einer Wüste, völlig abseits, ohne Mikrophon und ohne Lautsprecher, und sind zum Schweigen verurteilt. Sie haben weder Kraft noch Macht. Sie sind nichts, können sich nicht äußern. Sie sind keine Gefahr. Millionen von Menschen! Aber in dieser Wüste, an diesem Rand der Gesellschaft ist die Kraft des Lebens und der Auferstehung, die von Gott beschützt und genährt wird.

Manchmal kommt Verzweiflung auf, und bei manchen wird sie so stark, daß sie die Dinge mit Gewalt vorantreiben wollen. Sie können das Ende der Schwangerschaft nicht erwarten, sie halten die Geburtswehen nicht aus und wollen die Geburt beschleunigen, indem sie Gewalt anwenden. Leider fehlt ihnen das Bewußtsein, welche Kraft sie wirklich

besitzen. Sie wollen mit denselben Waffen siegen, mit denen sie unterdrückt werden. Eine solche Reaktion hat keine Zukunft!
Menschlich gesprochen muß der Drache siegen. Und er *siegt* wirklich! Aber das macht nichts! Sein Sieg ist nur von kurzer Dauer, denn er *überzeugt* nicht! Hier genau liegt sein wunder Punkt, an dem er tödlich getroffen, besiegt und von der Ferse der Frau zertreten wird (Gen 3, 15). Die Frau – das Volk, das unter furchtbaren Schmerzen die Zukunft hervorbringt – behält die Freiheit zu lieben, auch wenn sie jetzt noch unterdrückt und besiegt ist. Dieses in die Wüste abgedrängte Volk wird gegenüber der Macht, die es erdrückte, im Vorteil sein, weil es eine Macht besitzt, die *überzeugt* und die siegen wird. Der Drache überzeugt nicht, weil er keine Liebe hat – nur Macht. Die erdrückende Macht tötet das Bewußtsein. Aber das Selbstbewußtsein, das aus der Liebe und dem Leben erwächst, wird am Ende den Sieg erringen, auch wenn es noch sehr schwach sein mag und bei vielen noch nicht einmal wirkliches Bewußtsein ist. Selbst in seiner äußersten Schwachheit ist es stärker als die Macht, die es erdrückt. Dies Bewußtsein bringt die Zukunft hervor. Es ist wie der Kieselstein, mit dem David den bewaffneten Riesen tötete.

An die Auferstehung und das Leben glauben

Weiter an die Kraft dieser wehrlosen Schwachheit glauben, weiter mit den Schwachen zusammenleben, die keine Macht haben, weiter schwach sein und die Macht von sich weisen, die nur herrschen will, weiter durch Überzeugung siegen wollen und nicht durch Unterdrückung, weiter an das Kreuz glauben, das zum Tod führt, weiter auf die Geburt der Zukunft hoffen trotz der Drohungen des Drachens, weiter wie David gegen Goliat kämpfen, unbewaffnet und wehrlos, all dies ist ein heroischer Akt des Glaubens an das Leben und die Auferstehung. Es ist der Glaube, daß das Leben stärker ist als der Tod. Man braucht sehr viel Kraft, um diese Schwachheit anzunehmen, und viel Weisheit, um diese verrückte, absurde Einstellung zu haben. Diese Kraft und diese Weisheit erwachsen nur aus dem Kreuz, das Leben hervorbringt (vgl. 1 Kor 1, 23–25).
In der Macht der Repression die Ankündigung ihres Untergangs und den Ausdruck ihrer Schwäche sehen, in all dem die Wehen der Geburt der neuen Welt und das Röcheln einer hinfälligen, im Todeskampf liegenden Welt sehen, im Leiden ein Zeichen für den Sieg Christi sehen, darin die Kraft und den Mut finden, um unbeirrt zu kämpfen: Das ist die Lehre, die das Kreuz demjenigen mit auf den Weg gibt, der an die Auferstehung und das Leben glaubt!

6. Die Kraft, die sich in der Schwachheit zeigt. Die Waffen Gottes im Kampf gegen das Böse, das den »neuen Menschen« verhindern will

Ein Beispiel, das die Sache verdeutlichen soll

Es geschah während des letzten Krieges. Ein brutal gewordener deutscher Soldat mißhandelte einen alten Juden. Dieser stöhnte vor Schmerz, aber er zeigte keine Erbitterung. Er bewahrte eine gelassene Ruhe und sagte bloß: »Warum machst du das, Junge?« Am Abend fragte ein Kollege den Juden: »Samuel, warum sagen Sie nichts?

Warum wehren Sie sich nicht? Schimpfen Sie doch! Zeigen Sie, daß Sie ein Mann sind!« Samuel erwiderte: »Ich wehre mich mehr, als Sie meinen, aber nicht so, wie Sie es mir empfehlen. Heftig zu reagieren wäre viel leichter, aber ich habe Angst, daß ich mit einer heftigen Reaktion das letzte Fünkchen Menschlichkeit, das es noch in diesem armen Soldaten gibt, zum Erlöschen bringe. Sie können sich nicht vorstellen, welche Kraft es mich kostet, mich so schwach zu zeigen!«

Anwendung des Beispiels
Wir haben Ähnlichkeit mit Samuels Kollegen. Wir sind so an das Kräftespiel dieser Welt gewöhnt, daß wir glauben, der Friede sei nur mit Waffengewalt zu erreichen, Gerechtigkeit könne nur mit Gewalt geschaffen werden, das Gute komme nur durch die Unterdrükkung des Bösen zustande, Ehrlichkeit könne nur durch das Verbot der Lüge durchgesetzt werden, und die Wahrheit sei nur durch die Verurteilung des Irrtums zu verteidigen. Unter uns gilt, daß der Sieger der Stärkere ist. Wir denken nur in Begriffen von Stärke und Macht. Wir denken nur an einen Sieg durch *Unterdrückung* und nicht an einen *Sieg durch Überzeugung.* Der Kollege dachte ans Unterdrücken. Samuel dachte ans Überzeugen. Der Kollege nahm sich die Menschen zum Vorbild. Samuel nahm sich Gott zum Vorbild. Gott denkt nicht wie wir, weil er den Menschen besser kennt.

Siegen und Überzeugen
Siegen ist relativ einfach. Man braucht nur rohe Gewalt dazu. Durch Überzeugung siegen ist da schon viel schwieriger. Die Macht roher Gewalt und die Macht des Geldes nützen nichts, sie erschweren die Dinge sogar. Wer unterdrückt, erreicht, daß der andere nickt, ohne zuzustimmen. Wer überzeugt, erreicht, daß der andere ihn umarmt und zu seinem Bruder wird. Wer unterdrückt, packt das Übel nicht an der Wurzel an und gewinnt einen Feind. Wer überzeugt, reißt das Übel mit der Wurzel aus und gewinnt einen Freund. Wer versucht, durch Druck zu siegen, glaubt nicht daran, daß der andere Versäumtes nachholen kann; er will ihn am Gängelband führen und kann nicht abwarten. Wer versucht, durch Überzeugung zu siegen, spricht dem andern Vertrauen aus; er achtet dessen Eigenständigkeit und versteht zu warten. Wenn wir unterdrücken, töten wir und erzeugen Empörung. Wenn wir überzeugen, lassen wir wachsen und rufen Überzeugungen hervor. Wer versucht, sich mit Gewalt durchzusetzen, zeigt sich immer stark, weil er innerlich schwach ist. Wer versucht, durch sein Zeugnis zu überzeugen, hat keine Angst, sich schwach zu zeigen, weil er innerlich stark ist. Wer nur herrschen will, glaubt nicht an das Leben, sondern an den Tod, so gewaltsam dieser auch sein mag. Wer versucht zu überzeugen, glaubt an das Leben, so schwach es auch sein mag.

Wer zu überzeugen versucht, läßt den »neuen Menschen« entstehen und bringt die Zukunft hervor.
Gott geht nicht die selbstherrlichen Wege der Macht, sondern die bescheidenen Wege des Dienens. In einem durch Macht und Waffengewalt erzwungenen Sieg liegt keine Größe. Er ist nur ein Beweis für die eigene Schwäche. Gott geht nie ein Bündnis mit menschlicher Macht ein, wenn dieser nur am Sieg gelegen ist, so sehr die Menschen sich dies auch

wünschen und den Segen Gottes für die Instrumente ihrer Ausbeutung und Unterdrükkung erbitten mögen. Wahre Größe hat derjenige, der schwach wird, damit der andere wachsen und er selbst werden kann. Das ist der Sieg, den Gott erringen will, ein Sieg, der das Böse mit der Wurzel ausrottet. Ein sonderbarer Sieg für den, der nur in Begriffen der Macht denkt; er hält das für einen »Unsinn und einen Skandal« (1 Kor 1, 23). Gott jedoch hat keine Angst, sich schwach zu zeigen, so schwach, daß er am Kreuz stirbt, auf legale Weise durch rohe menschliche Gewalt verurteilt und getötet. Er glaubt trotz allem an den Menschen und an das Leben und weiß, daß die in der Schwachheit des Kreuzes zum Ausdruck gebrachte Liebe den Menschen schließlich entwaffnen wird. Diese Liebe wird dem Menschen das Bewußtsein seiner selbst und seiner Würde zurückgeben, das er verloren hat. Das Herz des Menschen kann einer großen Liebe nicht widerstehen. Gott kennt den Menschen ganz genau, besser als wir (Joh 2, 25).

Gott will nicht durch Herrschaft und Druck siegen. Er will überzeugen! Durch die Liebe überzeugen, die sich in der Schwachheit zeigt. Die Liebe ist die einzige Kraft, die im Menschen Energien freizusetzen vermag, die der Mensch selbst nicht kennt. Sie ist die einzige Waffe, die in der Lage ist, die Macht roher Gewalt lahmzulegen und ohne Unterdrückung zu siegen. Der Liebe gelingt es, alles, was im Menschen lebt und schlummert, zum Wachsen und Blühen zu bringen. Sie läßt den »neuen Menschen« der Zukunft zum Vorschein kommen, der dabei ist, sich zu entwickeln. Wer zu unterdrücken versucht, tötet die Zukunft. Wer zu überzeugen versucht, ruft die Zukunft ins Leben. Das ist die Strategie Gottes im Kampf gegen den Tod und die Kräfte des Todes, die sich im Leben festgesetzt haben. Aber in dieser Welt, die für den Sieg durch Stärke eingerichtet worden ist, kann die Liebe, die durch Schwachheit überzeugt, nur als gekreuzigte Liebe existieren. Es ist schwer, an diese Tatsache zu glauben. Nur wenige schaffen es, diesen Weg zu Ende zu gehen. Sie erliegen der Versuchung der Macht und geben auf halbem Wege auf. Christus ist bis zum Ende gegangen!

Die Stärke der Schwachen und die Weisheit der Dummen

Die Waffen Gottes, die die Zukunft vorbereiten und sein Reich errichten, sind die Liebe und der Glaube an den Menschen. Diese Waffen spielen in den strategischen Diskussionen menschlicher Macht keine Rolle. Und doch sind diese Waffen so stark, daß sie den Tod besiegen. Selbst wenn sie von der Macht niedergezwungen wird, ist die Liebe stärker und steht wieder auf. Diese Lehre gibt uns das Kreuz mit auf den Weg. In den Augen Gottes liegt die Stärke nicht auf seiten derer, die sich weise zeigen. Die wahre Stärke liegt da, wo niemand sie sucht: bei den in die Wüste verbannten Schwachen. Die wahre Weisheit liegt im Verhalten des Samuel, das dessen Kollege nicht verstand: bei den Kleinen und den sogenannten »Unwissenden« (vgl. Mt 11, 25; 1 Kor 1, 17–2, 9). Gott prangert so den Drachen der Bosheit an. Er kritisiert unsere Absicht, die Zukunft mit Macht herbeizuzwingen. Er ruft alle Menschen dazu auf, den Sieg nicht auf dem Weg der Gewalt und Unterdrückung zu suchen, sondern auf dem Weg des Dienens, im Glauben an das Leben und die Fähigkeit des Menschen, sich zu bessern. Dies ist der Weg, auf dem die Zukunft in unsere Gegenwart eintritt. Das Kreuz ist skandalös und töricht für jeden, der so denkt wie Samuels Kollege. Wer aber wie Samuel und wie Gott denkt, für den ist es der »Ausdruck der Macht und Weisheit Gottes« (1 Kor 1, 24). Im Tod am Kreuz hat die Geburt des neuen Himmels und der neuen Erde durch die Auferstehung Jesu Christi ihren Anfang genommen. Nur wer erst stirbt, wird auferstehen.

Ein letztes Beispiel zur Verdeutlichung

Der Vater befahl dem Jungen, das Unkraut zu rupfen, das auf der Straße vor dem Haus wuchs. Die Erde war trocken und hart. Der Sohn riß nur den oberen Teil der Pflanzen aus. Die Wurzeln blieben im Boden, und eine Regennacht genügte, um das Unkraut nachwachsen zu lassen, schlimmer noch als vorher. Der Sohn wunderte sich darüber: »Die ganze Arbeit ist umsonst!« Da erklärte der Vater seinem Sohn drei Dinge: 1. »Unkraut hat Wurzeln, mein Junge!« 2. »Du mußt die Erde naß machen, damit die Wurzeln sich lösen.« 3. »Du mußt das Unkraut ganz unten, direkt am Boden, anpacken und ganz langsam ziehen. Dann kommt das Unkraut mitsamt der Wurzel heraus.«

Anwendung des Beispiels

Es gibt viel Unkraut auf der Straße des menschlichen Lebens, das die Schönheit des Hauses der Menschen verdirbt. Der Vater hat befohlen, das Unkraut des Bösen auszureißen. Er möchte, daß die Welt rein und frei ist wie ein Paradies. In ihren Gesprächen reden die Menschen viel von diesem Unkraut und der Notwendigkeit, es auszureißen. Viele reißen es aus, aber sie achten dabei weder auf die Wurzeln noch auf die harte, trockene Erde. Die Wurzeln bleiben stecken, und das Unkraut wächst nach. »Die ganze Arbeit ist umsonst!« Da erklärte der Vater seinen Kindern drei Dinge: 1. »Das Böse hat eine Wurzel! Ihr müßt auch die Wurzel herausreißen!« 2. »Ihr müßt den harten, trockenen Boden mit dem Wasser der bewußtmachenden Botschaft naß machen und auflockern. Dann ist die Wurzel leichter aus dem Boden des Lebens zu lösen.« 3. »Ihr müßt das Unkraut ganz unten, direkt am Boden anfassen und euer Leben ganz und gar dem andern schenken. Dann geht das Unkraut mitsamt der Wurzel heraus!«

Das ist die Strategie Gottes im Kampf gegen das Böse, das den »neuen Menschen« verhindern will. Jesus ist gekommen, um uns diesen Weg zu zeigen, nicht nur mit Worten, sondern indem er ihn bis zum Ende ging. Er hat das Leben ganz unten, direkt über dem Boden gefaßt und es ganz den andern geschenkt. So hat er das Böse mit der Wurzel ausgerottet und die Schönheit des Hauses der Menschen zutage treten lassen, in dem Gott für immer mit ihnen zusammenwohnen will (vgl. Offb 21, 1–3).

7. Den Schleier von der Welt nehmen. Zeigen, daß die Zukunft wirksam zu werden beginnt

Jesus bediente sich der Strategie und der Waffen Gottes. In ihm drang die Zukunft in die Geschichte ein und wurde unter uns gegenwärtig. Da Jesus das Leben mit den Augen der Zukunft betrachtete, erkannte Jesus unter dem Schleier der gegenwärtigen Schwachheit die Zeichen der Stärke der sich entwickelnden Zukunft, die unter unseren Händen Gestalt annimmt. Jesus nahm diesen Schleier weg und wies auf die Zeichen der Zukunft hin, die im Leben hervortreten.

1. Er nahm den Schleier weg und machte die Stärke der Schwachen offenbar.
Das einfache Volk, dieses verfluchte, unwissende Gesindel, wie die Führer sich ausdrückten (vgl. Joh 7, 49), genießt bei Jesus den Vorzug und versteht die Botschaft des Reiches. Die Gelehrten der Welt verstehen sie nicht: Gott hat es so gewollt (Mt 11, 25–26). Dem Geld, dem sich alle Türen öffnen, bleibt die Tür der Zukunft verschlossen (Mt 19, 23). Die paar Pfennige der armen Witwe sind mehr wert als die Millionen der Reichen (Lk 21, 3). Glücklich die Armen, die nichts besitzen! Das Reich Gottes wird ihnen gehören (Lk 6, 20); es wird den Kleinen, den Weinenden den ungerecht Behandelten, den Beiseitegeschobenen gehören (Mt 5, 3–11). Es wird denen gehören, die im System der Welt keinen Platz und keine Stimme haben. Solche Menschen gibt es in großer Zahl, auch heute. Sie wissen bloß nicht, wieviel Wertvolles in ihnen steckt. In diesem Reich gilt von allem das Gegenteil: Der Kleinste ist der Größte (Lk 9, 48), der letzte ist der erste (Mt 19, 30), der Führende dient (Lk 22, 26), wer verliert, gewinnt (Mk 8, 35), wer stirbt, lebt (Joh 11, 25), Kinder sind das Vorbild der Erwachsenen (Mt 18, 4), ein Heide kann einen größeren Glauben haben als ein Gläubiger (Mt 8, 10), eine Dirne kann zu größerer Liebe fähig sein als ein gesetzestreuer Pharisäer (Lk 7, 47)...

2. Er nahm den Schleier weg, indem er die Schwäche der starken offenbar machte.
Jesus anerkennt die Autorität der Regierenden, kritisiert jedoch den Mißbrauch der Macht als Schwäche. Zu Pilatus sagt er: »Du hättest keine Macht über mich, wenn sie dir nicht von oben gegeben wäre« (Joh 19, 11). Herodes nennt er einen Fuchs und läßt ihm ausrichten, er habe keine Angst vor seinen Drohungen (Lk 13, 31–33). Von den Pharisäern sagt er: »Tut, was sie euch sagen, aber handelt nicht wie sie, denn sie reden nur und handeln nicht danach« (Mt 23, 3). Die Herrscher, die ihre Völker selbstherrlich regieren und willkürlich ihre Macht ausspielen (Mt 20, 25) und noch darauf bestehen, »Wohltäter des Volkes« genannt zu werden (Lk 22, 25), müssen erfahren, daß die größte Macht den Dienenden gehört (Lk 22, 26). Man soll keine Angst vor denen haben, die nur den Leib töten können, aber keine Macht über das Gewissen haben (vgl. Mt 10, 28).

3. Er nahm den Schleier weg, indem er die ungerechten Schranken der Gesellschaft durchbrach.
Jesus schenkt den Sündern Beachtung und ißt mit ihnen (Lk 19, 1–10). Er wendet sich dem Blinden zu, der verachtet am Straßenrand sitzt (Lk 18, 35–43). Er nimmt sich der buckligen Frau an, die vom Synagogenvorsteher beschimpft wird (Lk 13, 10–14), der Kinder, die man nicht zu ihm lassen will (Mt 19, 13–15), des Heiden, der von den Juden verachtet wird (Mt 8, 5–13), der Samaritanerin, die als Ketzerin gilt (Joh 4, 5–26), des Aussätzigen, der vom Gesetz an den Rand der Gesellschaft gedrängt wird (Mk 1, 40–42). All jenen, die in den Augen der etablierten Welt weder Wert noch Macht besitzen, gerade diesen Leuten wendet Jesus sich zu, und bei ihnen entdeckt er die Zeichen der Zukunft Gottes. Hier, am Rande der Gesellschaft, beginnt das Erwachen des neuen Bewußtseins, das er uns im Auftrag Gottes vermitteln will.

4. Er nahm den Schleier weg, indem er mit der Austreibung der Dämonen zeigte, daß die Zukunft wirksam ist.

In ihrer Einengung auf sich selbst schirmte sich die Welt gegen die Zukunft Gottes ab. Sie dachte nur an ihre eigene Sicherheit und die Sicherheit ihrer Familie. Eine fremde, starke und schwer bewaffnete Macht ergriff in solchem Maße von der Welt Besitz, daß die Menschen nicht einmal mehr Herr über sich selbst waren. Alle standen unter dem Einfluß dieser Macht, die einen mehr, die anderen weniger; aber wer ist schon wirklich frei, ganz Herr über sein Leben? Bei einigen jedoch wurde diese Macht zu einer völligen »Besessenheit«. Mit diesen »Besessenheiten« zeigte der Satan die Macht, die er über alle hatte. Da kommt Jesus und sagt: »Solange ein bewaffneter starker Mann sein Haus bewacht, ist sein Besitz sicher. Wenn aber ein Stärkerer kommt, überwindet dieser ihn« (Lk 11, 21–22). Jesus hat den starken Mann überwunden. Er ist der *Stärkere:* »Wenn ich die Dämonen durch die Macht Gottes austreibe, dann ist das Reich Gottes schon zu euch gekommen« (Lk 11,20). In Jesus ist die stärkste Kraft der Zukunft Gottes wirksam geworden, hat die Macht der Welt entwaffnet und den Siegeszug angetreten, der durch das Kreuz hindurchführt. Jesus befreit die Welt von Grund auf, öffnet das Tor zur Zukunft wieder und erfüllt die Gegenwart mit Hoffnung. Auch heute wird die Welt von einer starken, bewaffneten Macht beherrscht, die die Zukunft Gottes fürchtet. In unserem Leben ruht jedoch die Kraft der Zukunft Gottes, die imstande wäre, diese dämonische Macht auszutreiben und die Welt zu befreien, aber sie schläft! Wie kann man diese Kraft Gottes wecken?

Die Treffen 33 bis 40

Noch auf viele andere Arten hat Jesus den Schleier weggenommen und den Beginn der Zukunft gezeigt. In den Treffen 33 bis 40, vor allem im 35., wollen wir versuchen, einen Blick auf unsere Welt zu werfen, um die vielen Zeichen der Zukunft Gottes zu entdecken, die es hier gibt. Heute ist schon ein winziges Pflänzchen im Entstehen. Es sieht aus wie ein Grashalm, aber es ist ein Jakarandabaum. Die Zukunft wächst nicht schnell wie Salat, sondern langsam wie ein Jakarandabaum: Wer heute pflanzt, pflanzt, damit der Enkel sich einmal an seinem Schatten erfreut. Er selbst stirbt, ohne das Ergebnis zu sehen. Daran, wie dieses Pflänzchen wächst, läßt sich unsere Gegenwart beurteilen. Das ist das Urteil Gottes über die Welt, das das letzte Gericht vorbereitet.

Die Kraft Gottes, die in der Auferstehung Jesu offenbar geworden ist, garantiert den Sieg. Jesus ist zu Boden geworfen, aber nicht besiegt worden. Aus dieser Tatsache erwachsen der Mut und die ruhige Gewißheit, die im Leben des Christen herrschen sollten. Der Mut des Glaubens entsteht nicht über Nacht. Es ist das große Geschenk Gottes, das durch das Gebet und die Bemühung, sein Leben seinen Brüdern und Schwestern zu schenken, gepflegt werden muß.

8. Der Konflikt zwischen Gegenwart und Zukunft. Jesus beginnt die Revolution der Zukunft Gottes.

Als Jesus den Schleier von der Welt nahm und auf die Zeichen der Zukunft hindeutete, rief er damit eine wirkliche Umkehrung der Werte hervor. Der Starke ist für ihn der

Schwache, der Schwache ist der Starke. Hier beurteilt die Zukunft bereits die Gegenwart und zeigt, daß die Menschen noch längst nicht dafür vorbereitet sind, in die Zukunft Gottes einzutreten. Sie müssen anders werden, ganz anders. Jesus begann sein Wirken mit der Aufforderung zu diesem Anderswerden: »Das Reich Gottes ist gekommen! Denkt um!« (Mk 1, 15).

Man darf nicht meinen, Jesus habe sich nur den Armen zugewandt und die Reichen verachtet. Er wandte sich allen zu, Reichen und Armen, Mächtigen und Schwachen, Gelehrten und Ungebildeten. Er ist für alle gekommen. Niemanden schloß er aus. Aber die Kanzel, von der aus er zu Reichen und Armen, zu Mächtigen und Schwachen sprach, steht nicht auf der Seite der Mächtigen, die *siegen* wollen, sondern auf der Seite derer, die nirgendwo etwas zu sagen und zu suchen haben, die überall beiseite geschoben werden, die nur durch Liebe *überzeugen* können.

Wer auf seiten des Systems der Reichen steht und von da aus zu den Armen spricht, der geht auf die Armen zu und verschafft ihnen einen Platz innerhalb des Systems. Er übt keine Kritik am System selbst, sondern bemüht sich, die Haken zu beseitigen, die das System noch hat. Er fragt nicht nach der Quelle seines Reichtums, sondern will den Reichtum, den er besitzt, nur besser verteilen. Er beruhigt das Gewissen der Mächtigen, indem er den Armen hilft.

Wer auf seiten der Armen steht und von dort aus zu Armen und Reichen spricht, tut etwas völlig anderes. Er erschüttert das System der Welt. Er ist nicht am Reichtum interessiert, sondern übt grundsätzliche Kritik an dem System, das so viele an den Rand drängt, er stellt das ruhige Gewissen der Reichen und Mächtigen in Frage und verlangt Gerechtigkeit und Liebe. Dafür ist Jesus verhaftet, verurteilt und gekreuzigt worden. Aber er ist auferstanden. Gott hat ihm recht gegeben.

Warum setzt sich die gegenwärtige Welt der Menschen gegen die Zukunft Gottes zur Wehr?

1. Die unter dem Einfluß der Gegenwart aufgebaute Organisation der Welt

Die Menschen hatten die Welt so eingerichtet, daß viele Leute in dem aufgebauten System überflüssig waren. Noch heute stehen Millionen von Menschen draußen, in völliger Abhängigkeit, und müssen um Brot, Lohn, Schule, um alles betteln. Das liegt daran, daß das Kriterium für die Organisation nicht das Wohl des Menschen ist, sondern Macht, Sicherheit, Eigennutz, Gewinn. Der Mensch traut dem Menschen nicht. Deshalb gibt er seine Macht und seine Interessen nicht auf. Er ist immer mißtrauisch.

In gewissem Maße muß er mißtrauisch sein, denn wir Menschen sind noch nicht so reif, daß man uns absolut vertrauen könnte. Das wäre ein zu großes Wagnis. Und unsere Liebe ist noch nicht groß genug, um den Erfolg dieses absoluten Vertrauens zu garantieren. Wir haben Grenzen, die größer sind als wir selber und die sich nicht per Dekret aus der Welt schaffen lassen. Sie erfordern einen langwierigen Erziehungsprozeß. Das Schlimme an uns ist, daß wir diese Situation als Rechtfertigung benutzen, um Mißtrauen und Eigennutz für uns zum Gesetz zu machen. Statt ein System hervorzubringen, das zu Vertrauen und Liebe erzieht, machen wir das Gegenteil. »Der Vorsichtige stirbt als alter Mann.« »Man muß realistisch sein. Wenn du etwas erreichen willst, darfst du nicht jedem vertrauen.« »Wenn ein Geschäftsmann zur Arbeit geht, muß er sein Herz zu Hause lassen.« – So und ähnlich heißen verschiedene Sprichwörter und Redensarten.

2. Die Einstellung, mit der wir das Leben organisieren, verhindert das Eintreffen der Zukunft Gottes.

Diese Einstellung liegt der Organisation des Lebens und der Welt zugrunde. Wenn man die Welt mit dieser Einstellung einrichtet, sind immer Menschen überflüssig: Leute, die nichts taugen, ungebildete Leute, kranke Leute, unterentwickelte Leute, Leute, die unproduktiv sind, Leute, die Ballast bedeuten, Leute, die den Fortschritt behindertn und diejenigen stören, die vorwärts kommen wollen.

Diese Einstellung macht uns unfähig, allen eine Chance einzuräumen. Sie verschleiert die Dinge und verhindert die Einsicht, daß die Welt auch anders sein könnte. Wir erkennen nicht mehr, daß unser eigentliches Problem nicht so sehr der mangelnde Gottesglaube ist. Alle Welt glaubt an Gott. Das entscheidende Problem ist der mangelnde Glaube an den Menschen, das mangelnde Vertrauen auf den Bruder, ein Vertrauen, das aus dem Glauben an Gott hervorgehen müßte.

Solange wir diese Einstellung nicht ändern, ist jede Veränderung, jeder Fortschritt nur ein Aufpfropfen auf ein totes Reis. Immer werden Menschen überflüssig sein. Leute, die überall am Rande stehen, eine ständige Anklage gegen das System. Diese Unglücklichen verfügen jedoch weder über Mikrophon noch über Lautsprecher. Sie sind ohnmächtig. Jesus kam und stellte sich auf die Seite dieses armen Volkes, gab ihm Mikrophon und Lautsprecher und schrie es in die Welt hinaus, daß der Mangel an Gerechtigkeit und Liebe sich in dem System verkörperte, das so viele Menschen an den Rand drängte. Armen und Reichen erklärt er, daß dieses System das Kommen der Zukunft Gottes verhindert.

3. Die unter dem Einfluß der Zukunft Gottes aufgebaute Organisation der Welt

Gott vertraut dem Menschen. Er ist zu einer so großen Liebe fähig, daß er garantieren kann, daß es mit diesem absoluten Vertrauen gut gehen wird. Er will den Menschen zu Vertrauen und Liebe erziehen, weil er will, daß alle Sinn erfahren und einen Platz für sich finden, auch die Ärmsten, die am Rande des von uns organisierten Systems leben. Für Gott steht das Wohl des Menschen immer an erster Stelle. Er hat keine Interessen gegen andere zu verteidigen. Sein Interesse ist der Mensch, »damit er das Leben hat« (vgl. Joh 10,10).

In der Zukunft Gottes wird niemand überflüssig sein. Alle werden einen Namen und einen Platz haben, zu Wort kommen und Beachtung finden. Alle werden Volk Gottes sein (Offb 21, 3). Deshalb gerät das Kriterium, nach dem Gott die Welt und das Leben organisieren will, in einen radikalen Gegensatz zu dem Kriterium, nach dem wir die Welt und das Leben organisieren. Es geht dabei um zwei Einstellungen, die sich gegenseitig ausschließen. Die Zukunft Gottes bedroht die Welt. Die Welt setzt sich zur Wehr und bekämpft die Zukunft und die Zeichen der Zukunft. Für das Denken, das die Organisation der Welt beherrscht, ist die Zukunft Gottes ein »Umsturz der Ordnung« (Lk 23, 2). Und mit all der ihr zur Verfügung stehenden Macht beseitigt und tötet die Welt die Zukunft, indem sie sie zum Kreuzestod verurteilt.

Wenn dagegen jene, die die Wahrheit lieben (Joh 18, 37), die Zukunft Gottes herannahen sehen, wird etwas in ihnen wachgerufen, und sie sagen: »Das ist es, worauf wir gewartet haben!« Sie erkennen in Jesus etwas von sich selbst, etwas von ihrer verlorenen Hoffnung. Sie nehmen die Gute Nachricht als Ausdruck der Macht und Weisheit Gottes (1 Kor 1, 24) an und setzen sich für sie ein. Sie stellen sich auf die Seite Gottes und beginnen gemeinsam mit ihm den Kampf. Sie nehmen die Schmerzen der Geburt an und warten auf die Zukunft, ihres Sieges gewiß.

Jesus kommt und leitet die Geburtswehen ein: Die Geburt beginnt.
Jesus trug die Zukunft in die Gegenwart hinein. Er begann, über die Welt ein Urteil zu fällen. Durchaus kein angenehmes Urteil für diejenigen, die die Situation der Welt aufrechterhalten. Er prangert die Fäulnis an, die sich an der Wurzel befindet.

Als Jesus in die Welt eintritt, um die Zukunft einzuleiten und den Grundstein für den »neuen Himmel und die neue Erde« zu legen, stellt er sich außerhalb des Systems, das der Mensch im Hinblick auf seine eigene Sicherheit und seine eigenen Interessen eingerichtet hat. Jesus läßt sich nicht auf die etablierte, offizielle Gesellschaft ein. Innerhalb des etablierten Systems der Welt hat weder Jesus noch die Zukunft Gottes Platz. Sie sind wie Wasser und Feuer.

Aber da er ein Mensch ist wie jeder andere auch, mit denselben Rechten und Pflichten, verliert Jesus nicht das Recht, zu allen zu sprechen. Obgleich er Herr über alles ist, arbeitet Jesus am Rande der offiziellen Gesellschaft, von niemandem protegiert, und wird beschuldigt und verfolgt. Jesus ist weder Pharisäer noch Sadduzäer noch Essener, ist weder für Herodes noch für Pilatus, besitzt weder Macht noch die Unterstützung einer Klasse, ist weder Pfarrer noch Küster, nichts von alledem. Er ist nichts anderes als irgendein Laie, ein armer Schlucker, der sich wie jedermann sein Brot verdient und als einzige Protektion ein klares Bewußtsein besitzt im Hinblick auf das Leben, das ihm aus der Zukunft Gottes erwächst.

Jesus gräbt die Zukunft aus, die in der Gegenwart verborgen ist, zieht den Schleier fort, deutet auf die Zeichen der Zukunft, die im Leben zutage treten, gibt denen Hoffnung, die die Wahrheit lieben und ruft den Widerstand derer hervor, die das Kommen dieser Zukunft Gottes verhindern wollen.

9. Die vielen Fragen, auf die es keine Antwort gibt. Die Zukunft Gottes paßt nicht in unseren Verstand.

Wir bereiten die Zukunft vor. Aber bevor die Zukunft kommt, sterben viele Menschen. Werden sie an der Zukunft keinen Anteil haben? Wo sind sie jetzt? Und die Millionen von Jahren, die bereits vergangen sind: Ist das alles verloren und vergessen? Und wir selbst? Wo werden wir sein? Und was wird aus unserem Körper? Und was ist mit der Hölle? Mit dem letzten Gericht und der Auferstehung von den Toten? Wenn einer häßlich ist, wird er dann als hübscher Mensch auferstehen? Wenn einer als Kind stirbt, wird er dann im Himmel erwachsen sein? Das sind viele Fragen... Gibt es eine Antwort darauf?

Die beste Antwort auf alle diese Fragen ist wie gesagt die des Paulus: »Die Augen können es nicht sehen, die Ohren nicht hören und das Herz nicht erahnen, was Gott denen bereitet hat, die ihn lieben« (1 Kor 2, 9).

Einige Vergleiche, die die Sache verdeutlichen

Gott behandelt uns jedoch nicht wie Dummköpfe oder Blinde, die gehen müssen, ohne zu wissen, wie und wohin. Er hat uns einen Verstand gegeben, um die Dinge zu ergründen, die uns Schwierigkeiten bereiten, solange es uns nicht darum geht, uns zu verstecken und unsere Angst und unsere Bequemlichkeit zu rechtfertigen.

1. Vergleich: Die Gegenwart, die die Zukunft hervorbringt: Geldstück oder Samenkorn?

Das Geldstück: Es ist gleich, was man mit ihm kauft. Es trägt keine klare Bestimmung in sich. Es sagt nichts über die Dinge, die ich mit ihm kaufen kann. Ich kann dafür Kaffee oder Zucker, Schuhe oder Zigaretten kaufen, das ist gleich. Ich bin es, der ihm seine Bestimmung gibt, solange ich den Wert der Münze nicht übersteige. *Das Samenkorn:* Es trägt nur eine Bestimmung in sich, nämlich die Frucht zu werden. Entweder stirbt das Samenkorn und wird zur Pflanze, die Frucht trägt, oder aber es verfault, und es wird nichts aus ihm. Eine andere Wahl bleibt ihm nicht.

Das Leben ist kein Geldstück, mit dem die einen den Himmel kaufen und die andern irgendwelche andern Dinge. Das Leben ist Samenkorn: Es hat nur eine einzige Bestimmung, die bereits in ihm liegt. Die Bestimmung des Lebens ist das »Leben in Fülle«, die Auferstehung, das vollkommene Glück. Die Zukunft ist eine Frucht, die mit viel Pflege in unserem Heute angebaut werden muß. Sie ist kein Erzeugnis, das es auf dem Markt des Himmels zu kaufen gibt. Pflegt das Samenkorn! Die Kraft des Samens ist die Gewähr für die Ernte. Die Zeit des Lebens ist die Zeit des Anbaus.

2. Vergleich: Ein Satellit, der von einer zweistufigen Rakete angetrieben wird

Der Mensch gleicht einem Satelliten, der mit Hilfe einer zweistufigen Rakete von der Erde in den Weltraum geschossen wird. Er muß in eine Umlaufbahn eintreten. Die Rakete bringt ihn dorthin. Die erste Phase dauert neun Monate. Die zweite Stufe transportiert ihn weiter, über mehrere Jahre, bis sie ihn dann in die Umlaufbahn bringt. Nachdem die Stufen ihre Aufgabe erfüllt haben, fallen sie herunter und verschwinden in der Atmosphäre. Sie sind nicht mehr zu gebrauchen. Wir befinden uns in der zweiten Phase. Noch treten wir nicht in die endgültige Umlaufbahn ein. Wir sind unterwegs dorthin. In der Todesstunde tritt der Mensch in die Umlaufbahn ein, wenn er seine zweite Stufe gut gelenkt hat. Andernfalls verliert er sich für immer in der Unendlichkeit.

3. Vergleich: Die drei Abschnitte menschlichen Leben

Im Leben gibt es drei Abschnitte. Der erste dauert neun Monate, der zweite einige Jahre, der dritte hat für uns noch nicht begonnen. Vom Kind aus gesehen ist die Geburt eine Art Tod. Der Tod, vom dritten Abschnitt aus betrachtet, ist eine Geburt. Vieles von dem, was man im Mutterleib nötig hat, wird für das neue Leben, das einem geschenkt wird, unnötig, und so wird es weggeworfen: die Nabelschnur, der Mutterkuchen usw. Vieles von dem, was man braucht, um im Leib der Geschichte zu leben, wird überflüssig für das neue Leben, das wir empfangen werden. Mit großer Ehrfurcht wird es im Friedhof beigesetzt: der Leib aus Fleisch und Knochen. Der dritte Abschnitt, in dem wir bei Gott sind, verlangt einen anderen Leib, den wir nicht kennen. Es wird ein »geistiger Leib« (1 Kor 15, 44) sein. Mit unserem jetzigen Körper verglichen, ist jener neue Leib wie die Frucht im Vergleich zum Samenkorn (vgl. 1 Kor 15, 35–50). Im auferstandenen Jesus haben wir ein Beispiel dafür, wie dieser neue Leib sein wird.

4. Vergleich: Der Teppich der Zeit

Wir sind wie jemand, der auf einem Teppich voranschreitet, der vor ihm entrollt und hinter ihm wieder aufgerollt wird. Hinter uns wird alles wieder zusammengerollt, wird in unser Inneres aufgenommen und gibt uns Kraft, den Teppich der Zeit zu entrollen, der vor uns liegt, und damit die Zukunft näher zu bringen. Stellt euch einmal vor, eure Vergangenheit wäre nicht in eurem Innern aufbewahrt. Ihr wärt wie jemand, der das Gedächtnis verloren hat. Ihr wüßtet nichts mehr, kämt keinen Schritt vorwärts, wärt wie ein Baby, ihr wüßtet nicht einmal mehr, wer ihr seid. Ja, nicht einmal wie ein Baby, denn ihr selbst seid die Frucht eurer Vergangenheit, eurer Eltern und Großeltern. Wir führen alles mit uns, was hinter uns liegt. Die Eltern leben in den Kindern weiter, die Kinder in den Enkeln. Die ganze Vergangenheit, all jene, die gestorben sind, all die Millionen von Jahren, alles ist in irgendeiner Weise in uns, so wie der Same, der Halm und die Ähre in der Frucht enthalten sind. Wir sind die Frucht der Vergangenheit. Alles wird von uns mitgetragen und wächst und entwickelt sich durch uns auf die Stunde der Geburt der »neuen Menschheit« hin. Gestern wurden wir geboren, heute leben wir, morgen sterben wir. Aber die Geschichte hat Tausende von Jahren vor uns begonnen und wird womöglich noch ebenso lange nach uns weitergehen. Wir sind wie ein kleiner Ziegelstein in diesem riesigen Gebäude, das die Geschichte mit Gottes Hilfe für das künftige Glück aller errichtet. Das bedeutet eine große Verantwortung. Das Steuer des Wagens der Geschichte liegt jetzt in den Händen unserer Gegenwart. Unsere Kinder werden das Steuer dort übernehmen, wo wir den Wagen hingelenkt haben. Vielleicht müssen sie wieder in Ordnung bringen, was wir falsch gemacht haben.

Hier gibt es einiges, was wir nicht verstehen und auch nicht verstehen können. Hundert Liter Wein passen nicht in ein Glas. Man darf nicht meinen, die Menschen lösten sich in nichts auf. Man soll nicht denken, der verstorbene Manuel habe sich in dessen Sohn verwandelt. Die verstorbene Albertina ist auch nicht in ihrer Tochter Maria ins Leben zurückgekehrt. So ist das ganz und gar nicht. Jeder hat seinen eigenen Namen, sein eigenes Gesicht. Jeder ist er selber und hat ein eigenes *Ich*. Er wird sich nie in einen anderen verwandeln. Er bleibt immer der, der er ist. Auch wenn er gestorben ist, lebt er weiter, für immer, in den Händen Gottes in der Gemeinschaft der Heiligen oder aber getrennt von Gott und den andern, in der »Hölle«. Er verschwindet nicht und wird auch nicht wiedergeboren, wie die Spiritisten behaupten. Und der kleine Ziegelstein, den er in den Bau der Zukunft eingefügt hat, bleibt an seinem Ort, in unserer Gegenwart und in unserem Leben und trägt seinen Teil zur Geburt der Zukunft und zur endgültigen Auferstehung bei; dabei bittet er uns, dafür Sorge zu tragen, daß die geleistete Arbeit nicht vergeblich war, und *unseren* Ziegelstein zu setzen.

Trotz der Vergleiche, die die Dinge zu erklären versuchen, bleiben die Fragen bestehen. Die Antworten vermögen unsere natürliche Neugierde und unseren Wissensdrang nicht völlig zu befriedigen. Die allergrößte Frage ist dabei diejenige, die vom Leid aufgeworfen wird. Gott gibt darauf keine Antwort, er zeigt nur einen Weg: »Das Leiden war notwendig, um in seine Herrlichkeit zu gelangen« (Lk 24, 26). Im Licht der Auferstehung hat sich das Kreuz jedoch verklärt und ist zum Anfang des »neuen Himmels und der neuen Erde« geworden. Es genügt nicht nur zu leiden; man muß so leiden können, daß das Leid sich verklärt und in den Schmerz der Geburt verwandelt, die die Zukunft hervorbringt, die Zukunft verheißt.

Von der Auferstehung lernen

(Treffen 33 – 36)

33. Der Traum Gottes für alle Menschen guten Willens

»Die Hoffnung erzeugt den Traum,
der Traum nährt die Hoffnung und den Kampf.«

1. Lektüre des Textes aus dem Leben

1.1 *Beispiele aus dem heutigen Leben*

Die Lehrerin läßt die Kinder ein Bild vom Himmel malen. Ein Mädchen aus der Mittelschicht zeichnet einen Klub mit Swimming-Pool, Wald, Sonne, Meer, jeder Menge von erfrischenden Getränken, vielen Freunden und Gott, der im Schatten eines großen Baumes sitzt und ruhig und zufrieden an der Freude der Kinder Anteil nimmt. Darunter schreibt sie: »Nicht nur an Wochenenden, sondern jeden Tag! Nicht nur für reiche Kinder, sondern für alle!«

Der schwarze Junge aus den Slums zeichnet einen Festzug: Alle kommen singend und tanzend den Hügel herab, in einem fröhlichen Tanz, einem ewigen Karneval, der die ganze Stadt in einen Festplatz verwandelt, und Gott sitzt auf einer Tribüne, schaut sich alles an und läßt sich von einer nach der Art von Bahia gekleideten Negerin Erklärungen geben.

Pedro, ein Maurer, sagt zum Pfarrer: »Ich bin ein arbeitsamer Mensch. Am Nichtstun habe ich keinen Spaß. Wie werde ich da im Himmel zurechtkommen? Die ganze Zeit untätig herumsitzen und Gott anschauen! Das halte ich bestimmt nicht aus! Kann man denn dort nicht irgendeine Aufgabe für mich finden? Ich würde sogar umsonst arbeiten!«

1.2 *Beispiele aus dem Leben zur Zeit der Bibel:*
Jesus vergleicht den Himmel mit einem Spießbratenessen, denn er sagt, die Ochsen seien bereits für das Fest geschlachtet (Mt 22, 4). Es wird ein riesiges Fest sein, wie eine Hochzeit (Mt 22, 2), mit einem üppigen Mahl. Er selbst wird bei Tisch bedienen, er wird unser Diener sein. Darauf besteht er (Lk 12, 37). Jesus sagt, die Zukunft Gottes werde hundertmal besser sein als das jetzige Leben (Mt 19, 29). Sie wird wie ein Schatz sein, den du entdeckst (Mt 13, 44), wie frisches Wasser, das du nach einem langen Weg durch die Hitze findest (vgl. Joh 4, 14; 7, 37). Sie ist wie das Vaterhaus, in dem schon ein Platz für dich vorbereitet ist (Joh 14, 2–3). Ein so gutes und starkes Leben, daß es für immer andauern wird. Es wird ewiges Leben sein (Joh 10, 10).

1.3 *Wir vertiefen uns in die Beispiele aus dem Leben, um zu sehen, ob es auch uns so ergeht*

Niemand glaubt an Träume, aber jeder träumt gern von einer besseren Zukunft, angefangen von den Verliebten über die Kinder bis zu den Alten und Kranken. Die Träume entstehen aus der Hoffnung. Sie lassen den Menschen kämpfen, um die Welt zu verbessern. Habt ihr euch schon einmal vorgestellt, wie es um uns bestellt wäre, wenn es kein Kind mehr gäbe, das träumte?! Wir wollen das näher betrachten:

1. Wessen Gedanken über die Zukunft sind besser: die von Pedro, dem Maurer, oder die der beiden Kinder? Warum?
2. Was gibt es an Gemeinsamkeiten zwischen Jesus und den beiden Kindern, wenn sie von der Zukunft Gottes sprechen?
3. Die Kinder dachten bei ihrem Traum von der Zukunft an die schönen Dinge des jetzigen Lebens. Wenn ihr von der Zukunft träumt, was kommt euch da in den Sinn?
4. Der Taxifahrer, der den Pfarrer nach einem Besuch bei einem Sterbenden nach Haus fährt, sagt: »Mir gefällt das Leben so gut, daß ich mich, wenn man da drüben nur auszuruhen hätte, lieber im Leben abrackern möchte!« Die Zukunft Gottes lockt ihn nicht. Warum wohl? Liegt das am Taxifahrer oder an wem sonst?
5. Was verhindert, daß der Traum, den ihr für eure Zukunft habt, in Erfüllung geht? Überlegt euch eure Antwort gut und bezieht euch auf konkrete Tatsachen!

2. Lektüre des Textes aus der Bibel

2.1 *Wir hören, wie die Bibel die Zukunft Gottes darstellt, die sich Gott für uns erträumt hat.*

Die Bibel will in uns die Hoffnung lebendig erhalten, sie will die Zukunft offen halten. Sie baut auf die Macht und die Treue Gottes und kommt so zu den schönsten Schilderungen der Zukunft, von denen wir jetzt eine hören werden.

Offenbarung des Johannes 21, 1–7 und 22, 3–5:[1]
21,1. Ich sah einen neuen Himmel und eine neue Erde, denn der alte Himmel und die alte Erde waren verschwunden, und vom Meer war nichts übriggeblieben.[2]
2. Ich sah, wie die Heilige Stadt, das Neue Jerusalem, von oben, von Gott herabkam, schön wie eine Braut, die sich für ihren Bräutigam geschmückt hat.[3]

[1] Die Übersetzung geht direkt vom Urtext aus. Die Offenbarung des Johannes ist das letzte Buch der Bibel und bringt die Botschaft Christi in einer Sprache zum Ausdruck, die uns etwas fremd ist. Der Verfasser des Buches verwendet viele Bilder und Symbole, die nicht wörtlich zu verstehen sind.

[2] Das Meer mit seiner unergründlichen Tiefe und Macht war damals ein Sinnbild für das Böse. Um auszudrücken, daß es in der Zukunft Gottes keinerlei Bosheit mehr geben wird, sagt der Autor deshalb: »das Meer gibt es nicht mehr« oder, wie wir übersetzen: »vom Meer war nichts übriggeblieben«.

[3] Das Bild der Hochzeit kommt in der Bibel häufig vor: Gott wird als der Mann und das Volk als die Frau dargestellt. Damit will der Verfasser die endgültige Verbindung und Treue zwischen Gott und den Menschen zum Ausdruck bringen. *Jerusalem* heißt »Stadt des Friedens«.

3. Und ich hörte eine laute Stimme, die vom Thron Gottes herkam: »Dies ist die Wohnung Gottes bei den Menschen![4] Gott wird bei ihnen wohnen! Sie werden sein Volk sein. Gott selbst wird bei ihnen sein!
4. Er wird alle Tränen von ihren Augen abwischen, und es wird keinen Tod mehr geben, kein Weinen, kein Wehklagen, keinen Schmerz. Diese alten Dinge sind für immer überwunden.«
5. Dann sagte der, der auf dem Thron saß: »Jetzt mache ich alles neu!« Und er riet mir: »Schreib die Worte auf, denn sie sind zuverlässig und wahr!«
6. Dann sagte er zu mir: »Ja! Alles ist in Erfüllung gegangen! Ich bin das Alpha und das Omega, der Anfang und das Ende![5] Wer durstig ist, den werde ich umsonst trinken lassen aus der Quelle lebendigen Wassers.
7. Der Sieger wird all dies zum Erbe erhalten. Ich werde sein Gott sein, und er wird mein Sohn sein!«
22, 3. Hier wird es keinerlei Fluch mehr geben. Der Thron Gottes und Jesu Christi steht mitten in der Stadt, und seine Freunde werden ihm dienen,
4. sie werden sein Angesicht schauen, und sein Name wird auf ihrer Stirn geschrieben stehen.
5. Es wird keine Nacht mehr geben, und nie mehr werden sie das Licht der Lampe oder das Licht der Sonne brauchen. Gott selbst wird über ihnen leuchten,[6] und sie werden herrschen in alle Ewigkeit.

2.2 Wir entdecken die Botschaft, die das Wort Gottes für uns bereithält.

1. Welcher Vergleich oder welches Bild hat euch am besten gefallen? Warum?
2. Findet das, was wir uns im Leben am meisten ersehnen und erträumen, hier eine Antwort? Welche?
3. Wenn ihr sie hier nicht findet, dann vielleicht an einer anderen Stelle, wo die Bibel von der Zukunft spricht?
4. Lest den Text noch einmal und zählt nacheinander die schönen Dinge der Zukunft Gottes auf, die sich hier andeuten! Vergleicht sie mit unserem eigenen Leben und zählt die Unterschiede auf! Was muß in unserem Land anders werden, damit es in die Zukunft Gottes Eingang finden kann?
5. Tod, Trauer, Tränen, Leid, Fluch, Streit sind durch die Tür der Sünde in unser Leben gekommen. Im »neuen Himmel« und in der »neuen Erde« wird es nichts von alledem geben. Kennt ihr einen Ort oder eine Gemeinde, wo man schon etwas vom *Beginn* dieser Zukunft sehen kann?

[4] Er sagt »bei den *Menschen*«, das heißt: nicht mehr nur beim hebräischen Volk und auch nicht nur bei den Christen. Die Zukunft Gottes ist für die ganze Menschheit da.
[5] »Alpha« und »Omega« sind der erste und der letzte Buchstabe des griechischen Alphabets. Das bedeutet, daß Christus Anfang und Ende ist.
[6] Das Bild des Lichts kommt oft vor. Wenn Gott wie das Licht der Sonne und der Lampe sein wird, bedeutet dies, daß seine Gegenwart alles durchschaubar machen wird und daß es keinen Ort mehr geben wird, an dem er nicht zu sehen ist.

6. Die Christen müßten eine Gratisprobe dieser Zukunft sein. Wir müßten durch unser Leben beweisen, daß diese Zukunft möglich ist. Arbeitet ihr in eurer Gemeinde an dieser Zukunft? Welche Zeichen gibt es dafür?
7. Welche Taten sind Bausteine für die Zukunft? Warum?
8. Wenn ihr nun wißt, daß dies eure Zukunft ist, daß die Macht und die Treue Gottes die Garantie für diese Zukunft sind und daß ihr am Aufbau dieser Zukunft mitarbeiten sollt, welchen Schluß sollen wir daraus für unser Leben ziehen? Was wollen wir konkret tun, um dies alles in die Tat umzusetzen?

34. Der erste Sohn der Zukunft

»Ein Sohn ist schon geboren:
Die Zukunft hat bereits begonnen!«

1. Lektüre des Textes aus dem Leben

1.1 *Ein Beispiel aus dem Leben von heute*

»Ach, ich habe so sehr gehofft, eine Arbeit zu finden, aber jetzt suche ich schon seit vier Wochen und habe noch immer nichts...« Das sagt Dona Francisca. Sie ist vom Landesinnern in die Hauptstadt gekommen und erwartete, dort ein Paradies vorzufinden. Aber von dem, was sie sich erhoffte, hat sie nichts gefunden. Im Gegenteil. Ihr ganzes Erspartes hat sie aufgebraucht. Im Autobus, auf dem Weg zurück in ihre Heimat, klagt sie der Frau neben ihr ihr Leid: »Ich hatte so sehr gehofft, in der Hauptstadt ein besseres Leben zu finden. Aber von wegen! Daraus ist nichts geworden! Alles ist nur noch schlimmer als vorher. Können Sie sich vorstellen, was es heißt, von Tür zu Tür zu gehen und Arbeit zu suchen, vier Wochen lang! Wir verlieren noch das bißchen, das wir hatten. Das ist ein Kreuz, das mir zu schwer ist, ein Kreuz aus Palisanderholz! Ich habe die Hoffnung verloren. An die Gutwilligkeit der Menschen glaube ich nicht mehr. Eine Bande

1.2 *Ein Beispiel aus dem Leben zur Zeit der Bibel*

»Wir aber hatten gehofft, daß er der sei, der Israel erlösen werde. Und dazu ist heute schon der dritte Tag...« (Lk 24, 21). Das sagte Kleopas auf dem Weg nach Hause zu dem Unbekannten. Fast drei Jahre lang waren sie einem vielversprechenden, jungen Mann gefolgt, der Jesus von Nazaret hieß. Sie hatten gehofft, in ihm all das zu finden, was das Leben einem an Glück bieten kann. Aber von wegen! Daraus ist nichts geworden! Alles war nur noch schlimmer als vorher. Die Priester zusammen mit den Römern hatten es fertiggebracht, ihn zu töten (Lk 24, 20). Jetzt war alles aus. Es hatte keinen Sinn mehr, das Gute zu wollen. Die Böswilligkeit der andern schien stärker zu sein. Kleopas und sein Freund kehrten entmutigt nach Hause zurück: »Wir aber hatten gehofft...«. Den andern Aposteln ging es genauso. Sie schlossen sich in einem Raum ein, weil sie vor allem und jedem Angst hatten (Joh 20, 19). Das Kreuz des Karfreitags hatte die

von Egoisten! Niemand will einem andern helfen. Alles nur für Geld!«

Hoffnung getötet. Das Leben hatte seinen Sinn verloren. An die Möglichkeit eines Ostersonntags dachten sie nicht.

1.3 Wir vertiefen uns in das Beispiel aus dem Leben, um zu sehen, ob so etwas auch in unserem Leben vorkommt.[1]

Auf irgendetwas hoffen, das tut jeder, Dona Francisca ebenso wie Kleopas und wir alle. Aber trotz aller Anstrengung hat sich die Hoffnung zerschlagen. Eine Macht, die stärker war, hat die Zukunft versperrt und die Hoffnung getötet. Sie glauben nicht mehr an die Gutwilligkeit der andern. Betrachten wir das einmal näher!

1. Erzählt eine Begebenheit aus eurem Leben, bei der ihr sehr darauf hofftet, euch sehr darum bemühtet, etwas zu erreichen, aber dann nichts erreichen konntet!
2. Was fehlte im Leben von Dona Francisca und von Kleopas?
3. Was fehlt in eurem Leben?
4. Liebt unser Volk mehr das Kreuz des Karfreitags oder die Auferstehung des Ostersonntags?
5. Habt ihr im »Karfreitag« eures Alltagslebens schon einmal festgestellt, daß dieses Kreuz ein »Ostern« hat, das ihm folgt? Erzählt davon!

2. Lektüre des Textes aus der Bibel

2.1 Wir hören, wie Kleopas und sein Freund die Kraft fanden, sich dem Kreuz zu stellen und es zu überwinden.

Kleopas war am Boden zerstört wegen des Kreuzes. Aber nur eine Zeitlang. Dann fand er zu einer größeren Kraft. Diese größere Kraft gibt es auch im Leben von Dona Francisca und in unserem Leben. Sie muß allerdings entdeckt werden. Hören wir, wie Kleopas sie entdeckte:

Evangelium nach Lukas 24, 13–21, 25–33 a, 35

13. Am gleichen Tag waren zwei von den Jüngern auf dem Weg in ein Dorf namens Emmaus, das etwa 18 km von Jerusalem entfernt ist.
14. Sie sprachen miteinander über die Ereignisse jener Tage.
15. Plötzlich, mitten in diesem Gespräch, kam jemand zu ihnen und begleitete sie.
16. Es war Jesus. Aber sie erkannten ihn nicht. Es war, als ob sie eine Binde vor den Augen gehabt hätten.
17. Jesus fragte: »Darf ich erfahren, worüber ihr auf eurem Weg so lebhaft sprecht?« Vor Erstaunen und Traurigkeit blieben beide stehen.
18. Der eine der beiden, Kleopas, antwortete: »Bist du denn der einzige Fremde in Jerusalem? Dann weißt du gar nicht, was sich hier in diesen Tagen ereignet hat?
19. Jesus fragte: »Was ist denn geschehen?« Sie erwiderten: »Nun! Das mit Jesus von Nazaret! Er war wirklich ein Prophet, mächtig in Wort und Tat vor Gott und dem ganzen Volk.

20. Dann hast du auch nichts davon erfahren, daß unsere Führung, sowohl die politische als auch die religiöse, diesen Mann hat zum Tode verurteilen und am Kreuz sterben lassen?
21. Wir hatten gehofft, daß er derjenige sei, der das Volk befreien würde... Und außerdem ist heute schon der dritte Tag, seitdem das alles geschehen ist!«
25. Da begann Jesus zu sprechen: »Mit eurer Einsicht ist es aber nicht weit her! Wie schwer tut ihr euch zu glauben, was die Propheten angekündigt haben!
26. Dann habt ihr also nicht verstanden, daß der Messias all das erleiden mußte, um in seine Herrlichkeit zu gelangen?«
27. Und von den Büchern des Mose und allen Propheten ausgehend, erklärte er ihnen, was die Bibel dazu sagt.
28. Als sie bereits in die Nähe des Dorfes gekommen waren, zu dem sie unterwegs waren, gab Jesus ihnen zu verstehen, er müsse noch weitergehen.
29. Aber die beiden baten ihn inständig: »Bleib doch bei uns! Es ist schon spät, bald wird es Nacht!« Jesus willigte ein, bei ihnen zu bleiben.
30. Und während des Abendessens, als Jesus das Brot nahm, es segnete und es brach, um es ihnen zu geben,
31. genau in diesem Augenblick gingen ihnen die Augen auf, und sie erkannten ihn.[1] Aber da war Jesus schon verschwunden.
32. Und sie sagten zueinander: »Brannte uns nicht das Herz in der Brust, als er unterwegs mit uns redete und uns die Bibel erklärte?«
33. Noch in derselben Stunde brachen sie auf und kehrten nach Jerusalem zurück,
35. um den andern zu erzählen, was sie unterwegs erlebt und wie sie ihn in dem Augenblick erkannt hatten, als er das Brot brach.

2.2 Wir entdecken die Botschaft, die die Worte der Bibel für uns heute bereithalten.

1. Viele mögen diesen Abschnitt der Bibel sehr gern. Warum wohl?[2]
2. Die Last des Kreuzes kam nicht vom Gewicht jener beiden Holzbalken. Sie kam vom Gewicht der Macht der Römer und der Juden, die Jesus getötet hatten und die Hoffnung und den Mut jener beiden jungen Männer töteten. Woher kommt das Gewicht des Kreuzes, das das Leben von Dona Francisca und vielleicht auch euer Leben erdrückt? Diskutiert diese Frage eingehend in der Gruppe!

[1] Jesus brach das Brot. Das war eine allgemein übliche Geste. Aber als Lukas sein Evangelium verfaßte, bedeutete der Ausdruck »das Brot brechen« die *Eucharistie*, zu der sich die Christen versammelten, um das Brot zu brechen und zu essen, das der Leib Christi ist. Als Lukas diese Worte niederschrieb, dachte er an die Eucharistie. Er will damit sagen, daß Christus vor allem in der Eucharistie unter uns gegenwärtig wird und daß eine gute Teilnahme an der Eucharistiefeier erreichen kann, daß uns die Binde von den Augen fällt und wir seine Gegenwart in anderen Bereichen des Lebens, auch in der Bibel und in unseren Brüdern und Schwestern, erkennen.
[2] Wir haben eine Umfrage unter einigen Leuten gemacht und wollten wissen: »Welcher Abschnitt aus der Bibel gefällt Ihnen am besten?« Die meisten antworteten: der Abschnitt von den Emmausjüngern und der über die Samaritanerin. Anderen gefiel der Abschnitt über Zachäus, der auf den Baum geklettert war, besser.

3. Die beiden waren entmutigt, niedergedrückt durch das Kreuz. Jesus ließ sie seine Gegenwart spüren, und sie schöpften wieder Mut, verloren ihre Angst und machten sich wieder auf den 18 km langen Weg nach Jerusalem, nur um den andern ihre Freude und Hoffnung mitzuteilen. Habt ihr schon einmal etwas Ähnliches erlebt? Erzählt!
4. Jesus ist am Morgen auferstanden. Für die beiden jungen Männer aber kam die Kraft der Auferstehung erst in der Nacht desselben Tages. Ist sie für euch schon gekommen? Habt ihr sie schon gefunden?
5. Dona Francisca hat diese Kraft nicht gefunden. Die beiden jungen Männer haben sie gefunden. Warum finden sie wohl die einen, und die andern finden sie nicht?
6. Wie macht ihr es, um vom Karfreitag zum Ostersonntag zu kommen? Indem ihr untätig darauf wartet, daß der Karsamstag vorbeigeht?
7. Jesus machte sich auf dreifache Weise gegenwärtig: 1. als Weggefährte, 2. über die Bibel, 3. in der Eucharistie, bei der das Brot gebrochen wird. Das sind drei offene Fenster, durch die man die Gegenwart Jesu im Leben sehen kann. Welches der drei benutzt ihr am meisten? Warum?
8. Die beiden hatten eine Binde vor den Augen. Worin besteht die Binde, die die Christen heute vor den Augen haben und die verhindert, daß sie die Kraft Christi im Leben entdecken? Wie kann man diese Binde wegnehmen?
9. Als sie wußten, daß Jesus lebte, verloren die Freunde Jesu ihre Angst; weder von der Nacht noch von ihrer Müdigkeit, weder von den Römern noch von den Juden, noch von Gefängnis oder Folter ließen sie sich beirren; alles nahmen sie in Kauf. Nichts konnte sie bezwingen. In Jesus fanden sie Kraft, Mut und Hoffnung, zu kämpfen und zu siegen. Welchen Schluß wollen wir aus alldem für unser Leben ziehen? Was wollen wir konkret tun, um das Wort, das wir gerade gehört und überdacht haben, in die Tat umzusetzen?

35. Wenn er aus der Erde hervorbricht, sieht der Jakarandabaum aus wie Gras, aber es ist ein Jakarandabaum.

»Die ersten Zeichen der Zukunft Gottes sind:
die Weisheit der Unwissenden und die Macht der Schwachen!«

1. Lektüre des Textes aus dem Leben

1.1 Ein Beispiel aus dem Leben von heute

In einem Gottesdienst wurde einmal folgende Epistel vorgelesen: »Lesung aus der Geschichte der Christen von Agua Rasa. In jener Zeit geschah es, daß Antõnio und Esmeralda, ein altes Ehepaar, das seit fast fünfzig Jahren verheiratet war, an dem

1.2 Ein Beispiel aus dem Leben zur Zeit der Bibel

Niemand bemerkte das Almosen der armen Witwe, Jesus aber erklärte: »Sie hat mehr hineingeworfen als alle anderen« (Lk 21, 3). Niemand hielt es für möglich, daß ein Heide gläubig sein könne, Jesus aber machte deutlich, daß jener römische

Haus vorüberkam, in dem die Christengemeinde versammelt war. Alfredo, einer der Christen, forderte sie auf, hineinzugehen. Aber das wollten sie nicht: ›Wir reiten lieber weiter. Es sind noch zwei Meilen bis nach Hause.‹ Alfredo gab nicht auf, bis sie dablieben. Sie gingen hinein, und man stellte sie den andern vor. Zum ersten Mal interessierte sich jemand für das Leben und die Arbeit von Antõnio und Esmeralda. Eine Frau fragte: ›Antõnio und Esmeralda, wart ihr glücklich in eurer Ehe?‹ Die Antwort der Alten bestand nicht aus Worten, sondern aus einem frohen Lächeln und einer gegenseitigen Umarmung. So als ob sie sagen wollten: ›Welche Frage!‹ Da sprach Alfredo zu den Brüdern und Schwestern: ›Da seht die verborgenen, großen Dinge, die Gott fast fünfzig Jahre lang unter uns bewirkt hat und die er uns soeben geoffenbart hat.‹ Hiermit endet die Lesung aus der Geschichte der Christen von Agua Rasa.« Und alle antworteten: »Dank sei Gott, dem Herrn!«

Hauptmann mehr Glauben hatte als die Juden (Mt 8, 10). Die Großen verachteten das einfache Volk und sagten: »unwissendes, verfluchtes Volk« (vgl. Joh 7, 49). Aber Jesus ist es gelungen, gerade diesem von allen im Stich gelassenen Volk seine Botschaft mitzuteilen: »Ich preise dich, Vater, weil du all das den Weisen und Klugen verborgen, den Unmündigen aber offenbart hast« (Mt 11, 25). Niemand glaubte, daß eine Dirne lieben könne, aber Jesus erklärte, sie liebe mehr als Simon, der gesetzestreue Pharisäer (Lk 7, 40–47). Niemand nahm den Ruf Gottes im Leben und in der Natur wahr, Jesus aber zog den Schleier weg und sagte: »Das Reich Gottes ist wie das Salz, wie die Vögel, wie die Blumen des Feldes, wie der Kaufmann« und so fort.

1.3 Wir vertiefen uns in das Beispiel aus dem Leben, um zu sehen, ob so etwas auch in unserem Leben vorkommt.

Wir träumen von der ganz großen Zukunft und sehen nicht die ziemlich kleinen Ziegelsteine, die Gott gebraucht und die wir herstellen müssen, um diese Zukunft zu bauen. Wer den Adler jagt, sieht den Schmetterling nicht. Betrachten wir dies einmal näher.

1. Antõnio und Esmeralda sind wie die Blumen im Gestrüpp: Sie wachsen im Verborgenen. Der Bewohner der Slums kennt sie. Aber weil er diese Blumen so oft sieht, bemerkt er ihre Schönheit gar nicht mehr. Alfredo mußte erst wieder darauf aufmerksam machen. Da sahen alle sie und dankten Gott. Kennt ihr andere »Blumen im Gestrüpp«, die in eurer Nähe wachsen, in eurer Familie oder in eurem Wohnviertel, deren Schönheit ihr schon nicht mehr bemerkt, weil ihr sie so oft seht?
2. Könnt ihr das verstehen: Eine arme Witwe, die zehn Groschen gibt, tut mehr für die Kirche als ein Reicher, der eine Million spendet? Überlegt euch die Antwort gut!
3. Die Zukunft Gottes ist im Werden. Im Augenblick sieht sie noch aus wie Gras, aber sie ist ein Jakarandabaum. Sie entsteht, um zu dauern und zu bleiben. Könnt ihr einige dieser »Grashälmchen« nennen, die als der ganz bescheidene Anfang einer großen Zukunft im Leben wachsen? Begründet dies!

4. Jesus hat den Schleier von den Dingen weggenommen. Habt ihr schon einmal erlebt, daß jemand den Schleier weggenommen hat, damit ihr die Dinge Gottes im Leben besser sehen könnt?

2. Lektüre des Textes aus der Bibel

2.1 Wir hören, was die Bibel über den Beginn der Zukunft sagt, die heute anbricht.

Niemand erwartet etwas von Antõnio und Esmeralda, so wie auch niemand von jener armen Witwe etwas erwartete. Wohl aber Jesus. Er glaubte an die Kraft der Schwachen und die Weisheit der Unwissenden. Wir wollen hören, wie der heilige Paulus uns dies erklärt:

1. Brief des Paulus an die Korinther 1, 18–31:
18. Die Botschaft vom Kreuz ist eine Torheit für diejenigen, die sich auf dem Weg des Verderbens befinden. Für uns aber, die wir versuchen, den Weg der Erlösung zu gehen, ist sie Gottes Kraft.
19. Schon das Alte Testament spricht davon, wenn es sagt: »Ich werde die Weisheit der Weisen zunichte machen und die Wissenschaft der Gelehrten scheitern lassen.«
20. Und wirklich: Wo ist denn der Weise? Wo ist der Intellektuelle? Wo ist der Erforscher der Dinge dieser Welt (der versteht, was Gott tut)? Tatsächlich hat Gott die Torheit der Weisheit der Welt entlarvt!
21. Denn seht: wegen ihrer Weisheit erkannten die Menschen die Gegenwart Gottes nicht in der Weisheit der Dinge, die er geschaffen hat.[1] Deshalb befand er es für gut, diejenigen, die glauben, durch die Torheit seiner Botschaft zu retten.
22. Während die Juden nur Wunder verlangen und die Griechen nur von wissenschaftlichen Beweisen hören wollen,
23. bringen wir ihnen die Botschaft vom gekreuzigten Christus – ein Skandal für die Juden und eine Torheit für die Griechen.
24. Für uns aber, die wir den Ruf annehmen, Juden wie Griechen, ist Christus Gottes Macht und Gottes Weisheit.
25. Denn die Torheit Gottes ist weiser als die Menschen, die Schwachheit Gottes ist stärker als die Menschen.
26. Seht zum Beispiel euch selbst an, meine Brüder, die ihr dem Ruf gefolgt seid: Menschlich gesprochen, gibt es unter euch weder viele Weise noch viele Mächtige, noch viele Vornehme.
27. Doch was für die Menschen töricht ist, das hat Gott erwählt, um die Weisen zu demütigen, und was für die Menschen schwach ist, das hat Gott erwählt, um die Starken zu demütigen.

[1] Wörtlich heißt es: »Da die Welt wegen ihrer eigenen Weisheit Gott in der Weisheit Gottes nicht erkennen konnte...« »*In der Weisheit Gottes*« bedeutet »in der Weisheit der Dinge, die Gott geschaffen hat«. »*Welt*« übersetzen wir mit »Menschen«, denn dies ist hier gemeint.

28. Die Dinge ohne Ansehen und ohne jeden Wert – das, was nichts ist –, sie sind es, die Gott erwählt hat, um die zu nichts zu machen, die etwas zu sein beanspruchen,
29. damit sich kein Mensch vor Gott irgendeiner Sache rühmen kann.
30. Allein Gott ist es zu verdanken,
daß ihr in Jesus Christus seid. Von Gott her ist Jesus Christus für uns Weisheit, Gerechtigkeit, Heiligung und Befreiung geworden,
31. damit, wie geschrieben steht, derjenige, der sich rühmt, sich im Herrn rühmt.

2.2 *Wir entdecken die Botschaft, die die Worte des Paulus für uns heute enthalten.*

1. Welcher Satz hat euch am besten gefallen und euch so bestätigt, daß ihr dachtet: »Er sagt genau das, was ich auch immer meinte!«? Warum?
2. Bei welchem Satz dachtet ihr: »Das hätte ich nicht erwartet! Ich hätte das Gegenteil erwartet.«? Warum?
3. Glaubt ihr, weil ihr Wunder seht, wie die Juden (V. 22), oder weil andere euch wissenschaftliche Beweise erbringen, wie die Griechen (V. 22)? Oder weil ihr an die Kraft der Schwachheit des Kreuzes glaubt?
4. Paulus warf einen Blick auf die Gemeinde von Korinth. Es waren Leute ohne Ansehen. Deshalb hatte Paulus Hoffnung. Werft einen Blick auf eure Gemeinde: Gibt es da die gleiche Schwachheit? Ist diese Schwachheit für euch Anlaß zur Mutlosigkeit oder zur Hoffnung?
5. Wenn wir es uns richtig überlegen: Worauf will Paulus hinaus? Er sagt, daß die menschliche Weisheit nichts wert ist. Dann hat es also keinen Sinn, zu lernen, in die Schule zu gehen, dann ist die Alphabetisierung sinnlos? Paulus hat aber doch selbst in Jerusalem ein Studium gemacht (vgl. Apg 22, 3)! Wie ist das zu verstehen?
6. Manche Leute stellen folgende Überlegung an: »Wenn wir nicht den Soundso einladen, einen sehr gebildeten, einflußreichen Mann, dann kommen wir mit der Sache nicht weiter.« Diese Leute trauen sich selbst nichts mehr zu, setzen dafür ihr ganzes Vertrauen in andere. Was würde Paulus dazu sagen?
7. Nachdem ihr die Worte des Paulus gehört habt, wie seht ihr nun das Leben von Antõnio und Esmeralda aus Agua Rasa und das Leben Tausender von Antõnios und Esmeraldas, die dort wohnen?
8. Haben die Worte des Paulus euch geholfen, besser zu verstehen, ›wieso die zehn Centavos der Witwe mehr wert sind als die Millionen der Reichen? Und wieso?
9. Glaubt ihr, daß heute noch der gleiche Streit zwischen der »Weisheit der Menschen« und der »Weisheit Gottes« herrscht? Inwiefern?
10. Was wollen wir konkret tun, um das Wort, das wir gehört und überdacht haben, in die Tat umzusetzen?

36. Nur Mut! Ich habe die Welt besiegt!

»Es gibt Kräfte, die eine Abtreibung vornehmen und die Geburt der Zukunft Gottes verhindern wollen. Wer wird den Kampf gewinnen?«

1. Wir lesen den Text aus dem Leben.

1.1 Ein Beispiel aus dem Leben von heute

Wenn ihr die Situation von vor fünfzig Jahren mit der von heute vergleicht, werdet ihr zugeben müssen, daß vieles auf der Welt sich gewandelt und zwar zum besseren gewandelt hat: befestigte Straßen, elektrisches Licht, Radio, Fernsehen, Telefon, Ärzte, Medizin, Alphabetisierungskampagne usw. Die Übel, die früher uns besiegten, die besiegen jetzt wir: Entfernung, Abgeschiedenheit, ungebändigte Flüsse, Unwissenheit, Krankheiten usw. Es ist ein siegreicher Kampf, mit dem wir den lebensbedrohenden Übeln zu Leibe rücken. Aber diese glänzende Medaille unserer Verdienste hat eine düstere Kehrseite. Sind wir in einigen Punkten die Sieger, so unterliegen wir in anderen: die Arbeitslosigkeit kommt nicht zum Stillstand, der Hunger wächst, die Elendsviertel nehmen zu, die Armut nimmt nicht ab, Kriege töten, das Unrecht ist öffentlich, Korruption ist selbstverständlich, es herrschen immer größeres Elend, Unfälle, Überfälle, Gewalttätigkeit der Polizei, Zensur, Angst, mangelnde Freiheit. Irgendetwas muß da verkehrt sein. Unser Kampf gegen die Übel des Lebens gleicht dem Kampf des Armen gegen die Kälte der Nacht. Seine Decke ist zu klein für ihn. Zieht er sie zur einen Seite, dann wird die andere Seite seines Körpers der Kälte preisgegeben. Auf der einen Seite ist das Leben besser geworden, aber dafür ist es auf der anderen Seite viel kälter geworden. Wie wird das alles enden?

1.2 Ein Beispiel aus dem Leben zur Zeit der Bibel

König Jerobeam II., der im 8. Jahrhundert vor Christus den Staat Israel regierte, konnte einen sehr großen wirtschaftlichen Fortschritt erreichen. Es kam Geld herein, und der Reichtum wuchs. Man machte sehr einträgliche Geschäfte mit anderen Ländern. Aber eine düstere Kehrseite hatte die glänzende Medaille der Verdienste des Königs. Einer, der davon spricht, ist der Prophet Amos. Er sagt: »Den Unschuldigen verkaufen sie für Geld und den Armen für ein Paar Sandalen. In den Staub der Erde treten sie den Kopf der Armen« (Am 2, 6–7). »Sie sammeln Schätze in ihren Palästen mit Gewalt und Unterdrückung« (Am 3, 10). »Ihr unterdrückt den Armen und betreibt den Untergang der kleinen Leute im Lande!« (Am 8, 4). Sie beugen das Recht des Armen vor Gericht (vgl. Am 5, 12). Die eine Seite des Lebens ist besser geworden, aber dafür ist die andere viel schlechter geworden. Das Urteil des Amos ist das Urteil Gottes!

1.3 Wir vertiefen uns in das Beispiel aus dem Leben, um zu sehen, ob so etwas auch bei uns geschieht

Wie wird unser Kampf wohl ausgehen? Werden wir uns immer mit einer zu kleinen Decke abfinden müssen, in der die Schwachen niemals ihren Körper wärmen können? Wird sich das Recht des Stärkeren immer durchsetzen, oder wird die Liebe siegen, die versucht, den Schwächeren zu fördern? Wir wollen dies näher betrachten.

1. Betrachtet die Situation, in der wir heute leben, und vergleicht sie mit der Situation unserer Kinderzeit: In welchen Punkten hat sich das Leben verbessert, und welche Übel sind überwunden worden?
2. Wer hat diese Übel beseitigt, und wie hat er sie beseitigt?
3. In welchem Bereich arbeitet ihr mit, um die Übel abzuschaffen, die das Leben bedrohen?
4. Hat es einen wirklichen Fortschritt gegeben? Sind wir vorwärts gegangen oder rückwärts? Was meint ihr? Und warum?
5. *Menschlich gesprochen:* Wer wird diesen Kampf zwischen Gut und Böse gewinnen? Warum?

2. Wir lesen den Text aus der Bibel.

2.1 Wir hören, wie die Bibel dieses Problem angeht.

Jesus warnte die Apostel vor Mutlosigkeit und bereitete sie auf den Kampf vor. Er selbst wurde zu Fall gebracht, aber nicht besiegt. Darum sagt er: »Nur Mut! Ich habe die Welt besiegt!« Das ist so, als hätte er gesagt: »Ich habe gesiegt, und auch ihr werdet siegen!« Wir wollen jetzt hören, wie der Sieg Jesu das Leben des heiligen Paulus mit Mut und Hoffnung erfüllte.

Brief des Paulus an die Römer 8, 31–38:[1]

31. Was ist nach alldem noch zu sagen? Wenn Gott für uns ist, wer kann dann gegen uns sein?

32. Wenn Gott nicht einmal seinen eigenen Sohn verschonte, sondern ihn für uns alle hingab, wie sollte er uns dann nicht auch alles andere schenken?

33. Wer kann die Auserwählten Gottes anklagen, wenn Gott selbst sie doch für unschuldig erklärt hat?

34. Wer kann uns verurteilen, wenn doch Christus selbst, der nicht nur gestorben, sondern auch für uns auferstanden ist und jetzt zur Rechten Gottes sitzt, für uns eintritt?

35. Wer kann uns von der Liebe Christi trennen? Unterdrückung, Ängste oder Verfolgung? Mangel an Kleidung oder Mangel an Nahrung? Gefahr oder Waffengewalt?

[1] Um den Text gut verstehen zu können, erinnern wir daran, daß Paulus kurz zuvor erklärt hatte, welche Hoffnung der Christ haben kann: eine Hoffnung, die sich auf Gott gründet. Dann sagt er: »Was ist nach alldem noch zu sagen?...« Die Verse 31–38 sind die praktische Konsequenz, die er aus der christlichen Hoffnung ableitet.

36. Davon ist schon in der Bibel die Rede, wo es heißt: »Um deinetwillen, Herr, sind wir den ganzen Tag dem Tod ausgesetzt, wir werden behandelt wie Schafe, die man zum Schlachten bestimmt hat.«
37. Doch all das überwinden wir ohne weiteres durch den, der uns geliebt hat!
38. Denn davon bin ich überzeugt: Weder der Tod noch das Leben, noch die Engel, und seien es die allerhöchsten, noch die gegenwärtige Lage, noch das, was auf uns zukommt, noch irgendeine Macht, sei es die höchste, sei es die niedrigste noch irgendein anderes Geschöpf, nichts kann uns von der Liebe Gottes trennen, die sich in Christus Jesus, unserem Herren, geoffenbart hat!

2.2 Wir entdecken die Botschaft, die die Worte des Paulus für uns heute enthalten.

1. Versucht, die Gedanken des Paulus mit eigenen Worten wiederzugeben!
2. Welches von den Dingen, die Paulus anspricht, haben die Christen heute am meisten nötig? Warum?
3. Amos besaß den Mut, von dem Paulus spricht. Kennt ihr einen *Amos* von heute? Wer ist das? Aus welchem Grund?
4. Gibt es auch heute die möglichen Bedrohungen, von denen Paulus in den Versen 35 und 38 spricht? Welche sind das? Haben wir den gleichen Mut wie Paulus?
5. Die Decke ist zu klein und setzt den Armen der Kälte und Not aus. Wenn sie den Mut aufbrächten, von dem Paulus spricht, was müßten dann die Christen heute tun, um eine neue Decke anzufertigen, die für alle ausreicht?
6. Habt ihr schon einmal etwas von diesem Mut erlebt, der aus dem Glauben an Christus hervorgeht und einen Menschen veranlaßt, für das Wohl der anderen zu kämpfen?

Bei der Zukunft Gottes in die Lehre gehen
(Treffen 37 – 40)

37. Das letzte Gericht findet schon statt

»Die Gerechten können beruhigt sein,
es gibt einen Gott, der die Menschen richtet!«
(Ps 58)

1. Lektüre des Textes aus dem Leben

1.1 Eine Begebenheit aus dem heutigen Leben

Jedes Jahr machen Tausende von jungen Leuten die Aufnahmeprüfung für die Universität. Das Urteil spricht der Computer: Die einen werden angenommen, die andern abgelehnt. Jede Woche spielen Millionen im Fußballtoto. Die Entscheidung fällt das ungewisse Ergebnis des Spiels vom Sonntag: Einige wenige gewinnen, die meisten verlieren. Bei den Arbeitsämtern sind Listen von Arbeitslosen registriert. Die Entscheidung über sie hängt vom Interesse des Arbeitgebers ab: Die einen werden genommen, die andern abgelehnt. Vor Gericht haben sich viele Menschen wegen eines Verbrechens zu verantworten. Das Urteil über sie fällt der Richter: Die einen spricht er frei, die andern verurteilt er. Im Fernsehen versuchen viele ihr Glück bei Spielsendungen. Nur ganz wenige werden gezogen. Immer sind es die andern, die beurteilen und entscheiden. Niemand scheint Herr über sein eigenes Leben zu sein. Aufgrund all dieser Entscheidungen steigen die einen im Leben auf, und die andern bleiben unten. Nicht immer entscheidet das persönliche Verdienst. Nicht immer siegt die Gerechtigkeit.

1.2 Eine Begebenheit aus dem Leben in biblischer Zeit

Der heilige Paulus wurde für einen »Betrüger« gehalten (2 Kor 6, 8). Für andere war er eine »trübselige« Person (2 Kor 6, 10). Einige hielten ihn für einen Verrückten (2 Kor 11, 16), andere begegneten ihm mit Argwohn (Apg 9, 26). Einige sagten: »Er verfolgt nur menschliche Absichten« (vgl. 2 Kor 10, 2), andere sagten: »In seinen Briefen spricht er eindrucksvoll, aber wenn er persönlich bei uns ist, dann hat sein Wort keine Kraft« (vgl. 2 Kor 10, 10). Man warf ihm vor, ein »Unruhestifter« (Apg 24, 5) und Gegner von Gesetz und Tradition (Apg 21, 20–24) zu sein... Die Menschen fällten die verschiedensten Urteile. Wenn Paulus sein Leben von der Meinung der andern abhängig gemacht hätte, wäre er nicht mehr am Leben. Darum sagt er: »Mir macht es nichts aus, wenn ihr oder ein menschliches Gericht ein Urteil über mich fällt. Ich spreche nicht einmal ein Urteil über mich selbst. Ich habe ein reines Gewissen, aber das ist noch keine Rechtfertigung für mich. Mein Richter ist der Herr!« (1 Kor 4, 3–4).

1.3 Wir vertiefen uns in die Begebenheit aus dem Leben, um zu sehen, ob es auch uns so ergeht.

Diejenigen, die das Sagen haben, Entscheidungen treffen, Urteile fällen, sind der Computer, der Unternehmer, das Eigeninteresse, das Bein des Spielers, der Zufall, der Richter, das Gericht, die Kraft usw. Aber Gerechtigkeit schaffen sie nicht. Die Ungerechtigkeit wächst ungehindert. Ist es möglich, eine Situation zu erreichen, in der jeder bekommt, was ihm wirklich zusteht? Betrachten wir dies Problem näher!

1. Berichtet von einem Fall, in dem ihr mit eurem Leben von der Entscheidung anderer abhängig wart, ohne irgendeinen Einfluß darauf zu haben!
2. Habt ihr euch über diese andern zu beklagen gehabt? Oder waren ihre Entscheidungen über euch immer gerecht, eurer Leistung angemessen?
3. Gelingt euch eine solche Gelassenheit gegenüber der Meinung der anderen, wie sie Paulus besaß? Wenn ja, warum? Wenn nein, warum nicht?
4. Hattet ihr schon einmal eine Entscheidung über das Leben anderer zu treffen? Seid ihr schon einmal die Ursache dafür gewesen, daß das Leben eines Menschen eine andere Wendung nahm? Wenn ihr über das Leben eines andern zu entscheiden hattet, habt ihr da das Wohl des andern im Sinn gehabt oder euren eigenen Vorteil?

2. Lektüre des Textes aus der Bibel

2.1 Wir erfahren aus der Bibel, wie Gott die Menschen beurteilt.

Es ist schwer, zu einem gerechten Urteil zu finden. Jeder will es, aber von uns aus Gerechtigkeit zu schaffen, das bereitet uns große Schwierigkeiten. Wir wollen von Jesus hören, wie Gott die Menschen beurteilt, und von ihm lernen, wie wir andere beurteilen sollen.

Johannesevangelium 3, 16–21

16. Gott liebt die Menschen so sehr,[1] daß er sogar seinen einzigen Sohn für uns hingegeben hat. Gott will, daß jeder, der sich ihm anvertraut,[2] nicht zugrunde geht, sondern das ewige Leben hat.

17. Gott hat seinen Sohn nicht zu den Menschen gesandt, um die Menschen zu verurteilen, sondern damit sie durch ihn gerettet werden.

18. Wer sich ihm anvertraut, wird nicht verurteilt werden; wer sich ihm aber nicht anvertraut, ist schon verurteilt, eben darum, weil er sich dem einzigen Sohn Gottes nicht anvertraut hat.

19. Das Urteil Gottes besteht in folgendem: Das Licht ist zu den Menschen gekommen, aber die Menschen hatten die Finsternis lieber als das Licht, denn das, was sie taten, war schlecht.

20. Mit anderen Worten: Wer Böses tut, haßt das Licht und kommt nicht zum Licht, damit das Licht seine schlechten Taten nicht aufdeckt.

[1] Wörtlich heißt es: »Gott liebt die *Welt* so sehr«. Wir übersetzen »die Menschen«, denn dies ist hier gemeint. Das gilt auch für den ganzen übrigen Text.

[2] Wörtlich heißt es: »jeder, der an ihn glaubt«. Wir übersetzen: »jeder, der *sich ihm anvertraut*«, *an Christus glauben* bedeutet, sich ihm ganz anzuvertrauen. Das gilt auch für den ganzen übrigen Text.

21. Wer aber versucht, ehrlich und aufrichtig zu sein, der kommt zum Licht, damit offenbar wird, daß seine Taten in Gott vollbracht sind.

2.2 *Wir entdecken die Botschaft der Worte Jesu für uns heute.*

1. Versucht, mit eigenen Worten zusammenzufassen, auf welche Weise Gott die Menschen beurteilt!
2. Wenn ihr das Urteil Gottes mit dem Urteil der Menschen vergleicht, welchen Unterschied stellt ihr da fest?
3. *(Diese Frage ist sehr wichtig, lest sie genau!)* Wer saubere Kleidung anhat, braucht keine Angst zu haben, bei Tageslicht durch die Straßen zu gehen. Wer ein reines Gewissen hat, hat keine Angst vor dem Licht der Wahrheit. Das Licht des Tages zeigt, daß die Kleidung sauber ist. Das Licht der Wahrheit zeigt, daß das Gewissen rein ist. Gott urteilt so: Er läßt einfach das Licht der Wahrheit auf uns und in uns hinein scheinen, und dann müssen wir selber die Schlußfolgerung ziehen. Habt ihr so etwas schon einmal erlebt?
4. Wenn jemandem das Licht nicht behagt, sucht er die Dunkelheit. Wenn einem die Wahrheit nicht behagt, versucht er, sie aus der Welt zu schaffen. Habt ihr das schon einmal erlebt? Kennt ihr noch andere solcher Fälle?
5. Versteht ihr jetzt, weshalb die andern negativ auf Paulus reagierten? Warum?
6. Jesus ist ein Licht, das offenbar macht, ob unsere Taten gut oder schlecht sind. Die Christen sollten die Fortsetzung dieses Lichts sein. Was meint ihr: Erfüllen die Christen diesen Auftrag? Kennt ihr Menschen, die den Mut haben, dieses Licht zu sein?
7. Das »Jüngste Gericht«, das heißt: das letzte Urteil Gottes über die Welt, hat schon mit dem Kommen Jesu begonnen und wird am »Jüngsten Tag« enden. Die einen nehmen das Licht an und bleiben im Licht. Die anderen weisen das Licht zurück und bleiben in der Dunkelheit. Wie kann man erreichen, daß möglichst viele das Licht annehmen und ihr Leben ändern?

38. Die Hölle – sich in die Finsternis einschließen und sich selbst verurteilen

»Der Blinde sagt: Es gibt kein Licht,
denn ich sehe es nicht!«

1. Lektüre des Textes aus dem Leben

1.1 *Begebenheiten aus dem heutigen Leben*

»Hören Sie, junger Mann, besorgen Sie 600 Cruzeiros, eine Bestätigung der Polizei

1.2 *Begebenheiten aus dem Leben in biblischer Zeit*

Nach Jahrhunderten des Wartens kam der Messias. Es war Jesus. Aber die Pharisäer

und die Unterlagen der Krankenversicherung. Andernfalls werde ich den Jungen, den Sie mir gebracht haben, nicht behandeln«, sagte der Arzt des Krankenhauses. José dachte sich: »Ich habe diesen Jungen als Unfallopfer auf der Straße gefunden und hierhergebracht. Ich habe mich auf diese Sache eingelassen, jetzt bringe ich sie auch zu Ende.« Er erbettelte sich die 600 Cruzeiros, besorgte die Papiere und brachte alles dem Arzt. Der Arzt ging hinunter und fand den Jungen tot vor. Es war sein eigener Sohn!

Ein anderer Fall. »Lassen Sie doch, Herr Pfarrer! Das hat keinen Sinn! Hier ist die Kirche tot.« Der neue Vikar wollte wieder Leben in die Gemeinde bringen, aber immer mußte er hören: »Hier ist die Kirche tot.« Daraus zog er den Schluß: »Wenn sie tot ist, dann verdient sie es auch, beerdigt zu werden.« Er rief die Leute zum Gottesdienst. Die Kirche füllte sich bis auf den letzten Platz. Vorn stand ein riesiger, mit Blumen bedeckter Sarg. Nach der Liturgie hatten alle Gelegenheit, dem Verstorbenen ihre letzte Ehre zu erweisen. Der Sarg wurde geöffnet. Die Neugierde erreichte ihren Höhepunkt. Einer nach dem andern ging nach vorn. Sie sahen in den Sarg hinein und gingen beschämt aus der Kirche. Was war geschehen? Der Vikar hatte einen großen Spiegel auf den Boden des Sarges gelegt.Wer dort hineinsah, um den Toten zu sehen, erblickte sein eigenes Gesicht. Der Tote, das war nicht die Kirche, sondern er selbst! Die Folge war, daß alle aufwachten und die Kirche wieder lebendig wurde.

wollten ihn nicht anerkennen. Jesus entsprach nicht den Vorstellungen, die sie im Kopf hatten. Sie wollten, daß der Messias anders sei. Ihre Vorstellungen mochten sie nicht korrigieren, und so brachten sie sich um die Chance der Erlösung. Sie töteten den, der sie hätte retten können.

Ein anderes Beispiel. Die Pharisäer bezeichneten sich als eifrige Beobachter des Gesetzes Gottes. Aber das war nur Fassade. Hinter dieser Gesetzestreue gab es kein Leben. Alles war tot. Jesus bemühte sich darum, sie dies selber entdecken zu lassen, aber ohne Erfolg. Er ging so weit zu sagen: »Ihr seid weiß getünchte Gräber, von außen schön anzusehen, aber innen voller Fäulnis« (vgl. Mt 23, 27). »Ihr schmückt die Gräber der Propheten, die von euren Vätern umgebracht worden sind. Damit gebt ihr zu erkennen, was ihr wirklich seid: Söhne von Mördern« (vgl. Mt 23, 29–32). Aber es half alles nichts. Sie wachten nicht auf, und um ihre Ruhe zu haben, töteten sie Jesus.

1.3 Wir vertiefen uns in die Begebenheiten aus dem Leben, um zu sehen, ob es uns auch so ergeht.

Wenn jemand sich nur auf seine eigenen Vorstellungen verläßt und nur seine eigenen Interessen verfolgt, kann er Unheil stiften, das nicht mehr wiedergutzumachen ist. Sehen wir uns dies näher an!

1. Der Arzt dachte nur daran, zu mehr Geld zu kommen. Und so tötete er, ohne es zu wissen, seinen eigenen Sohn und zerstörte für den Rest seines Lebens sein eigenes Glück. Kennt ihr andere Beispiele, in denen der Egoismus nicht wiedergutzumachendes Unheil stiftete?
2. Christus hat Ähnlichkeit mit José. Er fand die Menschheit verletzt am Straßenrand des Lebens, vom Unheil unseres Egoismus zu Boden geschleudert. Er fordert uns auf, den Bruder, den Sohn zu retten und durch die Rettung des anderen sein eigenes Glück zu retten. Und was tun wir? Gehen wir sofort hin, um der verletzten Menschheit Hilfe zu leisten, oder bringen wir es fertig, unseren eigenen Sohn zu töten, weil wir uns hinter die Mauern unseres Egoismus zurückziehen? Was meint ihr? Antwortet mit konkreten Beispielen!
3. José konnte bei dem Arzt nichts erreichen. Jesus konnte bei den Pharisäern nichts erreichen. Aber der Vikar erreichte, daß die Leute aufwachten. Warum gehen die einen auf ihre Bemühungen ein und die andern nicht? Ist das die Schuld Gottes, der nicht die Gnade dazu gibt? Oder wessen Schuld?

2. Lektüre des Textes aus der Bibel

2.1 Wir hören, was die Bibel zu diesem Problem sagt.

Manche Leute sagen, die Hölle gebe es nicht, und sehen nicht den Wartesaal der Hölle, den wir selber schon in dieser Welt erbauen! Hat es Sinn, zu jemandem zu sprechen, der sich die Ohren zuhält und nicht hören will? Hören wir, was Jesus gesagt hat!

Johannesevangelium 12, 46–48:
46. Ich bin das Licht, das zu den Menschen gekommen ist, damit jeder, der sich mir anvertraut, nicht in der Finsternis bleiben muß.
47. Wer meine Worte hört und sie nicht befolgt, den verurteile ich nicht. Denn ich bin nicht gekommen, um die Menschen zu verurteilen, sondern um sie zu retten.
48. Wer mich ablehnt und meine Worte nicht annimmt, der hat seinen Richter schon gefunden: Das Wort, das ich zu ihm gesprochen habe, es wird ihn am letzten Tag verurteilen!

2.2 Wir entdecken die Botschaft der Worte Jesu für uns heute.

1. Das Wort Christi (V. 48) erreichte die Leute aus der Gemeinde durch den Spiegel, den der Vikar im Sarg aufgestellt hatte. Die Leute wachten auf. Hat es auch euch schon einmal aufgeweckt?
2. Das Wort Christi erreichte den Arzt durch die Bitte Josés um Hilfe für den verunglückten Jungen. Der Arzt ging nicht darauf ein, weil er lieber die 600 Cruzeiros haben wollte. Habt ihr etwas Ähnliches auch schon einmal erlebt?
3. Durch seinen Egoismus, der das Geld über das Wohl des Jungen stellte, machte sich der Arzt das Leben selbst zur Hölle. Seither findet er keine Ruhe mehr. Kennt ihr noch andere Fälle, in denen die Menschen sich das Leben selbst zur Hölle gemacht haben?

4. Die Bedingung dafür, daß jemand gerettet wird und sein Glück findet, besteht darin, »sich Jesus anzuvertrauen« (V. 46) und »seine Worte zu befolgen« (V. 47). Was heißt das ganz konkret für unser Leben?
5. Eine Überlegung: Christus schenkt uns das Licht und das Leben. Jeder, der will, kann dieses Geschenk annehmen. Der Weg dorthin ist die Bereitschaft, für andere dazusein. Sich-Einmauern und Egoismus führen nicht dorthin. Nicht Gott will uns verurteilen; was uns verurteilt, ist unser eigener Egoismus, der nicht auf die Worte Christi achten wollte und genau deshalb den falschen Weg eingeschlagen hat. Hatte José die Möglichkeit, den Arzt dazu zu bewegen, hinunterzugehen? Er tat, was er konnte. Der Arzt wollte nicht. Hat Christus die Möglichkeit, den Menschen dazu zu bringen, daß er seinen Egoismus aufgibt, wenn der betreffende nicht will? Christus tut sein Möglichstes. Als der Arzt aufwachte, war es zu spät. Gott respektiert uns als Personen. Er akzeptiert die Entscheidungen unserer Freiheit. Die Hölle beginnt in dem Augenblick, in dem der Mensch aufwacht, wenn es schon zu spät ist. Manche sagen: »Aber Gott könnte doch...«, »Gott müßte doch...«. Und Gott... und Gott... und Gott... Wenn wir so reden, machen wir das Leben, den Glauben, die Geschichte und alles andere zu einer Spielerei ohne jede Ernsthaftigkeit. Wer so spricht, gibt seine eigene Freiheit auf und will die Verantwortung für sein eigenes Leben nicht tragen. Diskutiert darüber, falls euch dies sinnvoll erscheint!
6. Manche sagen: »Wie ist es möglich, daß Gott, der doch so gut ist, jemanden in die Hölle schicken kann?« Welche Antwort soll man einem solchen Menschen geben?[1]
7. Bis zu unserem Tod wird Christus nicht müde, auf verschiedensten Wegen seine Stimme an uns zu richten, damit wir wach werden und uns ändern. Denn er ist ja nicht gekommen, um die Menschen zu verurteilen, sondern um sie zu retten (V. 47). Sein Erbarmen ist größer als unsere Schwäche. Statt immer auf die Hölle zu blicken, um andern und uns selbst Angst zu machen, ist es besser, auf die große Zukunft zu schauen, die Gott jedem anbietet, der sein Wort hört und in die Tat umsetzt, und daran zu denken, daß er nicht gekommen ist, um uns zu verurteilen, sondern um uns zu retten. Das gibt Zuversicht, Mut und Ausdauer auf dem Weg. Diskutiert darüber, wenn euch dies sinnvoll erscheint![2]
8. Was wollen wir konkret tun, um das Wort, das wir gehört und überdacht haben, in die Tat umzusetzen?

[1] Vielleicht ist der folgende Hinweis hilfreich: Die Hölle, die aus einem riesigen Feuer besteht, in der ein gehörnter Teufel mit Pferdefuß die Verdammten erwartet, die gibt es nicht. Sie war eine beliebte, ziemlich unglückliche Methode, den Ernst und das Wagnis des Lebens deutlich zu machen.

[2] Noch ein Hinweis. Manche sagen: »Früher wurde nur von der Hölle und der Sünde gesprochen. Heute redet man nicht mehr darüber. Daran sieht man, daß die Hölle nur eine Erfindung der Pfarrer war!« Es gibt zwei Arten, um zu erreichen, daß ein Freund in einer bestimmten Sache seinem eigenen Glück nicht im Weg steht. 1. Man kann zu ihm sagen: »Wenn du nicht das und das tust, dann wirst du dich noch selbst ohrfeigen, wirst du es noch schwer bereuen, dann werde ich dich im Stich lassen, und dann kannst du mir gestohlen bleiben!« 2. Man kann zu ihm sagen: »Ich habe hier für dich die beste Chance deines Lebens. Du wirst überglücklich sein und dich selbst verwirklichen können. Schau, das sind die Bedingungen. Sie sind nicht so leicht zu erfüllen. Aber es lohnt sich, daß du es versuchst. Ich würde mich so freuen, wenn du dieses Glück erreichen könntest! Wenn du es nicht schaffst, wirst du unglücklich sein, und ich werde noch trauriger darüber sein als du.« Gott bevorzugt den zweiten Weg. Heute beginnt die Kirche wieder, den zweiten Weg zu gehen.

39. Die Toten, die durch die Hoffnung auf die Zukunft schon jetzt zum Leben wiedergeboren werden

Eine Lampe reicht aus,
um einen Platz zu erhellen.
Eine kleine Hoffnung reicht aus,
um das Leben zu verändern.

1. Lektüre des Textes aus dem Leben

1.1 Begebenheiten aus dem heutigen Leben

Paulo wurde mit fünfzig Jahren blind. Nach seiner Erblindung lernte er, Drahtzäune zu flechten, um damit sein Brot zu verdienen. Er sagte: »Ich habe mein Augenlicht verloren, aber nicht den Willen zu leben und zu kämpfen.«

Fernando verlor seinen einzigen Sohn durch einen Unfall. Am Tag der Beerdigung sagte er: »Bernardo lebte zwölf Jahre lang ein erfülltes, glückliches Leben. Jetzt ist er bei Gott. Um ihn mache ich mir keine Sorgen. Was mir Sorgen macht, das sind die Jungen in seinem Alter, die keine Chance haben, menschenwürdig zu leben.«

Francisco, ein junger Mann, der nicht sehr gläubig war, saß im Gefängnis. Er wurde gefoltert, man brach ihm die Beine, schlug ihn zusammen. Beinahe wäre er gestorben. – »Francisco, du könntest tot sein, mein Junge! Und was hätte dir all das genützt, was du getan hast?« – »Ich glaube eben daran. Wenn ich gestorben wäre, hätte ich mein Leben verwirklicht, mein Ideal. Ich habe für das Volk gekämpft, und für es gebe ich auch mein Leben her.« Francisco wurde als Aufrührer verurteilt.

1.2 Eine Begebenheit aus dem Leben in biblischer Zeit

»Immer tragen wir die Zeichen des Todes Jesu an unserem Leib, damit auch das Leben Jesu an unserem Leib sichtbar wird. Obgleich wir noch leben, werden wir jederzeit um Jesu willen dem Tod ausgeliefert, damit auch das Leben Jesu an unserem sterblichen Leib offenbar wird« (2 Kor 4, 10–11). »Darum verlieren wir nicht den Mut. Wenn auch der äußere Mensch in uns aufgerieben wird, der innere wird Tag für Tag erneuert. Denn die kleine Last unserer gegenwärtigen Not schafft in uns ein ewiges Gewicht grenzenloser Herrlichkeit« (2 Kor 4, 16–17). Denn »wenn Gott für uns ist, wer soll dann gegen uns sein?« (Röm 8, 31).

1.3 Wir vertiefen uns in die Begebenheiten aus dem Leben, um zu sehen, ob es uns auch so ergeht.

Es gibt seltsame Dinge im Leben: auf der einen Seite junge Leute, in der Blüte des Lebens, aber ohne Hoffnung und ohne den Willen zu leben und zu kämpfen, der Drogensucht verfallen; auf der anderen Seite verbrauchte Menschen, die leidend und krank sind, aber voller Hoffnung und Vitalität. Betrachten wir dies näher!

1. Paulo, Fernando, Francisco und Paulus, alle vier haben eine ungeheure, ungeahnte Kraft in sich, die die Schwachheit überwindet. Kennt ihr noch mehr solcher Menschen?
2. Was ist das für eine Kraft, und woher kommt sie? Lest in den Sätzen des Paulus genau nach, um die Antwort zu finden!
3. Was haltet ihr von Francisco? Was sagt ihr zu dem Glauben, der ihn bewegt und ihm so viel Mut gibt?
4. Welche Lehre zieht ihr aus dem Leben von Paulo, Fernando und Francisco?

2. Lektüre des Textes aus der Bibel

2.1 Wir hören, was die Bibel dazu sagt.

Im Leben sind zwei Kräfte wirksam: auf der einen Seite die Kraft des Todes, die vom Egoismus und der Sünde lebt, auf der anderen Seite die Kraft des Lebens, die von der Hingabe an die andern und vom Glauben lebt. Beide Kräfte werden in unseren Taten sichtbar. Welche von beiden wird siegen? Hören wir, was Paulus sagt.

Römerbrief 8, 18–25

18. Ich bin überzeugt, daß die Leiden des jetzigen Lebens in keinem Verhältnis stehen zu der künftigen Herrlichkeit, die einmal an uns offenbar werden wird.

19. Denn die Schöpfung wartet sehnsüchtig darauf, daß die Kinder Gottes offenbar werden.

20. Jetzt ist die Schöpfung noch der Vergänglichkeit unterworfen, nicht, weil sie selbst es so wollte, sondern nach dem Willen dessen, der sie ihr unterwarf.[1]

21. Deshalb hat die Schöpfung auch die Hoffnung, daß sie einmal von der Unterdrückung der Vergänglichkeit befreit wird, um in die Freiheit der Herrlichkeit der Kinder Gottes einzutreten.

22. Denn wir wissen, daß die ganze Schöpfung seufzt und in Geburtswehen liegt, bis zum heutigen Tag.

23. Aber nicht nur die Schöpfung, auch wir! Obgleich wir schon den Anfang der Gaben des Geistes haben, leiden wir sehr in unserem Innern und warten auf die völlige Annahme als Kinder Gottes und die Erlösung unseres Leibes.

24. Denn unsere Erlösung ist Gegenstand unserer Hoffnung. Auf etwas hoffen, das man schon vor sich sieht, das wäre keine Hoffnung mehr.
Wie kann einer auf etwas hoffen, das er schon sieht?

[1] Die Bedeutung dieses Satzes ist nicht ganz klar. Der wahrscheinlichste Sinn ist folgender: Die Schöpfung wurde der Vergänglichkeit unterworfen wegen der Sünden, die ihren Zerfall bewirken. Die Vergänglichkeit, die allem innewohnt, ist eine von Gott verhängte Strafe. Wenn sie eine Strafe ist, dann soll sie nicht für immer gelten. Aus diesem Grund gibt es Hoffnung, daß wir einmal die Vergänglichkeit überwinden (V. 21).

25. Hoffen wir jedoch auf das, was wir nicht sehen, dann befinden wir uns in geduldiger Erwartung.

2.2 Wir entdecken die Botschaft der Worte des Paulus für uns heute.

1. Paulus sieht zwei Kräfte am Werk: einerseits die Kraft der Vergänglichkeit (V. 20), die zur Unterdrückung (V. 21) und zum Verfall von allem führt; andererseits die Kraft des neuen Lebens, dessen Geburt bevorsteht und sich bereits ankündigt (V. 22). Könnt ihr einige Zeichen für diese beiden Kräfte in der heutigen Situation nennen?
2. Das Leiden der Schöpfung und der Menschen als »Geburtswehen« (V. 22) zu sehen ist ein Zeichen von großem Optimismus und großer Hoffnung. Und wie steht es mit euch: Seid ihr optmistisch oder pessimistisch? Warum?
3. Wenn wir sagen würden: »Das Leiden und der Mut von Paulo, Fernando und Francisco sind Zeichen der Geburtswehen, die zu neuem Leben führen«, wärt ihr damit einverstanden? Wenn ja, warum? Wenn nein, warum nicht?
4. Worin besteht nun genau dieses neue Leben, dessen Geburt mit ihren Wehen Paulus bereits sieht? Lest den Text genau durch, um die Antwort zu finden!
5. Die Hoffnung ist das Allerwichtigste. Ohne Hoffnung verwandelt sich der Mensch in einen wandelnden Leichnam. Was meint ihr: Ist die Hoffnung unseres Volkes im Wachsen oder im Schwinden? Warum?
6. Helfen euch die Worte des Paulus, ein bißchen mehr Hoffnung zu haben? Warum?
7. Kennt ihr Menschen, die ohne Hoffnung lebten und fast wie tot waren und dann plötzlich wiederauflebten, weil sie eine neue Hoffnung gefunden hatten? Erzählt!
8. Genügt es, auf den Himmel zu warten, ohne etwas dafür zu tun, daß sich das Leben hier unten ändert?
9. Was wollen wir konkret tun, um das Gehörte in die Tat umzusetzen?

40. Der Tod – erwachen, um für immer zu leben

1. Lektüre des Textes aus dem Leben

1.1 Eine Begebenheit aus dem heutigen Leben

Dona Maria, eine sehr betagte Frau, lag im Sterben. Sie sagte zum Priester: »Ich habe keine Angst. Alles, was ich habe und bin, das habe ich von Gott bekommen. Deshalb bin ich zuversichtlich und warte voller Hoffnung darauf, daß mir auch in meiner Todesstunde etwas gegeben wird. Ich hatte schon einmal Angst vor Gott. Man hat

1.2 Eine Begebenheit aus dem Leben in biblischer Zeit

»Für mich ist Christus das Leben und Sterben Gewinn. Aber da das Leben im Leib meiner Arbeit zugute kommt, weiß ich nicht, was ich wählen soll. Es zieht mich nach beiden Seiten: Einerseits habe ich den Wunsch, von hier fortzugehen, um bei Christus zu sein, was zweifellos das bessere ist; andererseits ist es euretwegen not-

gesagt, daß er ungetaufte Kinder nicht in den Himmel kommen läßt. Aber ich habe jetzt herausgefunden, daß Gott so etwas niemals täte. Das wäre für ihn eine ungerechte Sache, wir würden das ja auch nicht tun. Denn, sehen Sie, Herr Pfarrer, Gottes Herz ist noch größer als unseres!«

wendiger, daß ich im Leib weiterlebe. Da ich hiervon überzeugt bin, weiß ich auch, daß ich bei euch bleiben werde, zum Nutzen und zur Freude aller« (vgl. Phil 1, 21–25). So schreibt Paulus an die Gemeinde von Philippi.

1.3 Wir vertiefen uns in die Begebenheit aus dem Leben, um zu sehen, ob es uns auch so ergeht.

Dona Maria und der heilige Paulus haben die Angst vor Gott verloren, weil sie wußten, daß das Herz Gottes noch größer ist als unseres, das auch schon groß ist. Sie sehen dem Tod mit Gelassenheit entgegen, weil sie ihr Vertrauen nicht auf das setzen, was sie selbst für Gott getan haben, sondern auf das, was Gott für sie tut. Betrachten wir dies einmal näher!

1. Was hat euch am meisten beeindruckt an der Art, wie Dona Maria gesprochen hat, die heute schon bei Gott ist? Und warum?
2. Dona Maria hat ein ganzes Leben gebraucht, um zu entdecken, wie groß das Herz Gottes ist. Diese Entdeckung beruhigt sie nun in ihrer Todesstunde. Was hat euch *euer* Leben schon über das Herz Gottes beigebracht? Und gibt euch dies jetzt mehr Mut?
3. Was ist in unserem Volk verbreiteter: die Furcht vor Gottes Strafe oder das ruhige Vertrauen in die Güte des Herzens Gottes? Antwortet mit konkreten Beispielen!

2. Lektüre des Textes aus der Bibel

2.1 Wir hören, was Jesus uns über die Todesstunde sagt.

Über die Gefühle Gottes zu uns erfahren wir vor allem durch Jesus Christus. Hören wir, was er uns über den Tod sagt.

Johannesevangelium 5, 25–29 und 6, 37–40

5,25. Paßt gut auf, was ich jetzt sage, es ist mir ernst damit: Es wird die Stunde kommen, und sie ist schon angebrochen, in der die Toten die Stimme des Gottessohnes hören werden. Und wer sie hört, wird leben.

26. Denn wie der Vater das Leben in sich hat, so hat er auch dem Sohn die Macht gegeben, das Leben in sich zu haben,

27. und ihn ermächtigt, Gericht zu halten, weil er der Menschensohn ist.

28. Wundert euch nicht über das, was ich euch sage, denn es wird die Stunde kommen, in der alle, die auf den Friedhöfen liegen, seine Stimme hören werden.

29. Diejenigen, die Gutes getan haben, werden zum Leben auferstehen. Diejenigen, die Böses getan haben, werden zu ihrer Verurteilung auferstehen.

Und weiter sagte Jesus:

6, 37. Jeder, den der Vater mir gibt, wird zu mir kommen. Und wer zu mir kommt, den werde ich nicht wegschicken.
38. Denn ich bin nicht vom Himmel herabgekommen, um meinen Willen zu tun, sondern den Willen dessen, der mich gesandt hat.
39. Es ist aber der Wille dessen, der mich gesandt hat, daß ich keinen von denen verliere, die er mir gegeben hat, sondern daß ich sie alle am letzten Tag auferwecke.
40. Dies ist der Wille meines Vaters: Jeder, der den Sohn sieht und sich ihm anvertraut, soll das ewige Leben haben, und ich werde ihn am letzten Tag auferwecken.

2.2 Wir entdecken die Botschaft der Worte Jesu für uns heute.

1. Welcher Punkt hat euch bei diesen Worten Jesu am meisten interessiert? Und warum?
2. Eine Überlegung: Jesus verwendet ein Bild aus dem Leben. Die Einsamkeit kann manchmal so groß sein, daß alles über einem zusammenzubrechen scheint. Ihr fühlt euch verloren und allein, obgleich ihr mitten in der Stadt von Tausenden von Menschen umgeben seid. Plötzlich dringt die Stimme eines Freundes zu euch, der sich für euch interessiert. Die Einsamkeit ist wie weggezaubert, und ihr lebt wieder auf, eure Beklommenheit fällt von euch ab. Ihr lebt wieder. Jesus sagt: »Es wird die Stunde kommen, und sie ist schon da, in der die Toten die Stimme des Gottessohnes hören werden. Und wer sie hört, wird leben« (V. 25). In der Stunde der größten Einsamkeit, wenn alles über uns zusammenbricht, wenn wir völlig allein dem Tod ins Auge sehen müssen, in dieser allerschwersten Stunde, wenn die Tür sich hinter uns schließt und uns von unseren Freunden und dem Leben trennt, wenn das verschlossene Grab uns endgültig vom Zusammenleben mit anderen trennt, dann werden wir von draußen die Stimme eines Freundes hören, die uns beim Namen ruft. Diese Stimme Christi wird die Einsamkeit des Todes durchbrechen und Finsternis und Entsetzen verscheuchen. Von Gott beschützt und auf ihn gestützt, werden wir wieder leben, ein ewiges Leben im Haus des Vaters. – Diskutiert darüber, wenn euch dies sinnvoll erscheint!
3. Habt ihr schon einmal erlebt, daß ihr voller Angst wart und keinen Ausweg saht und die Stimme eines Freundes euch aus dieser Situation befreite? Erzählt, wie das war! Ein solches Erlebnis ist ein Bild dessen, wie es in der Todesstunde sein wird.
4. Gottes Anliegen ist nicht die Verurteilung, sondern das Leben und die Auferstehung (V. 39). Welche Einstellung zum Tod müßten wir uns aufgrund dieser Überzeugung zu eigen machen?
5. Heutzutage wird die Totenmesse nicht in Schwarz, sondern in Weiß gefeiert. Es ist nicht mehr die Messe des Entsetzens und der Klage, sondern die Messe der Auferstehung. Ob das wohl alle wissen?
6. Welche Konsequenz ziehen wir aus dem Gehörten?
7. Da dies nun das letzte Treffen ist, noch ein paar Fragen: Was habt ihr aus diesem Bibelkurs gelernt? Was hat euch am meisten weitergeholfen? Welche Konsequenz habt ihr daraus für euer Leben gezogen?